华文水平测试丛书

# 华文水平测试概论

付佩宣　王汉卫　等著

商务印书馆
The Commercial Press

**图书在版编目（CIP）数据**

华文水平测试概论 / 付佩宣等著 . -- 北京：商务印书馆，2025. --（华文水平测试丛书）. -- ISBN 978 -7-100-24941-6

I. H195

中国国家版本馆 CIP 数据核字第 2025BT3020 号

华文水平测试丛书

**华文水平测试概论**

付佩宣　王汉卫 等著

商 务 印 书 馆 出 版
（北京王府井大街 36 号　邮政编码 100710）
商 务 印 书 馆 发 行
鸿博昊天科技有限公司印刷
ISBN 978 - 7 - 100 - 24941 - 6

2025 年 5 月第 1 版　　　　开本 710 × 1000　1/16
2025 年 5 月北京第 1 次印刷　　印张 18¼

定价：78.00 元

# 总　序

　　全球中文教育大体上有三种性质。一是国内的语文教育，主要对象是国内汉语民族群，通常称为母语教育，通过学习体现国家通用语言文字要求的综合课程语文课来实现；非汉语民族群和华侨子女的国家通用语言文字教育则另有路径，这里暂且不论。二是外语教育，对象是外国人，包括国内通常所说的对外汉语教学和分布在国际上的中文教学。三是祖语教育，对象是海外华人子女，是一种民族语言文化传承教育，通常称为华文教育。

　　中国现代语文教育有很长的历史，已经形成了自己的教材、课程和教学体系。语文教育有自己的考试传统，多采用书面考试方式，内容包括语文基础知识和作文。随着普通话的普及，有关方面展开了普通话水平提升计划，适时推出了普通话水平测试，主要是测试口头水平。

　　中文作为外语的教学在新中国成立不久就开始了，20世纪70年代起有了较大的发展。改革开放后，来华学习中文和其他专业的留学生越来越多。一种新型的中文教育学科，即对外汉语教学应运而生。这个名称本身，展示了跟国内语文教育的不同。经过多年努力，对外汉语教学形成了自己的教材、课程和教学理论体系；同时，中文作为第二语言的考试体系也从无到有，不断发展，广受世界关注的汉语水平考试（HSK）已经成为外国人到中国大学进行专业学习的入门证。

　　不过，问题很快也就来了。一批中文并非第二语言的海外华人到中国读书也须拿HSK这个入门证。我的一位马来西亚朋友，常年为华文报纸撰稿的专栏作者，到中国读研究生，也参加了 HSK。结果，用他的话说是看到考卷"啼笑皆非"。有这种遭遇的不是个案，但那个时候，好像也没有别的办法，因为还没有相应的措施来检测这第三种中文教育，即中文作为祖语教育的学习者的中文水平。

有必要说说这批中文使用者的来历。中文作为祖语的教育由来已久。早期的海外中文教育实际上是一种母语教育，它经历了方言教学的私塾、新式学堂到现代学校的中国国语教育等阶段。当时，配合这种中文教育的考试自然是传统的语文考试；作为侨民，他们还会回国参加相关考试。20 世纪 50年代开始，海外华人社会的侨民教育因为新中国不承认双重国籍而终止，转为华人的民族语言文化教育，中文本身也就成了我们所说的祖语。这样，无论是理论还是实践上，它都跟国内的语文教育有了很大的不同；而作为外国人，他们的中文学习也不是一般意义上的外国语学习，用 HSK 来测试，自然很成问题。

何有此说？还得回到 HSK 本身。HSK 设定的测试对象，包括一般外国人、海外华人和中国境内少数民族。少数民族当然不同于外国人，所以民族汉考（MHK）很早就已经发展成为独立的考试。海外华人也不同于一般的外国人。例如，据相关资料，国内中文母语者学龄前的词汇量一般在 4000 左右，而祖语保持较好的海外华人社区，例如新加坡、马来西亚，学龄前的常用口语词也可达2000 以上，况且有不少的海外新移民是从国内出去的，有的家庭用语就是普通话或汉语方言，用 HSK 来测试他们的中文水平显然没有道理。

另一方面，各种考试都有"指挥棒"的作用，HSK 也不例外。在只有 HSK的时代，海外中文教学中常常也只能用它来作为教学质量检测的依据，但这就影响到海外华文教学，包括教材编写、练习设计等。例如，一些针对海外华裔的华文教材就被要求用 HSK 大纲规定的词表等级、汉字等级来编写，这些无疑对海外中华语言文化传承教育带来了负面影响。

就我所知，最早意识到这些问题并提出质疑的学者来自暨南大学华文学院。该学院长期以来华海外华侨华人子女为主要教学对象，也担负着大量海外华文教学、师资培训和教材编写等任务。长期的一线教学实践和研究使他们对海外华语及其传承中的一系列问题有比较深入的认识，对缺乏针对海外华裔青少年的适用考试带来的问题有更深切的感受。他们深知华文水平测试（简称"华测"）研究的重要性，不断地呼吁，并积极进行理论研究和操作探索。10 多年来，他们在有关方面的支持下，全力以赴，克服重重困难，在华文水平测试的理论探索、方案设计、试卷编写和实地测试等方面开展了一系列工作，取得了丰硕的成果，受到了海外华文教育界的广泛好评。他们以引导海外华人社会的华文能力保持为追求，采取标准加常模的设计，以华文能力标准为依据，研制了汉字、词汇、语法、文化等大纲，为不同年龄段设计了阅读、写作各六个等级、口语三个等级的考试框架，听力在华测中不作为一个独立的测试品种，而作为基础的、背景意义上的能力。窥豹一斑，华测的不同、华测的"华"字性质呼之欲出。现在摆在我们面前的"华文水平测试"丛书，就是他们辛勤探索过程的记录和重要成果。

丛书由《华文水平测试考试手册》《华文水平测试样卷》《华文水平测试汉字大纲》《华文水平测试词汇大纲》《华文水平测试语法大纲》《华文水平测试文化大纲》《华文水平测试概论》七个部分组成，展示了海外华文水平测试体系，有理论、有方法、有实践案例，基本实现了华文水平测试目前研究领域的全覆盖。这是今后相关测试和进一步展开研究的重要基础，是开展海外华语传承、建构中华民族共同体的重要参考。

丛书体现了不少新的理念，有鲜明的特色，具有很强的科学性、实用性和可操作性。在语言测试技术方面我完全是外行，按照鉴定专家的说法，华测以较大样本的试验结果表明，该测试系统难度适中，区分度强，信度效度符合标准化考试的要求。真诚地希望有更多的人和相关部门支持和关注华文水平测试，使之早日成为全世界华裔华文水平的统一标准、海外华人母语文自我评价的语言依据、监测海外华人社会母语言现状及变迁的依据，也可以作为通用华文教材的编写参考等。

作为推动华文水平测试研究的吹鼓手，我经历了其中的一些过程，对这个团队的精神由衷地佩服和赞赏，乐意支持和推荐这套丛书在商务印书馆出版。丛书主编希望我能在这套著作出版的时候写几句话，于是就有了上面的文字，也算是我对华文水平测试的进一步鼓吹。

是为序。

郭熙

# 目　　录

# 第一章  导论

　　语言测试是一门研究测量语言能力问题的学科。华文水平测试测量的是海外华裔的华文能力，它既符合语言测试的共性，又在很多方面具备独特性。本章在介绍语言测试基本概念的基础上，分析华文水平测试的定位和性质，并提出了华文水平测试的最简理论，简要介绍了华文水平测试的发展过程。

## 第一节  语言测试概述

　　语言测试有两重含义，一是应用语言学的一个分支学科，二是指测量语言能力的工具。从学科创立至今，语言测试已经走过了 100 多年的历史，在这一个多世纪的发展中，语言测试学科明确了自己的研究对象和基本问题，建立了统一的概念描述系统，形成了固定的研究模式并发展出多样的研究方法。可以说，语言测试已经形成了比较完整的学科体系。语言测试理论不断发展，为大量具体的语言测试工具的开发提供了理论基础，而测试实践也反过来完善了语言测试的理论建设。

### 一、语言测试的历史发展

　　按照一般的观点，语言测试学科主要经历了前科学时期、结构主义心理测量时期、心理—社会语言学时期和当前的后现代时期。

### （一）前科学时期（20 世纪 40 年代以前）

我们一般把 20 世纪 40 年代之前这个时期称为语言测试的前科学时期。这是因为，在这个时期，语言测试学科的研究对象、基本问题、研究方法等建立学科体系的重要内容均未明确，也没有大规模的、制度化的语言测试出现。但是，长期的考试实践以及心理测量学理论的发展为语言测试学科的萌芽提供了土壤。

我国是考试的发源地，考试传统可以追溯到西周时期。《周礼》中关于"考、察、比、试、较、论"等的记载为我们展现了最早的教育考试形式（杨学为，2007）。汉朝开始实行的"对策"就是当时统治者选拔人才的一种水平测试；也是在汉朝，董仲舒最先提出"考试"这一说法（《春秋繁露·考功名》）。到了隋朝，饱受后人争议的科举制度创立。大约 16 世纪，科举制度被传教士介绍到欧洲。受到科举考试的启发，到 19 世纪，英国建立了文官考试制度用来选拔政府官员（房宁，1996）。可以说，语言测试学科有着深远的考试实践方面的历史背景。

19 世纪末，心理测量学开始建立，同时统计方法也有了快速的发展。这为语言测试成为一门独立的学科提供了理论和技术上的支持。1884 年，Galton 创立了"人类测量实验室"，首次对人类各项特征进行了大规模的测量，为个体差异研究准备了大量数据。Cattell 在 19 世纪 90 年代最先提出"心理测验"的概念。到了 20 世纪初，Binet 编制的智力量表可以说是最早的科学意义上的心理测量工具，对之后心理和教育测量的发展产生了重大影响。20 世纪 20 年代，Benwood 第一次使用统计方法对测验进行了分析，到了 40 年代，因素分析技术也被引入测试领域（郑日昌、蔡永红、周益群，1999）。

在语言测试实践方面，当时以口试、作文等主观题型为主的考试方式的弊端已经显现出来。Edgeworth 发表了第一篇讨论考试误差的文章（Barnwell, D. P., 1996），为客观性测验开辟了道路。之后 Frederick Kelly 在 1915 年发表了 Silent Reading Test（Barnwell, D. P., 1996），这是世界上第一份多项选择题测验，多项选择题的发明影响了整个教育制度。第一个标准化的现代语言测验则是 Charles Handschin 编制的 Silent Reading Test in French and Spanish（1919）（Barnwell，D. P.，1996）。

尽管此阶段的语言测试汲取了心理测量学和统计学的营养，并初步提出了测试的信度、客观化、标准化等概念及其指标，但是由于缺乏语言学理论的支撑，当然也就无法回答语言测试最为核心的问题——效度问题。

### （二）结构主义心理测量时期（20 世纪 50—60 年代）

1961 年，Robert Lado 出版了著作 *Language Testing: The Construction and Use of Foreign Language Tests*，这是第一部全面介绍和讨论语言测验的专著，标志着语言测试真正成为一门独立的学科。

在学科正式确立之后，随着对学科性质、研究对象、研究模式等问题的进一步探讨，学者们逐渐意识到，尽管心理测量的经典理论已经形成并已经应用于语言测试，但是语言测试仅有心理测量和统计学作为基础是不够的。语言测试的测量对象是语言能力，对于这个测量对象的认识还需要语言学和心理学提供理论支撑。

在当时的语言学研究领域，结构主义语言学理论占主导地位。结构主义语言学区分语言和言语，认为语言是一套符号系统，符号之间存在组合关系和聚合关系。在结构主义语言学理论的指导下，语言测试初步解决了测量对象的范畴问题。同时，当时盛行的行为主义心理学的"刺激—反应"论对语言测试的形式也产生了重要影响。行为主义学家认为，学习一种新的语言实际上就是不断地在"刺激—反应—强化"的过程中建立新的习惯。在结构主义语言学和行为主义心理学的支撑下，"知识＋技能"分立式测验应运而生（Lado，R.，1961）。

在测试实践方面，一些影响力很大的语言测试被开发出来。比如为了测量国际学生的英语能力，以便评估他们在美国大学进行学习和研究的语言能力，美国教育测试服务中心（ETS）在 1964 年开发了著名的 TOEFL（Spolsky，

B., 1995）。在此时期，包括测试的难度、区分度在内的考试分析和质量指标体系也逐步建立起来。考试效度方面建立起了分类效度观，尤其是因素分析用于结构效度的考察使语言测试的构念有了基于数据的验证方法（Messick, S. A., 1989）。

结构主义心理测量时期确定的语言测试大部分是对语言要素和技能的单独考察，这一阶段的语言测试在理论和实践上还未真正深入语言能力的实质层面。这个问题的根源在于各个学科包括语言学、心理学等，对于语言能力的复杂性、动态性及其获得的内部过程和机制都认识不足。

### （三）心理—社会语言学时期（20 世纪 70—90 年代）

相较于上一阶段，心理—社会语言学时期最大的飞跃在于语言测试研究开始对语言能力进行探索。多方因素促成了这种进步：首先，Chomsky（1986）的语言学理论对于语言能力有了开创性的论述；其次，在测试数据的分析上，研究者们开始注意到一种情况，那就是很难从分立式测试的数据中得到预先构想的能力维度结构，甚至出现了各个分立测试之间的相关低于分立测试与综合测试的相关的现象。于是，Oller（1979）提出了语言能力一元化的概念，学界也发起了能力运动，并制定了配套的指导文件 ACTFL 大纲。

在考试结果的使用上，大家还发现，在测试语言要素和技能的分立式测验中取得高分的考生，实际的语言交际能力在很多时候会很低。这触发了学界对语言交际能力和语言功能的研究，Hymes（1972）提出的交际能力理论、Canale & Swain（1980）的交际能力模型、Wilkins（1976）的《意念大纲》和 Munby（1981）的《交际大纲设计》都是这个阶段的代表成果。后来，Bachman（1990）提出了应用于语言测试实践的更为全面和精致的交际能力模型，成为迄今为止语言测试领域的主流理论。

在测量理论方面，针对经典测量理论不能解决的问题，概化理论和项目反应理论为很多语言测试实践问题的解决提供了可能。概化理论使用分析方差来源的方法，分离出测试过程中影响被试表现的各个侧面的系统误差。项目反应理论则将题目和难度置于统一量表，将题目的反应概率与被试的能力联系起来。这些理论使得语言测试在精确性、标准化等方面又前进了一大步，与经典测量理论一起，分别从宏观、中观、微观的视角完善了语言测试的理论体系。

### （四）后现代时期（21世纪以来）

以前语言测试的功能较为单纯，即能够准确可靠地测量出考生的语言能力。进入21世纪以来，人们对测评的要求日益提高，对测试作用的理念逐渐从"测量"向"测评"转变，语言测试质量评价体系也越来越多元化。

首先，在测量的内容上，大家需要语言测试对能力和知识结构的测量更加精细化和个性化，进而基于测试结果对教学和学习提出有针对性的建议。

其次，在形式上，飞速增长的语言测试市场需求需要更为便捷高效的测试方式，语言测试从命题、施测到数据处理的整个过程都朝着自动化、网络化发展。

此外，一些与语言测试相关的社会问题，比如公平性、语言测试的社会价值等也逐步进入研究者的视野。

面对这些挑战，语言测试实践和研究也有了长足的发展。在测量理论上，区别于上一个时代对于标准化与尽量分离和减少误差的追求，认知诊断理论发展起来。认知诊断的原理是在测试之前，先确定所测属性的结构和层级，测试的命题对应这个结构和层级，那么被试的反应就是可被预知、解释和分类的。在施测之后，就可以得到更有针对性的测量结果，为被试提供更个性化、更有价值的测试信息。

并且，随着计算机技术的发展，语言测试的效率大大提高，很多依靠人工完成起来费时费力的任务，例如语料的获取、题目参数估计、数据处理和分析等变得非常简单。

而针对测试质量的评价也逐渐多元化和系统化，研究者对公平性、反馈等测试的社会问题都提出了新的主张，比如Kunnan（2018）提出的语言测试公平性评价框架。

## 二、语言测试研究的基本问题

语言测试就是为了一定的目的、使用一定的工具、按照一定的方法对语言能力进行测量，具体来说包含为什么测、测什么、怎么测和测得怎么样这四个问题。

### （一）为什么测的问题

测量是人类的一项重要的基础活动，其本质是分类。对语言能力进行分类在多种情境下有重要意义。在应用语言学科内部，语言测试能够为语言教学和习得提供检验标准，也能通过反拨作用引导教学；在语言学领域，测量语言能力能够为我们更好地认识语言、语言能力本身提供研究材料；在更广阔的社会科学领域，准确地测得语言能力变量，是研究各种社会因素与语言的关系的基础。

### （二）测什么的问题

语言测试的对象笼统地说是语言能力，"语言能力"这个概念我们并不陌生，在日常生活和学术写作中都经常见到和使用，但是它作为测量对象的含义却并不简单。语言能力的复杂性首先体现在其内涵和外延学界至今没有达成统一，或者可以说语言能力的内部构成是不确定的；其次是语言能力的外在表现不稳定，同其他的心理测量对象一样，语言能力的表现可能随时间、环境的变化展现出非常大的差异。所以，根据特定的测量目的和目标群体的特点，确定所测语言能力到底是什么、语言能力到底具有什么样的特性是语言测试的基本问题。

### （三）怎么测的问题

语言测试对象——语言能力的上述特性决定了我们不能使用直接的方法对其进行测量，需要制作与之契合的测量工具，并正确地使用这个工具。当确定了要测的语言能力包含哪些维度，这些维度的水平又是如何从低向高发展起来的之后，我们就可以为其量身定制测量工具。测量语言能力的工具的制作和使用是语言测试的第三类问题。

### （四）测得怎么样的问题

在基于对语言能力的认识开发并使用了具体的语言测试之后，我们还要回答测量过程的质量能否得到保证的问题。评价一个测量的质量主要有测量学和社会学两种不同的角度。从测量学的角度来看，测量质量主要包括测量的信效度，即测量是否真正测出了想测的东西以及结果是否准确、稳定之类的问题。从社会学的角度来看，测试结果的使用是否公平公正、是否具有正向的反拨作用等都是语言测试质量评价的内容。这两种不同视角评价的内容和指标有时会重合，有时又会相互包含。

## 三、语言测试的类型

根据不同的分类角度，语言测试可分为众多类型。了解不同类型语言测试的特点，对于我们开发针对特定目标群体、实现测试目的的测试有很大的帮助。

按照测试的用途，语言测试有测量被试一般语言能力的能力测试、水平测试；测量阶段性学习成果的成绩测试、学业测试；为被试今后的学习安排提供依据的分班测试、安置测试；测量被试某方面不足的诊断测试；测量被试语言学习潜能的能力倾向测试等。

根据不同的完成形式，语言测试也有很多种类。按照被试不同的答题方式，测试有笔试、口试之分；按照测试的媒介，测试可以通过纸笔或者计算机进行；就评分方法而言，又有主观测试和客观测试的分类。

从测试的任务来看，语言测试有单独测量某种语言成分的分立式测试和对综合语言能力进行测量的综合式测试；按照测试的侧重点不同，又可以分为速度测试和难度测试。

有些语言测试的结果对被试的升学、求职等方面有重大影响，称为高风险测试；有些测试结果不会造成特别严重的后果，则称为低风险测试。这是按结果的影响分类。

在对测试的结果进行解读时，与标准化样本中测验的分数分布进行比较的测试称为常模参照测试；与已有标准的内容范围进行比较的测试称为标准参照测试。这是按参照系统分类。

## 四、语言测试开发基本流程

语言测试的开发大致需要按照如图 1-1 所示的流程进行。

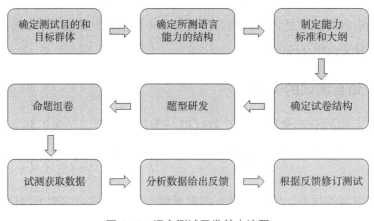

图 1-1　语言测试开发基本流程

确定测试目的和目标群体是语言测试开发的第一步，这实际上是语言测试的定位问题，测试定位从根本上决定了之后各个步骤的方式。接下来确定所测语言能力维度的工作是在测试定位的指导下对测量对象的分析。当我们知道了所需测量的语言能力结构是什么之后，下一步就是对其进行细致描述和量化，即制定能力标准和大纲。在能力标准和大纲的约束下我们可以确定试卷结构，针对所测能力的特点进行题型研发，并进行具体的命题组卷工作。至此，测试开发完成了理论初步实现的过程，但是测试产品还需要实践的检验。所以，我们需要进行试测工作，并收集试测数据，对测试的质量、题目参数进行分析，根据分析结果再对测试进行修订。这个过程可能要反复几次，最后形成正式测试。

## 第二节 华文水平测试的定位和性质

从学科划分上来说，语言测试属于心理测量学和应用语言学的交叉学科。华文水平测试是中文测试大家庭中的一员，又有不同于其他品类中文测试的功能定位。这种定位就决定了华文水平测试具有几个方面的性质。

### 一、华文水平测试的定位

不管是从学科建设还是从在华文教育中发挥的功能的角度来看，华文水平测试都有不可替代的位置，这个独特的定位是华文水平测试研发和研究工作中的指南针。

#### （一）学科定位

语言测试是应用语言学和心理测量学的交叉学科。任何一门语言测试的开发和研究都要以这些基础学科理论作为基础，同时，对语言测试的研究也能够为上述学科的发展作出贡献。华文水平测试也不例外，想要开发出有效可靠的华文水平测试，离不开语言学、心理测量学的理论基石；反过来，华文水平测试的实践也能够为上述学科提供新的理论研究素材。

在华文水平测试之前，我们并没有一个专门测量华裔学习者的华文能力的水平测试，这部分学习者只能参加为普通外国人设计的汉语水平测试或者所在教育机构的小规模非标准化华文能力测试。

在心理测量活动中，精准地分离目标群体对于提高测量的质量、保证测量结果使用的合理性都至关重要。特定的测量工具要针对特定的适用对象，才能使测量结果可靠准确，基于这个结果的决策才有可信的依据。对于语言测试来说，适用对象就是测试的目标群体，然而，目标群体的确定也受到我们的理论认识、测试开发条件等诸多因素的限制。具体到汉语测试领域，从最开始的将所有汉语作为第二语言的学习者视为一个整体，到区分普通外国学习者、少数民族、华裔，体现了我们对于汉语和汉语教学认识的不断深化，在此过程中，作为汉语测试分支的华文水平测试也实现了精准的定位。

### （二）功能定位

测试是教学的重要环节，测试本身能够测量我们的知识和技能状态，测试的内容和形式还能对教学和学习起到反拨作用。从华文水平测试与华文教学的关系来看，华文水平测试的功能定位是"促华教、助华教"，这种功能是通过为华文教育的相关各方提供考试相关的信息服务，以测试影响华文教学的方式实现的。

具体来说，就是在对华文性质以及华文教学和习得规律有充分认识的基础上，确定测试要考查的华文能力结构是什么，我们如何评价考生在此结构上的表现，并通过考试引导教学，以有效的方式提高其华文能力。

测试内容和形式的信息通过华文水平能力标准、各项考试大纲、样卷、模拟考试等传达给教学机构，考后数据则提供关于当前考生华文能力的评价，横向和历时的考试数据还能够反映教学的状态和效果。同时，华文水平测试还应该收集教学中的信息，及时调整，实现测试与教学的互动发展，这样才能更好地实现其促教、助教功能。

## 二、华文水平测试的性质

基于华文水平测试的学科和功能定位，对于海外华裔的华文能力的测量在测量目的、测量对象、测量工具、测量方法以及测量提供的信息方面都具有不同于其他品类汉语测试的性质。

### （一）祖语测试

华文水平测试的测量对象是海外华裔的华文能力，而华文是一种祖语性质的语言。早期的海外中文教育实际上是一种母语教育（郭熙，2023），与之配套的测试自然就应该是母语文考试。然而，从 20 世纪 50 年代开始，由于新中国没有双重国籍的政策，海外中文教育转变为祖语教育。

在这种情况下，显然国内的语文测试已经不适合海外华裔学习者。而华裔学习者与普通的将中文作为外语来学习的外国人又有本质的不同，这种不同体现在语言水平、文化认同等诸多方面。显然，为普通外国学习者开发的汉语水平测试也不适合海外华裔。因此，华文水平测试的内容和形式都要建立在对于华文作为祖语的教学和习得规律的正确认识上。

### （二）祖语能力测试

华文水平测试测查的重点是考生的祖语能力，不单独考查语言知识点，而是在不同语言要素所要求的最小语境（王汉卫，2018）中考查考生综合理解和使用华文的能力。

汉语的特点和华文的功能共同决定了华文水平测试应该是综合的测试。汉语的基础语言知识要素是"字"，在此基础上注重整体综合能力的教学和测试才符合汉语注重"意合"的特点。华文对于华裔学习者来说，不仅仅是交际工具，还是思维工具和文化载体，后两项功能的实现更需要的是综合的华文能力。

### （三）标准化水平测试

华文水平测试的目标群体是全球的华裔华文学习者，如果想将不同空间和时间的测试结果进行比较的话，就应该采取标准化的形式。这样，参加不同地区、不同场次考试的考生获得的成绩是可以在统一的标准下进行比较的。

同时，因为是"水平测试"，所以华文水平测试的命题不依据任何教材，不以任何华文教学机构的进度为准，而以华文水平测试的标准和大纲为依据，这是水平测试应有的特点，也是华文水平测试的坚持。进一步，才谈得上研发标准化的水平测试，标准化才能实现对全球华文水平的测量和监测。

### （四）提供常模参照信息的标准参照测试

常模参照和标准参照测试能够为成绩使用单位提供不同的信息。华文水平测试是一项标准参照测试，其参照标准就是华文能力标准确定的内容范围。

同时，除了标准参照信息之外，广大的海外华裔学习者、华文教育工作者也希望知道不同群组考生的相对位置，这些信息有助于对华语能力的全球分布作出准确判断。所以，华文水平测试还根据时段和地区的不同提供常模参照信息。

所以说，华文水平测试是标准参照与常模参照相结合的测试。

# 第三节　华文水平测试的最简理论

概而言之，测量是按照一定的规则为欲测之事物指定数字。而从本质上说，测量——特别是教育心理测量——实际上就是分类、目的就是分类，是为了实现群体意义上的分类，个体意义是服从于群体意义的。这个观点是最简测试理论的基础。

最简测试理论可以从道、术、用三个层次来理解。

## 一、道

最简测试理论的提出，源于中国古代哲学思想，从事物出现和发展规律的角度出发，来理解测量活动的本质。

### （一）盘古开天

"有物混成，先天地生。寂兮寥兮，独立而不改，周行而不殆，可以为天下母。吾不知其名，强字之曰道……"（《道德经·第二十五章》）

"道生一，一生二，二生三，三生万物。"(《道德经·第四十二章》)

"易有太极，是生两仪，两仪生四象，四象生八卦。"(《易经·系辞上》)

"太极谓天地未分之前，元气混而为一，即是太初、太一也。"(《易传·系辞上传》)

盘古开天之前，世界是"混沌"的，是整体，是一。开天辟地，就有了最基本的事物（名称）：天、地，也就有了最基本的哲学概念（属性和属性的类）：阴、阳。"类"立足的个体是无穷的。

### （二）测量之道

测量之道就是给事物按某种属性分类。"测量的本质就是给事物的某种属性赋值。"（Stevens，1951）赋值是分类的开始，是数字化、精确化表达，对事物的某种属性进行的理论上的粗分类，是数字化、精确化的开始。

"测量就是要测量能测量的东西，不能测量的东西想办法让它变成能够测量的东西。"（汉斯·波塞尔，2002）换句话说，没有什么东西不能入测量之门——也就是说没有什么不能分类。

### （三）分类的工具

分类要有分类的依据，依据是分类对象的属性、特征等要素，这些属性、特征通过测量工具直接表现出来。工具使分类得到落实，例如尺子，尺子之为尺子，是它本身有刻度，刻度可以理解为类的边界——所有的测量工具都必须有刻度。

刻度有粗有细，精密的测量就得依托精密的刻度。好的测量当然是精密的测量，至于精密到什么程度，跟工具本身有关，跟测量目的有关，还可能受测量的社会因素影响。

至于工具的精密程度，则受限于如下两个方面：一方面是学科理论（具体到语言测试就是语言能力理论）的发展；另一方面是理论的实现，现实的测量条件会影响理论的实现程度。对理论的实现又受限于如下两个方面：一是测量对象的属性（比如物理属性是单纯的、外在的，而心理属性是复合的、内在的）；二是测量工具的材料（比如实体/符号系统）。

工具是后于测量目标的属性的，就是说需要对测量的属性进行研究，才有可能制造出适用的、好的测量工具；而与此同时，工具又是先于具体的、现实的测量对象而存在的。

### （四）给属性和对象的分类

物理测量是单纯属性的测量，如长度、温度、质量……心理测量是复合属性的测量，例如"语言能力"就是一种复合的属性。复合属性的测量要想准确，逻辑上，唯一的办法就是把复合属性分解为单一属性。如把语言能力分解为听、说、读、写，而听、说、读、写仍然是复合能力，例如"阅读能力"，不识字固然无法阅读，但词汇、语法、修辞、文化、认知（百科知识）也都少不了。一张试卷，例如阅读理解，为什么还要分不同的题型，实际上就是对属性的继续划分，我们对能力属性的分析性认识，最终会落实到题型上，由此我们也应该知道，题型的重要性非同小可。

一言以蔽之，分类是测量的起点（对测量属性和测量对象的理论上、宏观上的认识），借助测量工具，把这个认识提高到数字化、精细化的高度，最终落实到对测量对象的分类上来，即优、良、可、劣、好、中、差、几级几级、通过不通过等的定性，这就达到了测量的终点。

## 二、术

有了上述语言测试最简理论的"道"，接下来我们以阅读测试为例，从"术"的层面看看如何为阅读能力进行分类。

华文阅读测试是为了给每一个被试按阅读能力赋值，阅读试卷则是分类的工具。阅读试卷是后于海外华裔的阅读能力这个属性的，又是先于任何一个或一群具体被试的。阅读试卷本身要有刻度，试卷是一个系列，隐含了刻度（量的变化）。刻度要有依据，最基本也是最粗疏的依据就是一至六级的标准和大纲。

一至六级的标准和大纲本身就是对能力的纵向等级分类（不是横向的平行分类）。阅读考试就是借助阅读试卷这个工具把被试收进这个分类体系中，给其确定一个位置。分类工具（试卷）的有效性首先取决于标准和大纲的有效性。

标准和大纲的有效性是分类有效性的基础保障，我们工作的基础必须是基于标准和大纲的。只有依托它、默认它是有效的，否则标准、大纲就成了摆设，分类也就没有了依托。与测量工具（试卷）一样，标准和大纲的有效性也是永远有待提升的。

进一步来说，分类工具（试卷）的有效性取决于我们对标准和大纲的运用和落实。运用，包括纵向与横向两个方面。

纵向包括级内和级间。级间不赘言，级内也不是铁板一块，不管我们能不能、有没有在级内做细分，逻辑上仍然可以继续细分——服从逻辑是我们的本分，落实逻辑是我们的功课。落实了，就修成正果了——一分落实一分正果，正如一分汗水一分收获。

纵向的细分是为了保证试卷（工具）对不同水平抽样的覆盖性和代表性（注意：是指测量的属性而不是测量对象）。横向的细分是为了保证试卷（工具）对同一水平抽样的覆盖性和代表性（注意：是指测量的属性而不是测量对象）。

纵向和横向结合起来才能实现可靠的信效度。细致的分类，特别是横向的细分是现有语言测试的大问题。

对分类有了如上的基本认识，才算入了语言测试的大门。

## 三、用

"好"的语言测试直观上表现为"好"的题型。好的题型，似乎是测试研发活动的一小部分内容，但几乎是全部测前活动的最终结晶，是前期全部汗水浇灌出的灿烂之花。

当我们说"好的题型"的时候，潜台词是"标准化水平测试"。在这个潜台词下，"好"，简言之就是"简洁、高效"。

简洁是针对题目的呈现而言的，呈现的方式、呈现的材料要简洁（最小语境原则）。

高效，即针对测量的过程、测试的结果而言的。即测量的效率高、用时短、数据的有效性强。所谓有效性强，是包括信效度、区分度、反拨作用等综合指标和效果而言。

### （一）好题型的特点

好的题型，需要考虑好多方面，包括但不限于以下几方面：

第一，符合语言（汉语）自身特点、教学特点，而不能局限于现有的语言学理论、语言教学和习得的理论。教育心理测量从来就是指挥棒，这几乎是它与生俱来的功能，我们必须有这方面的清醒认识，主动担负起这个功能，让我们的考试能够对教学有一个"润物细无声"的滋润——这就是情怀。

什么是"好的语言学与语言教学理论"？这太复杂、太难说了，或者说我们永远得不到终极答案，但这"完全不妨碍"我们去追求，也"不完全妨碍"我们观察现有理论的缺陷。奔着终极答案去，才能有更好的观察。在终极答案面前，现有的一切东西都是错的，或者说有缺陷的，不能膜拜在现有理论之下。

第二，体现核心语言能力。不管语言学理论怎么翻花样，所谓语言能力，不外乎听、说、读、写四种基本能力。所谓"核心"，有两方面的含义。

一方面，听、说、读、写，哪个最为核心？——这决定了华文水平测试的宏观结构。听最为基本，说最体现交际性，读上升到书面层次，是写的源泉和保障，写最为高级甚至专门。笼统地说，听、说、读、写都很重要，具体指向不同，各自的作用不同，实现的功能不同，如此而已。

确定核心，需要看教学对象，看教学目的，看综合需要。就第二语言来说，听、说、读、写各自独立测试，也由来已久，几成定势，跟对象有关，也跟教学理论、教学方法和教学过程有关，不必赘言。就继承语来说，情况就有所不同。华文水平测试确立的宏观结构——阅读、写作两个基本考试，外加一个以测试语音面貌为主要目的的附加性（选择性）考试，就体现了华文水平测试对语言能力宏观结构的认识。

另一方面，每一种能力的核心是什么？——这决定了华文水平测试的题型设计。题型设计则体现了我们对语言能力微观结构的认识（见后续章节）。

第三，符合语言测量的科学性，而不能局限于现有语言测量的理论。主客观题型问题的背后是信效度问题，是信效度的平衡兼顾问题，也是客观化追求的信心问题。主观题型的背后，实际上是客观化追求的信心不足、能力不够，另外还有其他方面——总归是非语言能力方面——的干扰。

第四，符合一般被试的特点，而不能为个别（"个别"包括了个别人、个别班级、个别学校、个别国家）被试所动，虽然"个别"从绝对数量上也总有那么一批。

第五，有良好的测试指标和良好的被试体验（用户体验）。良好的测试指标背后需要良好的分类来支撑，也是分类结果好不好的证据。被试体验（用户体验）则是非常综合的一个结果，包含了但也逾越了科学的范畴，而几乎是美学上的追求（试卷设计、系统便捷性、人性化），有时甚至有必要作出一定的妥协。

测试指标和用户体验不是来自个别题目和个别被试，而一定是来自一组数据，数据量越大越好。我们思考问题的时候不应说张三怎样、李四怎样，张三可能怎样、李四可能怎样，这个国家可能怎样、那个地区可能怎样，而是目标群体的一般情况怎样，要有一定的定力，不能"小人之德"，要有"君子之德"。

第六，体现好的实践方式。最后，好的题型不仅要基于学术考量，还要符合操作实践上的可行性，即一竿子插到底，永远能把控得住，例如考试实施的方便性、被试作答的方便性和评分的方便性，设计题型的时候要考虑这些问题，方便性背后其实是客观化、是信度问题。

## （二）题型示例

下面我们结合一个具体的题型，进一步理解"分类"这两个字。

题型：阅读下列句子，从每题中找出一个你最不熟悉的词。

对每一个被试来说，"不熟悉的"是相对于他自己词库中的其他词而言的，相对的类就是"熟悉的"——这就是两类。我们当然没有可能知道每一个被试熟悉什么不熟悉什么，我们能做的就是根据标准大纲来套一套。以三级为例，就是拿一个句子，里面包含了一些三级及以下的词，同时包含一个四级或以上的词。这样一套，会出现如下的情况：

1.答题正确的情况。

解释1：该被试有可能达到或超过了三级水平。这是标准决定的必有解释（表面看来是命题技术决定的）。为什么这样说呢？例如一个句子，有ABCDEFGHIJ连续的词（10个字母代表10个词，下同），假如把ABCDEFGHIJK想象成铁球，"水平"想象成力量，ABCEFGHIJ是三级或以下的力量水平，D是四级或以上的力量水平，三级力量水平的被试，D是拎不起来的，于是D就孤立出来了，于是分类完成——语言能力是一样的。

但一个被试究竟有没有达到或超过三级水平，单凭一道题目下这个论断，风险太大了，因为一个题目有可能不准、不合格、精度不够，另外还有猜测因素，所以我们才需要一组题目。

多大一组题目呢？这一方面涉及测量的全距（也即考试设计上要面对的目标对象的能力全距，大则多，小则少），一方面涉及我们对题目质量的把握（质量好则需要的少，质量差则需要的多）。而对题目质量的把握则必然又回到了对测量内容的纵向分类上来。

假如我说："你准备一把尺子，要量一个东西的长度。"你怕得问我："量什么？"我说："还不知道，你先准备吧！"你就得准备一把尽可能长的尺子（或者长短不一的一堆尺子）——这就是由测量对象决定的，我们需要一个很大的全距。回到语言测试上，就是得准备一大批难度各异的题目。

假如我说："你准备一把尺子，要量一群人的身高。"于是聪明的你就会准备一把两三米的尺子，你知道这就足够用了。回到华文水平测试上，比如告诉你测最高三级的水平，那我们就准备三级及以下水平的题目就够了。

假如我说："你准备一把1.2米的尺子。"你问："干什么用啊？"我说："超过 1.2 米的全票，1.2 米以下的半票。"于是你用尺子拉了拉，在上车的地方画了一条 1.2 米的线。这把"尺子"只有一个刻度，只能把旅客分为两类：超过 1.2 米的和 1.2 米以下的。这就相当于只测一个级别（如三级），当然也就只需要三级水平的题目——但这有一个前提，就是这一组三级题目得够用、够准。

测量长度问题简单，每一个刻度都是精确的，每一个刻度就是一个确定的水平。测量语言可就不一样了，迄今为止还不存在这个准确的"刻度"。哪怕我们想要测量的只是有没有达到某一个级别的水平，如果期望得到一个相对准确的"刻度"，也得需要一组题目。所以，就语言测试来说，我们实际上需要的题目总数是：

题目总数 = 一组题目（横向）× 全距水平（级别）

"一组题目"是非常模糊的表达，进一步分析，因为语言能力是多维的，所以首先需要不同的题型来表达语言能力的结构。针对一张只区分一个水平（达没达标）的试卷，上面的公式应该修改为：

题目总数 = 每个题型的一组当级题目 × 题型

针对一张区分多个水平的试卷，这个公式就需要修改为：

题目总数 = 每个题型的一组题目 × 题型 × 全距（级别数）

现在剩下了核心问题：每个题型的一组题目，多少为好？从效率的角度，一个最好（这当然不可能）；从可靠的角度，越多越好（这也不可能）。从标准参照的角度，能够较好地实现对内容的覆盖；从常模参照的角度，能够得到接近正态分布的考试数据——这二者就是题目"质"和"量"的把握分寸。

解释 2：该被试不一定达到三级水平，运气好而已——这是小概率事件。

2. 答题错误的情况。

解释 1：该被试可能没有达到三级水平。这是大概率事件，不再赘言。

解释 2：该被试可能达到了三级水平，运气差而已。这是小概率事件，不必赘言。

如果我们呈现给被试的是类似 ABCDEFGHIJ 这样的句子，还要人家把其中一个跟其他词的水平不同的词挑出来——表面上，这是命题技术（细节）的问题，实际上就是纵横分类，特别是纵向分类的问题。

## 四、补言与结论

### （一）对分类的"精确"该如何认识？

客观事物有其客观属性，颜色、温度、长度、质量等等，但人感知到的就一定不是客观的了——而不过是以人自身的条件为基础，对客观世界的主观认识而已。颜色、温度、长度、质量这些概念跟"语言能力"的差别不在于哪个能精确刻画，哪个不能精确刻画——都能，而在于刻画的难度不同，当前能达到的精确程度不同，如此而已。

所以，以无限精确作为测量活动的目标是不现实的。物理测量尚且不能"无限精确"，教育心理测量差得更远，但这丝毫不妨碍我们追求精确——通过对精确的追求，提升我们对客观世界的认识。

"里子上"的精确实在难求，但"面子上"的精确并不难，正态分布、标准分等数学概念和方法下隐含的两个字就是"精确"——但只是精确排序而已，并不能最终解释"排序"（也就是对被试的分类）的有效性。

### （二）对横向分类和纵向分类的进一步认识

首先得明白：横向、纵向互相依存，互为因果——横着切得到纵向的类，纵着切得到横向的类。

先看横向分类。理论上，横向的个体之间不具有必然的、明显的习得先后（难度）关系，例如"人、口、手"，姑且可以认为是高度同质的、横向的群组。在同质性的群组内部，知道 A 也即意味着知道 B，知道"人"也就知道"口、手"。

横向的分类可以有很多角度，我们只需要选择"好的"分类角度（方法）就好。什么是好的分类角度（方法）：好分、分好。

例如："3500 字"，按照字形分类很容易，这就叫"好分"；但对推断被试的语言能力基本没什么帮助，这就叫没"分好"。按照字义分类，不太方便，这就叫不"好分"；但对推断被试的语言能力很有帮助，这就叫"分好"。

"好分"靠的是标记（形式依据），没有的话，我们就想办法标记。"分好"靠的是理论，我们要努力提高语言学和语言教学的理论认识。

再看纵向分类。纵向分类（即划分等级）只有一个维度：难度，即具有普遍意义的习得先后顺序。虽然一般来说的考试等级不会太多，但理论上，纵向等级近乎无穷，即所谓天渊之别。

纵向等级之间的内容具有先后、高低的关系。例如如果被试会"旁边"的"旁"，几乎可以肯定，他必会"上、中、下"，因为"旁"要难得多。语言学习和语言能力的养成同盖楼一样，不可能没有一二层却有第三层。这就是"难"对"易"的覆盖和推断，理论上，这样的分类是可以一直深化细化的。

总之，好的语言测试，须臾离不开基于"本专业"的分类功夫，这才是语言测试相关科研活动的核心。测试又必离不开数字，数字就要准确，所以数学、统计学也是语言测试必要的思维和实践工具，辅助分类的精确实现。

### （三）关于分类与测量的总结

测量就是从理论分类、属性分类、简单分类、低水平分类开始，努力向数学分类、对象分类、复杂分类、高水平分类过渡的一个活动。

测量始于对属性的分类，终于对对象（人、事、物）的分类。

一言以蔽之，分类就是测量的全部。

## 第四节　华文水平测试简史

海外华裔无论是在语言上还是文化上都同一般的外国人有着很大的区别。而在汉语的标准化考试中，一直以来缺乏一款面向海外华人的考试产品，海外华文教育缺乏明确的测评依据，这是急需解决的华文教育难题。在此背景下，

"华文水平测试"应运而出。

"华文水平测试"（以下视行文需要简称"华测"）是中文继承语性质的标准化统一考试，以促进海外华文教育为目的，专门为海外华裔研发。"华文水平测试"由原国务院侨务办公室批准立项，暨南大学华文学院/暨南大学华文考试院负责研制和考试实施。

华测是华文教育的必有组成部分，是测量海外华文教育效果的工具，是确保海外华语文传承的工具。

## 一、前期准备

华文水平测试经过了较长的理论建设阶段。

华测萌芽于王汉卫博士阶段对于华语阅读测试的研究，其博士论文《华语阅读测试论》（2008）紧扣"华人特点""华语特点"，以阅读测试为例，进行了理论层面的探讨。

之后，王汉卫（2009）从海外华人人口基石、华语状况基石和汉字及汉文化基石三个方面阐释了开发华语测试的意义。这些思考为华语测试这种针对海外华裔群体的测试的诞生做了理论上的准备。

暨南大学华文学院自2010年起，启动了华文水平测试的准备工作，并于2012年正式成立了华文水平测试中心（简称"华测中心"）。从2012年起，华测中心展开了大量的研发工作，先后组织了4次学术会议，进行了8次国内外调研，并举行了多次国内外专家咨询会和论证会。

在大量的前期准备工作的基础上，2015年6月，"海外华裔青少年华文水平测试"项目获国务院侨务办公室正式立项，并成为国务院侨务办公室推进海外华文教育标准化、正规化、专业化建设的龙头项目。

## 二、体系研发

为了实现对教学的良好引导，坚持"继承语测试"和"水平测试"的初心，华文水平测试团队从宏观结构到微观题型，探索出一整套拥有华测自主知识产权的设计。

华文水平测试的研发遵循从理念到大纲再到考试的思路，在总体设计阶段，首先确定华测的理论依据，明确"华文教育"跟"对外汉语教学"是性质不同的两种教学，理所当然，应该有专属于自己的考试。王汉卫、黄海峰、杨万兵（2013）中初步描绘了华测的研发蓝图，并将华测的研发目的定位于"华测的推出，从测试理论上是对同质性问题的关注，从测试实践上是对海外华裔这个巨大的语言文化群体的关注，是对考教关系的关注"。

王汉卫、凡细珍、邵明明等（2014）一文，从华测的基本性质、华语标准、华测能力标准、华测拟突出的内容与特色等多个方面，对华测的总体设计思路做了进一步的探讨。王汉卫（2016）从对象、参照、等级结构等方面阐释了华测的理论基础，明确指出"华文水平测试是汉考家族的新成员，是为测量海外华裔的祖语水平而设计的测试"。

2017 年，华测中心在欧洲、美洲、大洋洲、非洲及东南亚的 10 个国家 28 所华文学校进行了试测，海外试测人数达到 2463 人。全球选点试测初步验证了华测质量的可靠性，为测试的推广奠定了基础。王汉卫（2018）进一步明确华测的五个基本理念：标准加常模的参照体系、认知加语言的等级结构、听说与读写严格区分的命题方式、强化汉字能力、强化中华文化背景，并基本确定了华测卷面结构。

经过前期的研发与试测验证，"海外华裔青少年华文水平测试"项目于 2018 年 10 月 9 日成功通过国务院侨务办公室结项鉴定，2019 年，"海外华裔青少年华文水平测试"项目成果在中国版权保护中心完成登记。

华文水平测试作为面向海外华裔青少年的语言测试，因对象的特殊性，需要开发自己的标准和大纲。在综合已有研究和华测特点的基础上，分别制定了《华文阅读能力标准》《华文写作能力标准》和《华文说话能力标准》。有了各项能力标准，大纲的研制就可以参照标准进行细化和落实。华测中心陆续发表《华文水平测试汉字大纲研制的理念与程序》（2019）、《华文水平测试文化分级大纲研制的理念与程序》（2019）、《华文水平测试词汇大纲研制的理念与程序》

（2020）。

华文水平测试的第一套试卷，即是在标准和大纲完备的基础上编制完成的。

## 三、落地发展

作为一个引导教学、辅助教学的工具，华文水平测试已经引起了海外华校的积极回应与参与。2019年11月，华文水平测试在澳大利亚丰华中文学校举行全球首考。

为适应时代的发展，赋予华文水平测试更强的生命力，华测采用线下和线上并行的施考形式，研发了创新题型和适用于全球华人的考试系统，以满足网络考试的需要，提升用户体验。

新冠疫情肆虐，却没有阻挡华测在海外前进的脚步，2020年5月华测在美国实现线上首考，全美中文学校协会成员学校——美国祖荀中文学校成为美国首家华测承考学校。

2020年7月，暨南大学华文考试院正式挂牌。2021年3月，华文水平测试标识正式申请成功，并请书法名家陈初生先生题写了"华文水平测试"六个大字（图1-2）。

图1-2　华文水平测试标识

经过多年的深耕，华测现在已经成为一个知名的中文语言类测试品牌，建设有较为完善的等级标准、等级大纲、测试体系、基于汉语特点的系列题型和题库、信息化测试平台（含报名、测试、成绩自动处理）、模拟考试平台、汉字测试和练习小程序、华测公众号等系统。华测发表和出版了系列学术文章。2022年年底至2023年年初，由商务印书馆出版了一套六本的"华文水平测试丛书"。2023 年 5 月，基于华测数据，举办了首次华测年度总结大会暨颁奖典礼，设立并颁发了华测之手、华测之星等奖项，以鼓励对华测推广作出突出贡献的人士和成绩优异的考生。2023 年 11 月举办了首届华文水平测试学术论坛，成立了华文水平测试学术委员会，并设立华测论文奖，以鼓励学界对华文水平测试进行理论研究和学术探讨。

截至 2023 年年底，暨南大学华文学院已与世界上 31 个国家和地区的 109 所学校和机构签署了开展华文水平测试的合作协议，其中亚洲 24 个、欧洲 50 个、大洋洲 6 个、非洲 3 个、美洲 26 个——初步覆盖全球五大洲。目前已在 79 所海外华文学校组织开展近千场考试，约有两万名海外华裔青少年通过测试并获得证书。

## 思考

1. 语言测试能够应用于哪些领域？
2. 华文水平测试与其他汉语测试有何异同？

## 推荐阅读

1. Spolsky , B. *Measured Words.* Oxford University Press, 1995.
2. 郭熙主编《华文教学概论》，商务印书馆，2007 年。

# 第二章 华文水平测试的
# 心理测量学基础

语言测试是心理测量的一个分支，对于语言能力的测量要符合心理测量的规范。具备心理测量学的基本概念和理论知识是进行语言测试研究的基础，也是开发语言测试工具的前提。

## 第一节 心理测量学基本概念

测量是依据规则给事物的某种属性赋值。从测量的定义看，属性是既独立于又依托于认识主体的前提。所以，对"属性"的研究才是测量的核心。数学手段、测量方式是公约数，是公共财富，而对本专业、本领域的测量属性的持续研究才是我们语言测量人的"专业"，是核心技术。

从测量的结果看，测量是定量描述的现实执行，通过测量获得数据，这些数据不仅可以使我们发现事物的特征（定性），而且也可以使我们发现被观察的变化的量（定量）（刘大椿主编，1998）。"凡存在的东西，都有其数量"（Thorndike，1918），"凡有数量的东西，都可以被测量"（McCall，1939）。原则上，没有什么不可以被测量。即"凡是存在的，都是可以测量的"（童辉杰，2020）。

跟测量相关的是对测量结果的使用，本质上，"使用"是另外一回事了。

## 一、测量的四要素

我们先从一个分面包的例子入手。假定有三个面包，一大两小；大的重 200 克，小的两个重量相同，都是 50 克。现有三个人，年龄、饭量一样大并且都饿着肚子。问：这三个面包怎样分给三个人才算公平？这个例子中包含哪些要素呢？

第一个要素是实数，这是任何测量都需要的。上述分面包的例子中的实数就是 1、2、3 这样的数。具体到语言测试，那就是俗话说的"分分分儿，学生的命根儿"，59 或 60 就是那个代表测试成绩的实数。

第二个要素是测度，在某种意义上它是比实数更为重要的因素，因为测度就是要测的属性到底是什么。以"分面包"为例，每人一"块"，"块"是"体积"这个"测度"的具体表达；每人 100 "克"，"克"就是"重量（质量）"这个"测度"的具体表达。

第三个要素是零点。量写字台的长度，要从一端量起；量房屋的面积，要从一面墙的墙根量起；量一块麦田的大小，要从地头量起。写字台的一端、墙的墙根、麦田的地头，都是测量的起点，也就是零点（转引自张凯，2004）。测量的零点，对应于实数中的零。

第四个要素是单位。千克、米、秒，都是单位。单位是作为比较的标准的一个基本的量，如果没有单位，测量所得的信息是很不完备的（皮埃尔·迪昂，1999）。

## 二、测量的三中心

测量有三个不同的中心：以主体为中心、以刺激为中心、以反应为中心（Torgerson，1958）。以主体为中心的测量，如长度、时间等，这是最简单的测量，被赋值的是主体本身。以刺激为中心的测量，如电阻等，被赋值的是刺激。以反应为中心的测量，如温度等，被赋值的只有反应。

语言测验以什么为中心呢？语言测验中的变量有三个：语言能力（主体）、

试卷（刺激）、答卷（反应）。语言能力是语言测验要测的东西，是其兴趣所在，是语言测验的主体。但众所周知语言能力是一种潜在属性，无法直接观察和测量。所以，语言测验要以主体为中心是行不通的（张凯，2004）。试卷（或题目）是作为刺激物出现在语言测验中的，题目作为刺激物呈现给被试，这种刺激要求被试运用内在的语言能力来作答，而试卷在测前测后是不变的，因此也不能作为测量中心。答卷，即被试接受试卷的刺激后作出的反应，它很大程度上反映了被试内在的语言能力。

通过以上分析可知，语言测验只能以反应为中心。

### 三、四个水平的量表

量表就是测量工具。测量工具可以是机械的、电子的，也可以是试卷、问卷等。量表的核心是基于一个、一对、一组概念（属性），并尝试将它量化。总之，量表就是可以将抽象的变量（属性）类化、量化、数字化的测量工具。"把数字和属性联系起来的过程，称为'称量（量度）'，这个学术活动的表现就是一个分数量表（scale）。"（Petersen，Kolen & Hoover，1989）根据变量的属性水平，量表也分为四个水平，由低到高分别是：称名量表、顺序量表、等距量表和比率量表。

称名量表是最低水平的测量，它把对象分成不同的类别，如男性编号为1，女性为2，这就是一个称名量表。一个量表中的一个变量至少具有一个共同特征，同时这个特征是同一个量表中的另一个变量所没有的。例如，男性编号为1，就意味着编号为1的都是男性，不能是女性。只要保证所测子集是互斥的，称名测量的赋值完全可以是任意的，如我们也可以给女性编号为1或其他数值。

顺序量表处在第二个水平上。顺序测量除了把对象分成互斥的子集外，还要在对象之间建立顺序关系，即大于、大于等于，或小于、小于等于这样的关系。假定有三个身高不同的人，我们可以用数字1、2、3给他们赋值，3表示最高，2表示居中，1表示最矮，或者1表示最高、2表示居中、3表示最矮。

等距量表不仅使对象可以区分、排序，而且还要表明对象之间的差距是相等的。要使测量达到等距水平，我们必须规定一个相对零点和测量单位。等距量表的值和实数有一一对应的关系（称名量表与顺序量表和实数没有这个关系）。等距量表值可以作加减法运算，但不能作乘法运算。摄氏温标是典型的等距量表，10 摄氏度加 10 摄氏度等于 20 摄氏度（使 10 摄氏度的水的温度再提高 10 摄氏度，得到 20 摄氏度的水），但 20 摄氏度并不是 10 摄氏度的两倍。

比率量表是最高水平的量表。除了等距量表的所有特点外，比率量表还要求具有绝对零点。有了绝对零点，量表值就允许作加减法及乘法运算，亦即不同的量表值之间有比率（倍数）关系。长度、重量（质量）都可以表现在比率量表上。比如 A、B 两个人，A230 厘米，B115 厘米，A 的身高是 B 的两倍。再比如 C、D 两个人，C40 公斤，D80 公斤，C 的体重是 D 的一半。

表 2-1　四种量表特征对比

|  | 区别意义 | 排列顺序 | 等距排列 | 按比率换算 |
|---|---|---|---|---|
| 称名量表 | + | - | - | - |
| 顺序量表 | + | + | - | - |
| 等距量表 | + | + | + | - |
| 比率量表 | + | + | + | + |

注："+"表示有，"-"表示无。

四种测量量表中，比率量表属于最高的层次，其次是等距量表，再次是顺序量表，最低水平的是称名量表，它提供的信息最少。高水平的测量量表可以转换成较低水平的测量量表，反之则不可，这是因为低水平的测量量表不具有高水平的测量量表所要求的、特有的数据属性信息。

## 四、测量信效度和项目分析

信效度反映了测量的质量，是测量结果可信和有效与否的前提。而项目的参数则是更为基层的测试特征。

## （一）信度

信度是测量结果的一致性、可靠性和稳定性程度。一致性是指受试者在不同时间使用同一测验，或者在同一时间使用等值复本所得结果大体相同；可靠性是指在多大的程度上我们能够信任测量结果；稳定性是指测验结果不随时间和情境的改变而产生变异，保持稳定不变的程度。理想状态下，一个好的测量工具，对同一事物反复多次测量，其结果在理论上应该保持一致；但从事实上看，几次测量的结果不可能完全相同，其间有测量误差的影响。

## （二）效度

传统测量学中的效度，指的是测量是否测到了欲测之物。效度的这个定义可能会让心理测量专业之外的人感到迷惑，难道我们还会去测量我们本不想或不能测量的东西吗？而现实情况却确实如此。尽管每一个测量工具在研发之初都是为了测量特定的属性而设计的，但是由于我们对所测属性认识的局限、测量工具制作的欠考虑和使用过程中的操作不当等，并不是所有的测量都能够具有较高的效度。

同时，效度又是一个系统的概念，或者叫作"广义的效度"，即测量的有效性，指的是从确定了测量工具的设计之初到最后根据测量结果作出的决策中的每一个环节都是合理的。

## （三）项目分析

项目分析包括计算项目的难度、区分度和猜测度等参数。这些基本的参数反映了具体项目层面上测量工具与测量对象的适切程度，能够最为直观地显示测量工具的特征，也是测量人员观察整个测量工具的落脚点。

信度、效度和项目参数是关乎心理测量质量的基本概念，在不同的心理测量理论中，对这些基本概念的认识和计算方法不尽相同。

# 第二节　心理测量学理论

语言测试本质上说是一种对心理属性的测量，心理测量的理论是指导语言测试的基本理论。心理测量学发展到今天，形成的有影响力的理论有：经典测量理论、概化理论、项目反应理论和认知诊断理论。本章我们对这些理论的主要假设、观点和方法进行简要的介绍。

## 一、经典测量理论

20 世纪初期，自然科学有了突飞猛进的发展，心理与教育研究也受到科学实证主义的影响。在对心理属性的测量方面，研究者极大程度上参照了物理测量的"多次测量以控制误差得到真值"的思想，因此，经典测量理论又称为"真分数理论"。到 20 世纪中叶，包括理论模型的假设和推论，信度观以及测试分析方法在内的经典测量理论体系完全建成。

### （一）经典测量理论的模型、假设和推论

经典测量理论的模型表述为：$X = T + E$。其中 X 代表观测分数，也就是测试中考生得到的分数；T 是真分数，代表在不存在误差的情况下，考生能够获得的真实分数；E 代表误差。这个模型的含义是：测量是有误差的，考生在测试中得到的分数实际上是凭借其真实能力能够获得的分数与误差分数的和。关于这个模型，经典测量理论有如下假设：

假设一：真分数不变，是一个常数。

假设一的含义是：测试测量的属性水平是稳定的，在此属性水平下被试能够得到的真分数也是不变的，当然这个真分数我们不能直接观测到。

假设二：误差是完全独立的、期望值为零的正态随机变量。

假设二所描述的情况是，如果我们对于一个被试多次施测的话，每次得到

的观测分数是不同的，这是因为每次测量都存在一个误差。而每次测量的误差大小是随机的，不受到其他场次测试的影响。这些误差有时为正，有时为负，会形成一个均值为零的正态分布。

假设三：平行测验是存在的。

这里的平行测验指的是能够以相同的控制误差的程度对某个属性进行测量的多个测验，亦即测量误差方差相等的测验。

根据经典测量理论的模型和假设，我们可以进一步推论：

推论1：在所有平行测验上，真分数的平均数和方差都相等。

推论2：个体间误差方差等于个体内误差方差。

推论3：任一平行测验的观察分数的平均数等于真分数的平均数；任一平行测验的观察分数的方差等于真分数方差与误差方差之和。

推论4：任意两平行测验间的相关相等。

上述模型、假设和推论是经典测量理论信度研究的基本前提。

### （二）经典测量理论的信度观

信度反映了测试的分数在多大程度上稳定地代表所测属性的真值即真分数，或者说测试分数不受随机误差影响的程度。根据经典测量理论的理论模型，我们可以从真分数和误差两个相反的方向给出信度的理论定义。

从真分数的角度来看，信度的实质是判断观察分数中真分数所占比例有多大，或者说观察分数与真分数的相关有多高。真分数占的比例越大，其与观察分数的相关就越高，也就说明观察分数越能反映所测被试属性的真值。所以我们可以用观察分数与真分数的相关系数作为衡量测试控制误差能力大小的指标，这一指标称为信度指数，用 $\rho(X,T)$ 来表示。公式2-1即为相关系数的计算方法。

$$\rho(X, T) = \frac{\sum xt}{N\sigma_X\sigma_T} = \frac{\dfrac{\sum t^2}{N} + \dfrac{\sum t\varepsilon}{N}}{\sigma_X\sigma_T} \qquad \text{公式2-1}$$

其中，$\dfrac{\sum t^2}{N}$ 即为真分数的方差 $\sigma_T^2$，又由假设二可知 $\dfrac{\sum t\varepsilon}{N} = \rho(T, E)\sigma_T\sigma_E = 0$，所

以有：

$$\rho(X,T) = \sigma_T^2 / \sigma_X\sigma_T = \sigma_T / \sigma_X \qquad\qquad 公式 2-2$$

从误差的角度来看，根据经典测量理论模型，观察分数是一个由真分数和误差组合而成的合成分数。两个分数的合成分数的方差等于这两个分数的方差之和再加上两分数各自标准差及相关系数的两倍，如公式 2-3 所示：

$$\sigma_X^2 = \sigma_T^2 + \sigma_E^2 + 2\rho_{TE}\sigma_T\sigma_X \qquad\qquad 公式 2-3$$

又由假设二，误差分数是一个独立的随机变量，不受真分数的影响，所以真分数和误差分数的相关系数为 0，那么就得到了观察分数的方差实际上就等于真分数方差和误差方差之和，即得到：

$$\sigma_X^2 = \sigma_T^2 + \sigma_E^2 \qquad\qquad 公式 2-4$$

所以，总的来看，信度的理论定义可以直接从真分数模型和假设推导出来，并用信度指数来表示，从真分数和误差两个角度分别来看，信度指数与真分数和观察分数以及误差分数方差的关系，如公式 2-5 所示：

$$\rho(X,T) = \sigma_T / \sigma_X = \sqrt{1 - \sigma_E^2 / \sigma_X^2} \qquad\qquad 公式 2-5$$

其中，$\rho(X,T)$ 表示测试的信度指数，$\sigma_T$ 表示真分数标准差，$\sigma_X$ 表示观察分数标准差，$\sigma_X^2$ 表示观察分数方差，$\sigma_E^2$ 表示真分数方差，表示误差方差。然而，信度的理论定义虽然从理论模型中直接推得，很容易理解，但是真分数和误差各自的值是多少我们是不可能知道的。因此我们还需开辟获得信度值的可操作路径，这就需要用到之前关于平行测验的假设。

## （三）基于平行测验假设的信度估计方法

尽管信度指数不能直接获得，但是当我们引入了平行测验的概念之后，可以证明各个平行测验之间的相关系数就是信度指数的平方。平行测验的含义是在内容、结构等方面完全一致的测验，体现在数据上，就是两次测验的结果只相差一个常数。可以用相关系数代表测验的信度系数的推导过程如下：

假定有两个平行测验，这两个测验的观察分数分别记为 X、Y，根据经典测量理论的基本假设，观察分数与反映想要测量的属性的真分数的关系可表示为：

$X = T + e_1$

$Y = T + e_2$

上式中，T 为被试在该目标属性上的真分数，在经典测量理论中，我们已假定真分数是一不变值，$e_1$、$e_2$ 为两次测验的测量误差。

因为 X 和 Y 来自完全平行的两次测验，所以它们能以相同程度测量同一心理特质，表现在数学形式上，即两次测验的误差变异相同，据此假设有：

$$S_{e_1}^2 = S_{e_2}^2$$

由经典测量理论的随机误差假设，即测量误差与真分数之间相互独立、测量误差之间相互独立、测量误差与被测特质之外的其他变量之间相互独立这 3 个假设有：

$$S_X^2 = S_T^2 + S_{e_1}^2 + 2COV(T, e_1) = S_T^2 + S_{e_2}^2 = S_T^2 + S_{e_2}^2 = S_Y^2$$

我们用 $r_{xx}$ 表示信度，于是有：

$$r_{xx} = \frac{S_T^2}{S_X^2} = \frac{S_T^2}{S_Y^2} = \frac{S_T^2}{S_X S_Y}$$

对上式变形推导：

$$r_{xx} = \frac{S_T^2}{S_X S_Y} = \frac{COV[(X - e_1), (Y - e_2)]}{S_X S_Y} = \frac{\sum[(x_i - e_{1i}), (\bar{x} - \bar{e}_1)][(y_i - e_{2i}) - (\bar{y} - \bar{e}_2)]}{N S_X S_Y}$$

$$= \frac{\sum[(x_i - \bar{x}) - (e_{1i} - \bar{e}_1)][(y_i - \bar{y}) - (e_{2i} - \bar{e}_2)]}{N S_X S_Y}$$

$$= \frac{\sum(x_i - \bar{x})(y_i - \bar{y}) - \sum(e_{2i} - \bar{e}_2)(x_i - \bar{x}) - \sum(e_{1i} - \bar{e}_1)(y_i - \bar{y}) + \sum(e_{1i} - \bar{e}_1)(e_{2i} - \bar{e}_2)}{N S_X S_Y}$$

$$= \frac{COV(X - Y) - COV(e_2, X) - COV(e_1, Y) + COV(e_1, e_2)}{S_X S_Y}$$

X 和 Y 来自完全平行的两次测验，因此 X 测验的误差 $e_1$ 与 Y 相互独立，Y 测验的误差 $e_2$ 与 X 相互独立，两次测验的误差彼此也相互独立，因此有：

$COV(e_2, X) = COV(e_1, Y) = COV(e_1, e_2) = 0$

代入前文推导式中即得到：

$$r_{xx} = \frac{COV(X, Y)}{S_X S_Y}$$

公式 2-6

上式即为皮尔逊积差相关系数，也就是说，在满足两次测验是平行测验的前提下，测验信度等于平行测验结果之间的皮尔逊积差相关系数。

在测试信度估算的实践中，我们可以通过不同的方式获得平行测验。根据获得平行测验的方式不同，估计的信度类型也不同。CTT 中的测验信度通常包括重测信度、复本信度、内部一致性信度，施测者需根据测验的具体情况选择不同的信度指标。

通过使用同一个测量工具，对同一组被试前后两次施测的方法得到的信度叫作重测信度。重测信度又称稳定性系数，由计算两组被试两次测验得分的相关系数得来。重测信度是将两次完全相同的测验视为平行测验的信度指标。为获取重测信度而实施的两次测验应该最接近平行测验，两次实行同一测验，其结果应该相等，因此两次测验结果之间出现的差异可归因为测量误差。但是前后两次施测之间，测量目标有可能由于教育、成长、练习效应等因素发生变化。这种变化会导致两次测验结果相关性降低，但这并不代表测验本身不可靠。所以，重测信度适用于测量的目标特质较为稳定的测验，如性格测验、运动测验。

复本是指与原测验考查的内容范围相同、题量一致、难度相等的测验。将原测验和复本对同一组被试两次施测，计算两次测验结果的相关系数，得到的就是复本信度。复本信度可以有效降低练习效应。但是，编制平行复本的任务需要耗费大量时间和人力，因此使用场景并不多。此外复本测验的形式并不能完全排除学习效应、记忆效应的影响，只是相对重测信度而言，这些影响不那么明显。

以一个测验施测于一组受试者，然后将该测验分为相等的两半，比较受试者在每一半上的得分是否一致，计算其一致性大小程度，即是该测验的分半信度。估计分半信度无需编制复本，也不必施测两次。然而，基于分半方式的不同，同一个测验可能对应不只一个分半信度。

内部一致性信度依据被试对测试题目的反应，分析一个测试包含的题目之间的一致性，以确定测验中题目对属性的测量是否一致。计算方法有库李 –20 公式、公式 2–7 和库李 –21 公式、公式 2–8。

$$r_{kk} = \frac{k\left[1 - \sum p_i \left(1 - p_i\right) / S^2\right]}{k - 1}$$ 公式 2–7

$$r_{kk} = \frac{k - \overline{X}\left(k - \overline{X}\right) / S^2}{k - 1}$$ 公式 2–8

公式中，$r_{kk}$ 指测验的信度，$k$ 指题目个数，$p_i$ 指答对第 $i$ 个题目的人数百分比，$S$ 指测验总分的标准差，$\overline{X}$ 指测验平均分。

但是这种计算方法要求测验题目的难度必须大体相等，以使测验个体的标准差与内部相关都相等；反之，题目难度差异大，个体内变异量和共变数不相等，则这两个公式求得的信度偏差就大，使整个测验的信度偏低。而且上述两个公式仅适用于非错即对的二分法题目，否则应采用克伦巴赫 α 系数来估计信度。克伦巴赫 α 系数的计算公式如下：

$$\alpha = \left(\frac{k}{k-1}\right)\left(\frac{S_X^2 - \sum S_i^2}{S_X^2}\right)$$ 公式 2–9

公式中，α 指信度系数，$k$ 指题目总数，$S_i$ 指第 $i$ 个题目的标准差，$S_x$ 指测验总分的标准差。

测验信度与测验中测量误差的来源紧密相关，有多少种引起误差变异的因素，就对应多少种测验信度。此外，由于信度系数总是在特定条件下获得的，因此只有当一个测验在不止一种情况下被证实具有较好的信度时，才能说明一个测验是真正可靠的。

（四）经典测量理论的项目分析

经典测量理论通过对典型的目标群体样本施测，获得关于考生样本在题目上的反应数据，然后据此计算题目的难度和区分度指标。

1. 难度。

题目的难度即试题的难易程度，是评价考试非常重要的一个指标。难度值（用 p 表示）可以用得分率（或通过率）来衡量。在实际分析过程中，题目的计分方式不同，难度的操作定义不同。

0/1 计分题（通常为客观题）的难度，以正确回答该题的人数占参加测验总人数的比率来表示，如 40% 的人答对了某个题目，该题目的难度就是 0.4。0/1计分题的难度 p 计算公式如下：

$$p = \frac{答对的人数}{总人数} \qquad\qquad 公式 2-10$$

非 0/1 计分题（通常为主观题）的难度，以考生在该题上的平均分占满分的比率来表示，如满分 60 分的作文，考生平均得分 42 分，则难度为 42/60=0.7。非 0/1 计分题难度 p 计算公式如下：

$$p = \frac{\sum 该题得分}{总人数 \times 该题分值} \qquad\qquad 公式 2-11$$

题目的难度值的取值范围在 0—1。当题目难度值为 1 时，说明 100% 的考生都答对了该题或者在该题取得满分，题目非常容易；当题目难度值为 0 时，说明没有考生答对或没有得分，题目非常难。可见，难度值与题目的实际难度是一种反序关系，即 p 值越大，难度越小。

全卷难度指卷面上所有题目难度的平均值。大型测验的全卷难度一般控制在 0.5 左右。用 N 表示全卷题目数量，全卷难度 $\bar{p}$ 计算公式如下：

$$\bar{p} = \frac{\sum p_i}{N} \qquad\qquad 公式 2-12$$

2. 区分度。

题目的区分度是指测验题目对考生实际水平的区分程度或鉴别能力，又称为鉴别度。具有良好区分度的题目能把不同水平的考生区分开来，水平高的得高分，水平低的得低分。

由于题目区分度的计算依赖于对考生水平的准确测量，所以分析题目的区分度就要有一个参照标准，这个参照标准既可以是外部效标，也可以是测验总分。以测验总分作为考生水平的参照标准为例，按测验总分把全部考生从高到低依次排列，然后从两极端定出高分组和低分组（如前 27% 和后 27%），再求这两组考生在某一题目上的通过率或得分率，然后计算区分度 D，公式如下：

$$D = \frac{高分组该（组）题均分 - 低分组该（组）题均分}{该（组）题分值} \qquad 公式 2-13$$

该方法既适用于单题、大题、全卷，也适用于 0/1 计分跟连续计分。区分度一般在 −1 — +1 之间，值越大，区分度越好。一般而言：0.4 以上表明题目区分度很好；0.3—0.39 表明题目区分度较好；0.2—0.29 表明题目区分度不太好，题目需要修改；0.19 以下表明题目区分度不好，题目应淘汰。

题目的区分度与难度有密切的关系，一般而言，题目的难度过大或过小，区分度会比较低。题目的区分度与测验的信度也有密切的关系，整个测验中题目的区分度平均值越大，测验的信度越高。与题目的难度一样，区分度也是以某一群体为被试计算的，受所选群体的同质性影响。如果群体中被试的差异很小，一个区分能力很强的题目的区分度指标可能很低；如果群体中被试的差异很大，一个区分能力很差的题目的区分度指标也可能很高。

## 二、概化理论

概化理论源于对测量结果可推广性、可概括性的研究，实质上是对测量的系统误差的可能来源的分析。概化理论在真分数假设的基础上，借鉴实验设计的思想，使用方差分析的方法，进一步分离出真分数中的系统误差。概化理论还能在特定范围内变动测量的情景条件，以考察测量情景条件的变化引起的误差变化，从而达到控制测量误差、提高测量精度的目的。

### （一）概化理论的假设

根据前文我们对经典测量理论的介绍，在经典测量理论中，观察分数仅由真分数和随机误差构成。概化理论进一步发展了这个观点。概化理论认为，经典测量理论中所指的真分数实际上还包含了系统误差的成分。随机误差和系统误差的区别就在于方向性，随机误差有可能是正向的，也有可能是负向的，即测量结果可能高于真实属性的值，也可能低于真实属性的值；而系统误差是有稳定方向的误差，但是尽管有固定的方向，系统误差依然不是我们想要测量的对象，概化理论的目标就是估计出测量中的系统误差。

概化理论的基本假设是，被试在某个测验中的分数的变异有三个来源：第一个是所测属性的真实差异，第二个是系统误差的变异，第三个是随机误差的变异。这个假设可以用下式来表示。

$$S_X^2 = S_V^2 + S_I^2 + S_E^2$$

其中，$S_X^2$ 表示观察分数变异，$S_V^2$ 表示真分数变异，$S_I^2$ 表示系统误差变异，$S_E^2$ 表示随机误差变异。虽然与经典测量理论同样属于抽样理论，但概化理论的一些假设前提与经典理论并不相同。比如，对于平行测验的定义并不严格，认为两套试卷只要是从同一个总体中抽样得到的，就可将其视为平行测验；在总体的数据分布上，也不像经典测量理论一样要求正态分布的总体。

## （二）概化理论的基本概念

概化理论的基本前提就是测量是发生在一定的条件下的。我们对某项心理属性进行测量，这一活动是使用特定的方法，按照预定的程序，在一定的时间地点和条件下、由某些人员完成的。上述的方法、程序、时空、人员等诸多因素都是测量进行的条件，或者说是关于"怎么测"的问题；而测量目标则是"测什么"的问题。测量目标结合一定的测量条件就是概化理论所说的测量情景关系，测量情景关系会影响测量结果。在这种具体的关系中分析"测得怎么样"，实际上就是辨别估计各种条件带来的误差，或者从反方面来看，就是测量信度的问题。基于这一核心理念，我们来界定一下概化理论的基本概念。

1. 测量目标和测量侧面。

在经典测量理论中，测量目标指的是被试的某种心理属性；而在概化理论看来，测量目标有更为宽泛的含义。概化理论的测量目标不仅是欲测量的属性，还可以是试题的、环境的、评分者的某种属性。

在一次测量过程中，有很多能够对测量结果产生影响的因素，比如这种属性本身的差异、题目样本的代表性、评分者等等。根据研究目的的不同，我们可以将其中的一个因素作为测量目标，那么测量目标之外的所有稳定地影响测量结果的因素就是测量侧面。比如一项考察写作能力的考试，要求被试完成一篇记叙文，考生的表现由某位老师进行评分。在这种测量情景关系下，除了被试实际的写作能力之外，文体类型和评分员这两个因素也会影响被试的得分。我们可以将被试的写作能力当作测量目标，文体类型和评分员就是测量侧面；也可以将问题类型或者评分员当作测量目标。这取决于我们的研究目的是什么。

2. 条件全域、观测全域和概括全域。

从概化理论对于分数的分析我们可以知道，概化理论并不追求一个稳定不变的真分数，而是认为分数都是在一定的测量条件下获得的。当我们根据这个分数推断所测属性的真实值的时候，必须同时报告获得它的具体的测量条件是什么。也就是说，概化理论讨论的是测量侧面的条件样本在多大程度上与条件总体一致，这个条件总体或者测量条件的范围称为条件全域。在一次测量中，所有的测量侧面条件全域的集合称为观测全域。在上述写作能力测试例子中，文体类型侧面和评分员侧面的所有条件全域的集合就是这次写作能力考试的观测全域。

概化理论对被试的真实分数进行的推断，并不一定总是在观测全域的各个测量侧面上进行。而是根据需要作出决策的不同方面，选取某个侧面的条件样本进行估计，对被试的总体水平的推断就会因为涉及的不同测量侧面全域而改变。此时，推断分数过程中涉及的测量侧面的条件全域的集合就称为概括全域。仍旧以写作能力测试为例，该测试的概括全域既可以是某位评分员对被试完成各种文体时得到的推断评价，也可以是任一评分员对于被试完成记叙文能力的推断评价。这两个评价在概化理论中是可以有各自不同的测量误差的。

3.概化系数和可靠性系数。

概化理论的假设中包含系统误差和随机误差两类。与经典测量理论的信度含义类似，概化理论也通过误差来表示信度。不同的是，概化理论中的信度可以通过分析测量目标与测量侧面引起的误差来直接估算。

概化理论用概化系数和可靠性系数分别估计测量目标的有效变异与相对变异、绝对变异的关系。相对变异指的是测量过程中的随机误差的变异；绝对变异指的是除了测量目标的变异之外的所有变异之和，其中既包括随机误差，也包括系统误差。概化系数和可靠性系数分别记作 $E\rho^2$ 和 $\varphi$，计算方法见公式 2-14 和公式 2-15。

$$E\rho^2=\sigma^2(p)/[\sigma^2(p)+\sigma^2(\delta)] \qquad\qquad 公式\ 2\text{-}14$$

$$\varphi=\sigma^2(p)/[\sigma^2(p)+\sigma^2(\Delta)] \qquad\qquad 公式\ 2\text{-}15$$

其中，$\sigma^2(p)$ 代表测量目标的变异；$\sigma^2(\delta)$ 代表相对误差带来的变异；$\sigma^2(\Delta)$ 代表除测量目标变异之外的所有变异，包含了系统误差和随机误差的变异。

### （三）概化研究的方法和步骤

正是由于系统误差存在稳定的方向性，我们才有可能将其从真分数中分离出来，概化理论分离系统误差的方法借鉴了实验研究范式和统计分析中方差分析的做法。

1.实验设计。

实验设计是进行实验研究的第一步，是关于如何对被试实施实验处理、收集数据的计划方案。实验处理的意思是根据自变量确定的实验条件的结合。我们经常使用的两种实验设计是交叉设计和嵌套设计。从测量侧面的角度看，当被考察的测量侧面只有 1 个时，称为单面设计，多个侧面的称为多面设计。下面我们结合具体例子，来介绍一下概化理论中最基本的收集数据的设计：随机单面交叉设计和随机单面嵌套设计的方法。在此基础上，分析两种设计中各变量的方差分量。

（1）随机单面交叉设计。随机单面交叉设计指的是在仅有一个测量侧面的情况下，测量目标（被试）中的每一个个体都必须与侧面中的每个水平直接发生互动关系的测量设计。这种关系通常用 × 表示。比如要求所有被试 p 作答每一道试题 i 的设计就是一个单面交叉设计，通常用 p×i 来表示。

假设从一个无限总体的被试中随机抽取 $n_p$ 个被试样本，从一个无限的测题全域中随机抽取 $n_i$ 个试题样本，所有的被试都要完成所有的试题，这样的设计就是概化理论的随机单面交叉设计。这里被试 p 是测量目标，试题 i 是测量侧面，那么被试 p 在试题 i 上的得分可表示为：

$X_{pi} = \mu + \mu_p \sim + \mu_i \sim + \mu_{pi} \sim$

式中 $\mu$ 是被试总体完成测题全域的总平均分；$\mu_p \sim$ 是被试 p 的主效应；$\mu_i \sim$ 是试题 i 的主效应；$\mu_{pi} \sim$ 是被试 p 和试题 i 交互作用效应与实验误差的混合，统称为残差。

（2）随机单面嵌套设计。随机单面嵌套设计是指在仅有一个测量层面的情况下，测量目标中的个体分组完成这个测量测面的不同条件下的任务。嵌套设计常用 "i : p" 表示，读作试题层面 i 嵌套于被试 p 之中。假设一次测量中测量目标是被试 p，只有一个测量侧面是试题 i。试卷都选自同一题库，并按照难度水平分组，被试完成不同组的试题的测量设计就是随机嵌套设计。嵌套设计的数学模型是：

$X_{pi} = \mu + \mu_p \sim + \mu_{i : p} \sim$

与交叉设计不同，在嵌套设计中，由于侧面的不同水平是嵌套在测量目标中的，因此其主效应不能被单独分析出来，而是包含于残余效应中。

2. 研究步骤。

概化研究的基本过程包括两部分：G（概化）研究和 D（决策）研究。在同一次测验中，两次研究的实验设计可以相同，也可以不同。G 研究的目的是通过分析各个因素的方差分量来具体估计来源于测量目标、测量侧面以及各种交互效应的总体性方差成分的大小，为后续的 D 研究提供必备的前提条件。而 D 研究则是根据这些方差分量，分析某个测量目标或者侧面的条件发生变化时的方差变化，以确定这种变化带来误差的程度。

（1）G 研究（概化研究）。G 研究首先要确定测量目标和测量侧面，确定测量目标和测量侧面的组合关系。然后研究者可以通过实验来收集实验数据，通过统计分析获得所需的统计量，G 研究到此结束。下面我们分别介绍随机单面交叉设计和随机单面嵌套设计的 G 研究，说明其方差分量的估计方法。

根据随机单面交叉设计 p×i 的数学模型，可以推导出被试、试题以及二者交互作用的样本数据变异构成情况：

$$SS(t)=SS(p)+SS(i)+SS(pi)$$

我们知道，概化理论中的方差分量计算时借鉴了方差分析的方法。测量目标和测量侧面是可视为多因素方差分析中的两个因素，表 2-2 为被试和试题单面交叉 p×i 设计的方差分量的计算方法。

表 2-2　单面交叉设计方差来源及估计公式

| 方差来源 | 平方和 | 自由度 | 均方 | 变异分量估计值 |
|---|---|---|---|---|
| 被试（p） | $SS(p)$ | $n_p-1$ | $MS(p)$ | $[MS(p)-MS(pi)]/n_i$ |
| 试题（i） | $SS(i)$ | $n_i-1$ | $MS(i)$ | $[MS(i)-MS(pi)]/n_p$ |
| 残差（pi） | $SS(pi)$ | $(n_p-1)(n_i-1)$ | $MS(pi)$ | $MS(pi)$ |

说明：$SS(p)=n_i\sum_p(\overline{X}_p-\overline{X})^2$；$SS(i)=n_p\sum_i(\overline{X}_i-\overline{X})^2$；$SS(pi)=\sum_p\sum_i(\overline{X}_{pi}-\overline{X})^2$；$MS(p)=SS(p)/(n_p-1)$；$MS(i)=SS(i)/(n_i-1)$；$MS(pi)=SS(pi)/(n_p-1)(n_i-1)$。

对应于单面嵌套设计的数学模型，测量目标和测量侧面的方差分量组成为：

$$SS(t)=SS(p)+SS(i:p)$$

具体计算如表 2-3 所示：

表 2-3　单面嵌套设计方差来源及估计公式

| 方差来源 | 平方和 | 自由度 | 均方 | 变异分量估计值 |
|---|---|---|---|---|
| 被试（p） | $SS(p)$ | $n_p-1$ | $MS(p)$ | $[MS(p)-MS(i:p)]/n_i$ |
| 残差（pi） | $SS(i:p)$ | $n_p(n_i-1)$ | $MS(i:p)$ | $MS(i:p)$ |

说明：$SS(p)=n_i\sum_p X_p^2-n_p n_i\overline{X}^2$；$SS(i:p)=\sum_p\sum_i(X_{pi}^2-n_i\sum_p X_p^2)$；$MS(p)=SS(p)/(n_p-1)$；$MS(i:p)=SS(i:p)/n_p(n_i-1)$。

（2）D 研究（决策研究）。D 研究是在 G 研究的基础上，对所得数据的转换、解释，为不同的实验目的提供不同的信度和效度指标，并据此作出决策的环节。D 研究可以在 G 研究提供的测量关系情景内，进行改进测量侧面的结构、改变样本容量等设计，并进一步计算出在改进之后的设计下，概化系数和可靠性系数有了怎样的变化，从而达到控制误差，作出优化决策的目标。

要进行 D 研究，首先第一步就是要根据研究的目的确定概括全域，包括测量侧面的个数、侧面的水平分类；然后根据样本容量重新进行各因素的方差分量分析；在此基础上分别估计相对误差变异和绝对误差变异，进而得到特定概括全域上的概化系数和可靠性系数；最后重新确立概括全域，并重复上述步骤，比较各概括全域上测验结果的估计精度，得到不同测试条件下的结论。

## 三、项目反应理论

项目反应理论是产生于 20 世纪 50 年代的一套心理测量理论，较经典测量理论，项目反应理论主要在以下几个方面具备优势：（1）经典测量理论对项目和测试的性能计算都依赖于抽取的样本，而项目反应理论能够解决样本依赖的问题；（2）经典测量理论对于测量信度只能笼统地估计，项目反应理论则能够从信息量的角度提供每个项目的信度；（3）在经典测量理论中，题目的难度和被试的能力是用不同量表表示的，而项目反应理论中的难度和能力可以直接进行比较。

### （一）项目反应理论的起源和假设

早在 1905 年，比奈和西蒙在编制世界上第一个儿童智力量表时，项目反应理论的思想就有所显现。当时他们选择量表题目的做法是：将这道题目给不同年龄段的被试完成，正确率达到 0.75（后来调整为 0.5）的题目被选为测量对应的年龄组智商的正式测试题目。这个正确率是群体得到的，可以代表这道题被这个年龄段被试答对的概率。后来让不同年龄段的被试做这些题目，年龄大的被试答对题目的比例升高，年龄小的降低。我们进一步解读一下，不同的年龄实际上就代表不同的一般智力能力，而被试答题的正确率就是题目难度，这种做法反映了项目反应理论将被试的能力与题目的难度联系到一起的理念。

后来，项目反应理论的创始人 Lord 在其博士毕业论文中研究了托福考试题目难度和被试能力之间的关系，给出双参数正态肩形模型。基本上是在同一时期，丹麦学者 Rasch 也提出了"测验项目的结构模型"。这是项目反应理论的最初模型。下面我们简要介绍项目反应理论关于题目和被试反应的基本思想。

1. 潜在特质理论。

人的很多外在的行为是由内在的心理特质决定的，这种隐藏在背后的心理结构我们称为"潜在特质"。潜在特质具有抽象性，被抽象出的特质是从一个人的日常行为方式中总结出来的。比如我们说某个人"善良"，是因为他经常帮助别人，帮助别人这种显性行为能够让我们推测出"善良"这种特质。然而，这种抽象的总结具有复杂性。

首先，用来推断潜在特质的外显行为应该具有一致性。如果上述的某个人经常帮助别人，但是他帮助的只是亲朋好友或者自己喜欢的人，而对陌生人却有不一致的表现，那我们不能推断出他"善良"。其次，潜在特质一般是比较稳定的。如果上述例子中的某人只是心血来潮地或者出于某种目的在短时间内帮助别人，那也不能说他具备"善良"这种特质。

在项目反应理论中，被试的潜在特质是一种不能被直接观察的潜在变量，这个变量决定了被试在与之对应的测量项目上的反应，我们用 $\theta$ 来表示。也就是说，被试的 $\theta$ 值越高，越能在体现 $\theta$ 的题目上有好的表现，即答对题目的概率 $P(\theta)$ 就会提高。

2. 项目特征曲线和项目反应函数。

项目反应理论的创始人 Lord 在美国教育考试服务中心（ETS）工作时，能够接触到大量大规模测试的实测数据。当时，Lord 进行了这样一项研究：将被

试的能力值 θ 用其在测试中获得的总分来代表,并将其作为一个直角坐标系的横坐标,然后计算每个能力值对应的被试答对每道题目的答对率,并将其作为直角坐标系的纵坐标。这样,对于每一道题目来说,都能够得到这个坐标系上的一些点,将这些点连接起来进行平滑处理,就得到了这个题目与能力值之间的回归曲线,这条曲线就叫作项目特征曲线(图 2-1)。

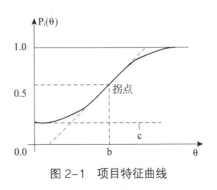

图 2-1    项目特征曲线

对应这样的项目特征曲线的数学函数就叫作项目特征函数或者项目反应函数,可以表示为:

$P_i = (b_i, a_i, c_i, \theta)$

项目反应函数的意义是:能力为 θ 的被试答对第 i 道题目的概率 $P_i$ 是这道题目的参数 $b_i$、$a_i$、$c_i$ 和能力值 θ 的函数。其中,b 是位置参数,它对应着答对这道题目的概率等于 0.5 的能力值点,表示这道题目的难度;a 是量表参数,表示这道题目的项目特征曲线在拐点处区分不同能力水平被试的能力,代表题目的区分度;c 是渐近参数,表示的是当被试的能力趋于无限低时,能够答对题目的概率,所以也可以被理解为猜测度参数。

(二)项目反应模型

实际上,能够反映项目特征曲线的函数并不只一个,有许多函数族可以作为模型来刻画项目特征曲线。这些模型除了要很好地拟合项目特征曲线之外,还要满足一些特征才能称为理想的模型。比如模型关于测量属性的维度假设、模型估计被试量表分数的方法、模型的自变量取值和因变量的值域等特征是决定其能否作为项目反应模型的重要特征。

研究者们通过考察数据与众多模型的特征，找到了一些较为有代表性的模型。这里我们介绍三个包含的参数个数不同的模型：单参数、双参数和三参数逻辑斯蒂模型。

$$P_i(\theta) = \frac{e(\theta - b_i)}{1 + e^{(\theta - b_i)}}$$ 单参数逻辑斯蒂模型

$$P_i(\theta) = \frac{e^{1.7a_i(\theta - b_i)}}{1 - e^{1.7a_i(\theta - b_i)}}$$ 双参数逻辑斯蒂模型

$$P_i(\theta) = c_i + (1 - c_i)\frac{1}{1 + e^{1.7a_i(\theta - b_i)}}$$ 三参数逻辑斯蒂模型

### （三）项目反应理论的参数估计

在项目反应函数的表达式中，有两类参数：被试的能力参数和项目参数（包括难度参数、区分度参数和猜测参数）。当我们收集到考试数据，基于数据对这些参数进行估计时，会遇到不同的情况。有的情况是能力参数或者项目参数中的一项是已知的，有的情况是这两类参数都是未知的。

1. 项目参数或能力参数已知，估计另一参数。

当一项测试的试题来自已有题库时，这些试题是带有项目参数的。将这样的试题对被试施测，就可以根据试题参数对被试的能力进行估计。我们以单参数模型为例说明估计的过程。

如果有一组试题，这些试题的难度参数是已知的。用这组试题对被试施测，根据被试在这组试题上的表现，我们就可以估计出被试的能力参数 $\theta$。由项目反应理论的局部独立性假设可知，被试对于每道题目的反应都是独立的，即是否答对某题并不受其他题目的影响。那么被试对这组试题的反应的概率就可以用每道题目反应概率的乘积来表示，如下式：

$$P(U_1, U_2, \ldots U_n \mid \theta) = \prod_{j=1}^{n} P(U_j \mid \theta)$$

其中，$U_j$ 是被试在第 j 个题上的反应，当被试答对该题时，$U_j=1$；答错时，$U_j=0$，记为 $Q=1-P$。

假设这组试题包含 3 个题目，如果被试的反应是 $U_1=1$，$U_2=1$，$U_3=0$，那么被试得到这样一个反应的概率就应该是：

$$L(U|\theta)=(1-P_1)*P_2*P_3$$

根据单参数项目反应理论的模型，上式可改写为：

$$L(U|\theta) = (1 - \frac{e^{(\theta-b_1)}}{1+e^{(\theta-b_1)}}) * \frac{e^{(\theta-b_1)}}{1+e^{(\theta-b_1)}} * \frac{e^{(\theta-b_1)}}{1+e^{(\theta-b_1)}}$$

又因为，我们已经假设这 3 道题目的难度参数是已知的，假定 $b_1=1$，$b_2=0$，$b_3=-1$，将之代入上式，得到：

$$L(U|\theta) = (1 - \frac{e^{(\theta-1)}}{1+e^{(\theta-1)}}) * \frac{e^{(\theta)}}{1+e^{(\theta)}} * \frac{e^{(\theta+1)}}{1+e^{(\theta+1)}}$$

我们可以这样理解这个问题：在实际的施测中，我们得到了被试完成这 3 个题目的结果。在什么情况下我们最有可能得到这个结果呢？也就是当 $\theta$ 取何值时，该函数能够取最大值。这就是最大似然估计的原理。而对于 $\theta$ 到底取何值，可以使用拉夫逊迭代的方法。

当被估计的能力参数已知时，方法是一样的，只是需要将已知的 $\theta$ 值代入模型，转换成仅含有难度 b 值的函数，仍然使用极大似然法进行估计。

2. 项目参数和能力参数都未知。

在真实的考试实践中，在考试最初推出的阶段，项目参数和能力参数可能都是未知的。在这种情况下，我们需要同时对两类参数进行联合极大似然估计。我们还是以单参数项目反应理论模型为例，此时的待估计函数就是项目参数和能力参数的联合概率。

$$P(U_1,U_2,...U_n|\theta) = \prod_{i=1}^{N} \prod_{j=1}^{n} P_{ij}^{u_{ij}} Q_{IJ}^{1-u_{ij}}$$

联合极大似然估计的思路是分别对题目参数和能力参数设定一个初始值，然后再分两步进行迭代。第一步根据设定的初始值假定能力参数已知，按照上述方法估计项目参数；第二步根据设定的项目参数初始值假定项目参数已知，再按照上述方法估计项目参数；直到结果收敛，完成迭代。

### （四）项目反应理论的信度

项目反应理论关于信度的理解借鉴了信息论中信息量的概念。信息量指的是信息的确定性程度，信息的清晰性、稳定性、一致性。如果题目难度和被试能力匹配，信息量就会大；如果不匹配，比如用非常容易的题测能力非常高的被试，或用非常难的题测能力非常低的被试，不可能得到非常清晰、稳定的信息，也就是信息量会小。项目反应理论将这种匹配关系用项目信息函数来表示：

$$I_i(\theta) = \frac{[p'_i(\theta)]^2}{p_i(\theta)[1 - p_i(\theta)]}$$

上式就是著名的 Fisher 信息函数，这个函数计算出的信息量就是项目反应理论中的信度。我们可以这样理解，对于同一个题目来说，回答这道题目的被试能力值不同，就会得到不同的测量信度，即通过信息函数计算出的某个具体值就是某个题目用于具有某个能力值的被试上的信度。

当然我们也可以据此估计整套测试在测量不同能力的被试时的信度值，整套试卷的信度就是所有项目信息函数的累加函数，也就是每个项目信息量的和，即：

$$I(\theta) = \sum_i^m I_i(\theta)$$

项目反应理论中的信度和经典测量理论中的信度概念是紧密相关的。但是它们的角度或者说层次不一样。如前所述，经典测量理论是宏观理论，只有整体信度的概念；而项目反应理论是微观理论，可以考察每道题目的信度，从其定义的公式看到，信息量与项目反应函数有关。

同样的，在项目反应理论中，我们也可以从误差的角度考察信度。项目反应理论信息量与测量标准误的关系为：

$$SE(\theta) = \frac{1}{\sqrt{\sum I_i(\theta)}}$$

从上述关系我们可以看出，信息量越大，测量的标准误就越小。再联系到经典测量理论中测量标准误与信度的关系，我们就不难换算出经典测量理论中的信度值与项目反应理论信息量的关系。

## 四、认知诊断理论

认知诊断理论是在人们对于心理测量的结果越来越精细化的需求下，教育界提出面向学习的测评的背景中发展起来的新一代测量理论，有学者将认知诊断理论的出现视为测量理论划时代的标志。在认知诊断理论提出之前，无论是经典测量理论、概化理论还是标准参照理论，主要的努力方向都是识别和控制测量误差，所以可以将这个时代称为标准化测量时代。

认知诊断理论则是新一代测量理论的代表，与标准化测量时代的理论不同，认知诊断理论在确定被试心理属性能力值时，不是提供一个笼统的总分，而是根据被试不同的作答模式，提供这种作答模式背后的知识或技能掌握状况的信息。在以往测量理论下获得相同总分的被试，可能其内隐的认知结构并不相同。

为了实现这个目标，认知诊断理论建立了一套全新的测量理念，这种理念的核心就是人的某个心理属性是一个具有结构层级的系统，属性的赋值并不能用单一的量表分数来表示。这种心理属性由多项层次不同的知识和技能组成，每一种组合就代表了被试在这种属性上的发展状态，也可以说是一种认知状态类型。在测量上，这些知识和技能的组合会体现在具体的题目上，通过被试在题目上的反应就能够判断出被试的这种心理属性所属的类型。

### （一）认知诊断理论的基本概念

对个体认知过程、加工技能或知识结构的诊断评估是认知诊断理论的研究内容，与之相关的属性层级结构、理想属性模式和理想反应模式及其表示方法构成了该理论最为核心的概念体系。

1. 属性层级结构。

认知诊断理论认为，不同的认知属性之间并不是各自独立的，而是存在一定的前提关联，也就是说掌握一些属性是掌握其他属性的基础。属性间这样的前提顺序关系就是属性层级结构，可分为直线型、收敛型、分支型和无结构型，具体见图 2-2。以图 2-2 中的收敛型为例，只有掌握了属性 $A_1$，才能掌握属性 $A_2$。同样的，属性 $A_2$ 是属性 $A_3$、$A_4$ 的掌握条件，因此只有掌握属性 $A_1$、$A_2$、$A_3$ 或者掌握 $A_1$、$A_2$、$A_4$，才能掌握属性 $A_5$。这四类层级结构还可以结合起来表示更为复杂的层级结构。

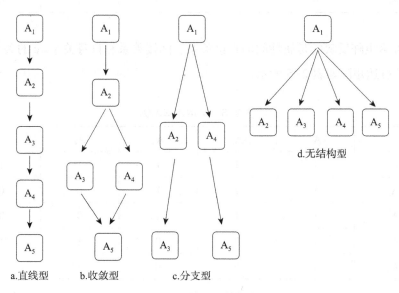

图 2-2　属性层级结构类型

2. 邻接矩阵和可达矩阵。

认知诊断理论的一大特点就是用矩阵来表示属性间的层级结构关系、属性与题目之间的关系以及被试的反应等重要数据。其中，邻接矩阵和可达矩阵表示的就是属性之间的关系。邻接矩阵表示在一个层级结构中，各个属性之间是否有直接关系。在这个矩阵中，将各个属性进行行列排列，两个属性之间有直接关系用 1 表示，没有用 0 表示，属性自身之间的关系也标记为 0。

以图 2-2 中的 c 类层级结构为例，其对应的邻接矩阵如表 2-4 所示：

表 2-4　邻接矩阵示例

| | $A_1$ | $A_2$ | $A_3$ | $A_4$ | $A_5$ |
|---|---|---|---|---|---|
| $A_1$ | 0 | 1 | 0 | 1 | 0 |
| $A_2$ | 1 | 0 | 1 | 0 | 0 |
| $A_3$ | 0 | 1 | 0 | 0 | 0 |
| $A_4$ | 1 | 0 | 0 | 0 | 1 |
| $A_5$ | 0 | 0 | 0 | 1 | 0 |

可达矩阵反映的是属性间的直接关系、间接关系和自身关系。c 的关系结构对应的可达矩阵如表 2-5 所示：

表 2-5　可达矩阵示例

| | $A_1$ | $A_2$ | $A_3$ | $A_4$ | $A_5$ |
|---|---|---|---|---|---|
| $A_1$ | 1 | 1 | 1 | 1 | 1 |
| $A_2$ | 1 | 1 | 1 | 0 | 0 |
| $A_3$ | 1 | 1 | 1 | 0 | 0 |
| $A_4$ | 1 | 0 | 0 | 1 | 1 |
| $A_5$ | 1 | 0 | 0 | 1 | 1 |

3. Q 矩阵和缩减 Q 矩阵。

Q 矩阵同样是一个由 0 和 1 组成的二值矩阵，表示的是属性和题目之间的关系。Q 矩阵的行表示项目，列表示属性。1 和 0 代表的是在行对应的项目是否考察了所在列对应的属性，比如表 2-6（见下页）所示的 Q 矩阵中，一个测验由 3 个题目组成，由行表示；测验一共考察了两个属性，由列表示。其中，第一个题目只考察了第一个属性，第二个题目只考察了第二个属性，第三个题目考察了第一和第二个属性。

表 2-6　Q 矩阵示例

|  | $A_1$ | $A_2$ |
| --- | --- | --- |
| $I_1$ | 1 | 0 |
| $I_2$ | 0 | 1 |
| $I_3$ | 1 | 1 |

Q 矩阵显示的是某道题目测试了某些属性，这是题目和属性之间直接的关联。但是这种关联并未考虑属性的层级结构。也就是说，在一定的层级关系下，有些属性是另一些属性的前提条件，并不是所有的属性组合都可能出现。因此，这种情况体现在题目层面上，也会使 Q 矩阵缩短。这种基于属性层级结构定义的题目与属性的关联矩阵称为缩减 Q 矩阵。

4. 理想属性模式和理想反应模式。

与 Q 矩阵的表达方式类似，认知诊断理论也用 0/1 矩阵来表示被试在属性上的掌握情况以及在配套试题上的表现。同样，被试掌握的属性用 1 表示，未掌握的属性用 0 表示；答对的用 1 表示，未答对的用 0 表示。

那么何为理想属性模式和理想反应模式呢？理想属性模式就是根据事先确定的属性层级结构，理论上可能出现的被试对该属性的掌握模式。比如一个测试共测量了 K 种属性，那么当各个属性间不存在层级关系时，理论上可能的掌握模式就有 $2^K$ 个。再加上对属性间层级关系的考虑，有些模式是不可能出现的。

因为在测验中，每个试题都对应考察的属性，那么当理想反应模式确定之后，在假定不存在误差的情况下，被试对于试题的反应也就确定了。这样的作答反应就是理想反应模式。

## （二）认知诊断模型的类型

为了实现测试的认知诊断功能，我们还要构建认知诊断模型。根据我们对所测属性的认识，我们建立了反映属性层级关系的邻接矩阵和可达矩阵；又对照题目能够考察的属性建立了 Q 矩阵以及理想反应模式和理想作答模式；通过施测，我们还可以获得被试真实的作答反应矩阵。认知诊断模型的作用就是要在这些数据的基础上判断被试的属性掌握状态。

被试者的属性掌握模式是潜在不可观察的，我们能得到的只是被试在题目上的各种作答反应的组合，尽管测验的 Q 矩阵可以表达被试的属性掌握模式与其作答模式之间的关系，但是由于在实际的作答过程中，被试作答会存在不确定因素，如猜对不会的题目和做错会做的题目，从而带来了测量误差。因此，我们需要融合了概率思想的认知诊断模型。到目前为止，心理测量学家们至少已经开发了 100 种以上的诊断模型。不同的认知诊断模型之间的主要差异在于对属性间关系、项目正确作答概率与属性间关系的假设不同。

1. 补偿与非补偿关系模型。

模型假定属性之间的补偿的关系是指被试只要掌握题目所考察属性中的某一个或某几个就可以正确作答，其他的未被掌握的属性都可以由已掌握的属性补偿上去，并不影响题目的完成。而非补偿模型的假设是，被试要掌握题目所需的所有属性，缺少任何一个属性都不能答对该题。

比如 DINO 模型就是一种补偿模型，模型中的题目包含 2 个参数：猜测参数 $g_j$ 和失误参数 $s_j$，$g_j$ 表示考生没有掌握题目 j 的任何属性但仍然得分的概率；$s_j$ 表示被试至少掌握了题目 j 的 1 个属性但不得分的概率。对于理想得分 $\omega_{ij}=1-\prod_{k=1}^{k}(1-\alpha_{ik})q^{jk}$。这个模型的含义是，理想情况下，考生 i 只要至少掌握题目 j 考察的 1 个属性就可以得 1 分，否则得 0 分。DINO 模型的题目反应函数为 $p(x_{ij}=1\,|\,\alpha_i,q_j,\omega_{ij})=(1-s_j)^{\omega_{ij}}g_j^{(1-\omega_{ij})}$。

DINA 模型则假设题目考察的属性之间为非补偿关系，每个题目也包含猜测和失误两个参数。在 DINA 模型中，通常用 $\eta_{ij}$ 表示被试在项目上的理想反应，其计算公式为 $\eta_{ij}=\prod_{k=1}^{K}\alpha_{ik}^{q_{jk}}$，其中 k 为测验所考察的属性个数。DINA 模型中被试在题目上的正确作答概率为：

$$p(x_{ij}=1\,|\,\alpha_i,q_j,\eta_{ij})=(1-s_j)^{\eta_{ij}}g_j^{(1-\eta_{ij})}$$

同样的，$x_{ij}$ 表示考生 i 在题目 j 上的得分，取 0 或 1，其中 0 表示错误作答，1 表示正确作答。模型也包含失误参数 $s_j$ 和猜测参数 $g_j$，但含义与 DINO 模型略有不同，其中失误参数 $s_j$ 表示考生掌握题目所考查的属性，但是在题目上没有得分的概率；猜测参数 $g_j$ 表示考生没有掌握题目所考查的所有属性但仍然得分的概率。

2. 单维和多维认知诊断模型。

依据所考察属性的数量，认知诊断模型可以分为单维模型和多维模型。由于心理属性的复杂性，目前的模型以多维模型为主。但是单维模型在某些特殊情况下比较适用，即所考查的单维属性由多个高度相关的技能组成，比如全部都是零起点水平的学生学习一门新课程所需要的能力。

LLTM 就是一种单维模型，该模型由 Fisher 在 20 世纪 70 年代提出，其数学表达式为：

$$P(x_{ij}=1|\theta_j)=\exp(\theta_j-b_i^*)/[1+\exp^{(\theta_j-b_i^*)}] \qquad (b_i^*=\sum \eta_k q_{ik}+d)$$

上式中 $b_i^*$ 是题目的难度参数，$q_{ik}$ 是题目 i 在属性 k 上的复杂度计分，$\eta_k$ 是属性 k 的权重，d 为一个标准化常数。

除了题目反应中属性的补偿和非补偿机制、属性的维度之外，认知诊断模型的构建还与属性掌握表征是离散还是连续、答题是否存在多种策略以及 Q 矩阵是否完备等一系列的关于属性和题目的特点有关。上述方面的不同，会体现在模型假设上的不同。详细的模型适用特征见表 2-7。

表 2-7　认知诊断模型类型

| | | Q 矩阵完备 | | Q 矩阵不完备 | |
|---|---|---|---|---|---|
| | | 单策略 | 多策略 | 单策略 | 多策略 |
| 属性离散 | 补偿 | DINO | | | |
| | | MCLCM | | | |
| | 非补偿 | RSM | MS-DINA | | |
| | | AHM | | RUM | HYBRID |
| | | NIDA | | | UM |
| | | R-RUM | | | |

续表

| | | Q 矩阵完备 | | Q 矩阵不完备 | |
|---|---|---|---|---|---|
| | | 单策略 | 多策略 | 单策略 | 多策略 |
| 属性连续 | 补偿 | LLTM | | | |
| | | MIRT-C | | | |
| | 非补偿 | MIRT-NC | | GLTM | HYBRID |
| | | HO-DINA | | RUM | MLTM |
| | | | | | UM |

### （三）认知诊断理论的应用

将认知诊断理论应用在语言测试中，能够更大程度地发挥测试对于教学的作用，认知诊断理论对于测量属性的深入分析和对被试表现的细致分类，能够从教学测量的内容和被试两个方面为教学提供新的信息。

一方面，在标准测量时代，语言测试对于测量对象的结构认识都是根据对测试数据的统计特性得到的，对属性的内在知识和技能的结构以及发展阶段不够重视，这就使测试效度的分析有很大的局限性。而认知诊断理论则直接根据属性特点开发测量工具，将测量对象的构成和发展使用层级结构理据化地表示出来。这不仅加深了我们对所测所教属性的认识，同时测量数据也能够给出反馈信息，告诉我们被试的表现是否与我们设计的层级结构拟合，或者说我们基于理论的假设是否符合客观情况，这使得语言测试的效度检验更为直接。

另一方面，从测试结果的使用来看，认知诊断理论提供的测试报告不局限于被试的笼统总分，而是将被试的认知类型和阶段归入不同的掌握模式，深入挖掘不同掌握模式的被试的认知结构和学习特征，帮助测试者诊断出被试在学习过程中的认知优势与劣势，进而准确地找出他们在学习过程中存在的问题，为因材施教提供基础。

**思考**

你知道哪些心理测量量表？请思考这些量表的设计理念和使用方法。

**推荐阅读**

戴海琦主编《心理测量学》，高等教育出版社，2022 年。

# 第三章　华文水平测试的语言学基础

语言能力理论是语言测试开发的基石，它决定了我们对测试对象的认识，进而影响测量方法的选择和测量质量的控制。华文水平测试的开发也离不开对华文能力的本质及其特点的深入认识。

## 第一节　不同理论视角下的语言能力

在测量学中，只有明确了要测量的是什么，才能进行下一步如何测以及保证测量质量的工作。然而语言测试界的现实情况是，对于语言能力是什么，至今仍没有统一的认识，很多语言测试对于测量的语言能力范畴也没有充分的思考和说明。"语言能力"是一个复杂的概念，从不同的视角来观察，会得到不同的看法。

### 一、语言学理论视角下的语言能力

最早的语言学研究是为了解释古代著作，比如印度和希腊在公元 3 世纪建立的语法学，我国始于汉代的训诂学，都是以此为目的产生的。真正现代意义上的语言学始于 18 世纪初的历史比较语言学，之后语言学研究经历了三次较大的浪潮。

1916 年，索绪尔《普通语言学教程》的出版标志着结构主义语言学的诞生，结构主义语言学认为语言是一套符号系统，开创了语言形式描写的传统；20 世纪 50 年代语言学有了新的研究方向，乔姆斯基《语法结构》提出转换生成语法，开始从人的认知机制角度观察语言的习得；到了 70 年代，以海姆斯等为代表的研究者将语言交际的社会性提升到前所未有的地位。这就形成了当前语言学研究的基本局面。

尽管"语言能力"在语言学领域是一个不可避免的议题，但是在转换生成语法提出之前的几百年的语言学研究历史中，"语言能力"问题实际上并未被真正关注。无论是历史比较语言学还是结构主义语言学，关心的都是各种语言形式的演变和差异，以及对这些语言形式的符号化描述。语言学的研究对象是"语言"而不是"语言能力"。从乔姆斯基开始，语言学领域对"语言能力"的讨论才拉开序幕。语言学理论中关于"语言能力"的观点，主要有认知派和交际派两种。

### （一）认知派的语言能力观

乔姆斯基提出的转换生成语法是最具代表性的认知视角下的语言能力理论。乔姆斯基认为，语言能力是关于一种语言的知识，或者叫"语法"。这里的"语法"不是结构主义语言学中描述语言要素及其组合和聚合规则的"语法"，而是要正确地理解和产出一种语言所需要的全部信息。通过这个定义，我们可以看出，在乔姆斯基的理论中，"语言能力""语法"和"语言知识"实际上是等同的，指的都是当我们掌握一种语言时，大脑中关于这种语言的所有信息基础。

这种"能力"或者叫"知识"是先天存在于人类大脑中，由人类的遗传因素决定的。对于这种"能力"的理解可以与其他生理能力进行类比，除了特殊情况外，正常的人类个体都具备这种能力。对于某个个体来说，到底学会和使用哪种语言取决于他所在的环境，环境中的语言会触发他大脑中的语言习得机制，激活与这种语言相应的配套参数。

### （二）交际派的语言能力观

转换生成语法当时引起了学界激烈的讨论。有学者认为，这套理论忽略了语言的社会因素，应该在真实的交际环境下考察语言能力。这一观点的代表就是海姆斯的"语言交际能力"理论（Hymes，1972）。海姆斯认为，语言能力指的应该是使用语言完成各种语境下的交际任务的能力，具体来说应该包含语言知识和运用这些知识的能力。

海姆斯所指的"语言知识"包括传统的语法规则和语用规则，而运用这些知识的能力则体现在正确性、得体性等方面。在此观点的基础上，Canale 和 Swain 提出了交际能力的框架，即语法能力、社交能力、语篇能力和策略能力。语法能力指准确理解和运用词汇、语法等知识的能力。社交能力是对交际所发生的社会环境，包括角色间关系、参与者共享的信息和他们之间交互的交际目的等的辨认能力。语篇能力指如何运用语法结构形式与意义表达相结合，实现在不同社会场景下的谋篇能力，尤其是书面语篇谋篇能力。策略能力则是学习者由于某种原因或是自身语言能力的不足，在交际中遇到某种困难时运用一系列补偿性的语言或非语言手段的能力。

两种理论对于语言能力的描述使用了一些非常类似甚至相同的术语，都包含"知识"和"使用"。但是两个术语的含义却并不相同。

第一个是语言"知识"。在乔姆斯基的理论中，"知识"与"能力""语法"同义，指的是在语言使用者的大脑中，使用这种语言需要具备的一套规则系统，语言使用者本人并不能明确地意识到这套系统，但是却可以感知到。一个母语者可能并不知道语言学中关于语言规则的术语，但是他们能够正确使用这种语言，并且能够准确感知违反这套规则的各种形式。比如非语言专业的正常使用母语者进行交际的人，他的大脑中一定是存在这样一套关于母语的"知识"支撑和制约着他的语言理解和产出，而这种知识显然不是语言学课堂上的语音、词汇、语法等知识。而交际实用派理论中提到的"语言知识"却正是对语言系统的语音、词汇、语法及这些要素之间的层级关系的描述。这些描述在任何一本语言学教程或者第二语言教材中都很容易找到，我们也可以把这些知识视为认知心理学中的"陈述性知识"。一般来说，这类"知识"是学习者在课堂上学会一种第二语言的基础，但是，对于二语学习者来说，有了这样的知识，却不一定能够熟练地使用一种新的语言。从上面的文字可以看到，认知机制派的"知识"的范围要大于交际使用派，前者是隐性的，需要通过某种具体语言环境来触发，而后者是显性的，通过记忆、分析、练习等学习方法获得。

第二个是语言"使用"。认知机制派使用的术语是"语言表现"，含义是能够理解和产出符合规则的语言，通俗地说就是会不会使用某种语言。而交际派除了语言规则正确性外，还包含了语用、策略等因素，也就是说，交际派对于语言使用的界定不仅是会不会，还包括好不好。这样看来，在使用上，交际派的范围要比认知机制派宽。

## 二、心理语言学理论视角下的语言能力

心理语言学以语言处理的心理过程为研究对象，语言学理论中的"语言"和"言语"都会作为其研究材料，因此在心理语言学中，不强调二者的区分。语言的使用就是大脑对于上述知识进行存储、提取和使用的过程，而语言使用能力的高低取决于此过程中的记忆、感知、信息加工等机制的运行。

心理语言学家 Miller 早在 20 世纪 70 年代就提出有效使用语言的五个方面的必备知识：语音知识、句法知识、词汇知识、关于世界的概念知识和信念系统（Miller，1973）。其中，概念知识涉及一些语义常识，而信念系统则类似于语言学中特定语境下的预设概念。

语言相关的知识在大脑中的存储涉及记忆问题。就语言来说，信息通过视觉和听觉两种感觉记忆的方式进入大脑，其中的部分信息引起我们的注意，这部分信息就进入短时记忆。注意的容量是有限的，为 $7 \pm 2$ 个单位。为了增加选择性注意的容量，大脑会把语言信息组块化存储进长时记忆。

各项心理机能都会参与到语言能力的构建中，这些技能包括感知、注意、记忆、思维等。在心理语言学家看来，语言的获得和使用是各部分心理机能互相协作的结果，而语言使用的过程又会促进这些机能的发展。关于语言使用的心理机制，学者们提出了很多模型，其中比较有代表性的有技能习得理论、思维适应性控制模型、Levelt 的言语产出模型、信息加工模型、竞争模型。这里以

Levelt 的言语产出模型为例，简单介绍一下心理语言学理论视角下的语言能力。

Levelt（1989）的言语产出模型本来是用于表示成人母语说话者的言语产出模型，后用于解释第二语言的发展。Levelt 的言语产出模型由概念器、语形器、发音器、言语理解系统和监控系统五个模块构成。

言语产生先从概念器开始，概念器负责把说话者要表达的内容转化成"言语前信息"。接着，言语前信息被输入到语形器，语形器将输入的前信息通过心理词典中的语法编码和音位编码形成语音计划。然后发音器将语音计划转变成现实有声的话语。产出过程由"概念器""语形器"和"发音器"构成。Levelt 言语产出模型里的知识被分成两种知识：陈述性知识和程序性知识。陈述性知识是关于"是什么"的知识，包括百科知识、情境知识、会话知识以及言语产出所需的概念和词汇知识。程序性知识是关于"怎么做"的知识，是流利表达等熟练行为的基础，概念器、语形器和发音器都包含了程序性知识。Levelt 的言语产出模型不仅描述了言语产出的心理加工过程，也描述了这些加工过程和不同类型知识之间的关系。

心理语言学视角下的语言能力观认为语言能力的获得和使用是上述模块相互作用的结果，其关注的重点是学习者内部的言语加工过程和加工机制。

## 三、社会文化理论视角下的语言能力

社会文化理论是苏联心理学家列·谢·维果茨基（Vygotsky）提出的一套认知发展理论（列·谢·维果茨基，2016），在该理论中，语言在认知的发展中发挥着极其重要的调控工具的作用。传递信息、表达情感等是语言的表层功能，在更深的层次上，人类是通过语言的使用来调节认知的。语言能力与认知有着密切的关系。

首先，语言能力的高低可以通过判断学习者在语言方面认知调节所处的阶段来判断。低级心理功能向高级心理功能转化的过程称为调控（Darhower，2000）。列·谢·维果茨基认为，儿童的认知发展过程历经从客体调控到他人调控再到自我调控三个阶段。

客体调控指在具体的环境中具体的文化展示所起的作用。社会是学习者的起点，因为他们都是从环境中提取线索来掌握知识的，客体调控就是通过可见的、物质的、此情此景的方式获得知识。

他人调控指学习者在完成学习任务或交际任务遇到困难时，他人通过谈话或其他方式为学习者提供引导和帮助，这种引导可能是显性的，也可能是隐性的。在他人调控阶段，语言成为最重要的调控手段，它不仅是专家和学习者之间的信息交流，而且有助于关键概念的捕捉和保持。

自我调控指儿童已经逐渐掌握大部分的策略功能，实现了语言调控的自动化（Lantolf & Appel，1994）。而自我调控的实现过程正是一种对带有文化内涵的符号系统的认知和掌握过程。

其次，完成的方式是借助专家搭建的支架，在学习者的最近发展区中完成的。最近发展区是指学习者的实际水平与潜在水平之间的差距。"实际水平"是指个体现有的、已经稳固确立的、能够独立完成一定任务的机能发展水平；而"潜在水平"是指个体还未完全形成但在一定外力帮助下能完成任务的机能发展水平。

由于人的能力水平是在自身发展过程中通过与外部世界的互动形成的，是不断发展的，因此最近发展区也是动态变化的，它随着个体的成长而发展。此外，最近发展区还存在个体差异和情境差异，即不同个体之间因其所处的社会、文化背景、所拥有的知识经验不同，最近发展区不同；在不同情境中，同一个个体也可能有不同的最近发展区。

最后，语言学习本身就是一项认知发展活动，这种活动同样能够通过使用语言完成。人类通过使用工具与外部环境发生作用，而语言是最重要的调节工具。语言作为发展人类认知的重要工具，同样对语言学习这项认知任务发挥了重要作用，也就是说，人类是在使用语言中学会语言的。

## 四、语言教学和习得理论视角下的语言能力

与语言学不同，语言教学和习得更加关注"语言能力"的外部表现，其中

有两个问题与外部表现紧密相关：一是对听、说、读、写技能的研究，二是对不同性质的语言能力研究。

### （一）听、说、读、写技能

如果我们把语言能力比喻成一部机器的话，这部机器的性能是外部表现，也就是它能够完成的功能，而实现这些功能需要有内部支撑。听、说、读、写技能的内部支撑有共享的部分，也有各自不同的部分。语言教学和习得理论研究的任务就是通过认识语言能力的内部支撑提出增强技能的方法。

听、说、读、写技能共享的内部支撑就是"语言知识"，由于通道和方向的不同，这几项技能又需要各自不同的概念系统和认知机制。听、说共享语音概念系统，读、写共享文字概念系统，听、读需要信息接收解码，说、写需要信息组织加工。听、说、读、写的发展轨迹和最后能够达到的程度不一定是一致的。此外，听、说技能可以由习得获得，而读、写则需学习。从认知加工的角度来看，习得启动的是语言机制，学习则是心理机制，这两种机制发挥作用的方式和过程是不同的。

### （二）母语、第一语言、第二语言和祖语

我们先来看"母语"和"第一语言"。"母语"的第一种含义，我们可以参考《现代汉语词典》（第 7 版）的解释："一个人最初学会的一种语言，在一般情况下是本民族标准语或某一种方言。"第二种含义是应用语言学界的认识，指的是语言使用者自己认同的所属族群的共同语（李宇明，2003）。在这种意义上，"母语"不一定是最先习得的，甚至有可能最终也没有习得。"一个人最初学会的一种语言"在语言习得研究中被认为是"第一语言"，"第一语言"是已经被掌握的语言，强调的是习得顺序。同"第一语言"一样，"第二语言"也是从习得顺序角度进行描述。在"第一语言"之后习得或者学习的语言统称为"第二语言"，其含义涵盖了"第三语言""第四语言"等。

有了上述定义，我们再来分析这几个概念的关系。"第一语言"是已经被学

习者习得掌握的语言，而"母语"则不一定。词典解释中的"母语"和"第一语言"对出生、成长于一个国家或地区的学习者来说，一般是重合的；但是对于二代以上的移居者来说，二者很有可能就是不同的，这时"母语"是第二种含义。在这种情况下，"母语"可能会被当作"第二语言"来学习，甚至被完全放弃。生于多语家庭的学习者可能会存在两种以上"第一语言"，而"母语"到底是哪种语言取决于他们自身的民族认同情况。

如前所述，对于二代以上的移居者来说，尽管很多情况下，他们的"母语"可能会被当作"第二语言"来学习，但是这又不同于真正的非母语者的二语学习，因此，我们还需要一个"祖语"的概念。

"祖语"是社会主体语言之外作为语言文化传承的移民族群祖辈语言，祖语常常被边缘化，文化意义大于交际意义，但只要祖语人群重视祖语的学习，其学习和使用优势比二语更加明显。

有了这样的区分，我们再来看语言教学和习得中对于这几种语言能力的认识。笼统地看整体语言能力，多数情况下的母语能力/第一语言能力是自然习得的，即并不需要正式的课堂学习就可以正确地理解和产出口头语言。第二语言能力大都需要教学和练习，而且在水平上很难达到母语/第一语言的程度。祖语能力通常情况下应该是介于母语/第一语言能力和第二语言能力之间。

在听、说、读、写技能的发展速率和最后能够达到的程度上，第一语言（母语）、祖语、二语也有所不同，通常情况下是等而下之的顺序。

# 第二节　华文能力的理论基石

对语言能力进行研究的理论视角从不同的侧面描绘了语言能力的立体模型，如果我们对这些视角进行进一步的解读的话，就会发现，这些理论视角实际上讨论了语言能力的本质、功能和获得。这些理论为我们分析华文能力提供了基本框架。

## 一、华文能力的性质及获得

基于上述讨论，我们回到关于华文性质的分析。从语言使用的族群来看，华文是全球华人华裔的母语；对其中一部人来说是"第一语言"，对另一部分人来说则是"第二语言"，但是这种"第二语言"又是特殊的"第二语言"，更准确地说，华文是华人华裔的"祖语"。华文的这种祖语性质就决定了其能力发展阶段的特点和重点。

华文能力的发展并不是匀速的，而是呈现向下集中的趋势。就母语的发展来说，一般情况下，学龄前是听、说能力的迅速发展期，小学毕业前是读、写能力的迅速发展期，当然，这一阶段的听、说能力，特别是说话的能力也随着认知能力的提高和知识面的拓宽而提高。进入初中以后，母语能力的发展就更主要表现为随着知识面的拓宽而带来的词汇量的增加及读、写能力的增强，以及跟专业知识关联的听、说、读、写能力。从出生到小学毕业是一段较长的时期，也是基本的母语语言能力逐渐成型的时期。

华文能力的获得有学习的成分，但是华裔的家庭语言环境也为华文能力的获得提供了习得的土壤。作为祖语，华文的习得和学习带有"母语"基因。一个成功的华语保持者应该具有开始早和连续性的特点。因此，我们认为华文能力习得应该参照汉语母语习得和学习的规律。

在自然语言习得（一语习得）中，"听、说、读、写"大体有一个自然的先后顺序，即"听→说→读→写"，或者粗略说"听、说→读、写"。母语的学校教学，主要内容是书面而非口头，是"读、写"而非"听、说"，因为基本的听、说能力在学龄前、在学校外皆可获得。

## 二、华文的功能

华文能力的性质决定了其功能不仅仅是完成简单的交流信息类的交际任务，作为祖语，华文还势必要发挥思维认知和情感维系的功能。

"一种语言就是一种思维方式"这种说法很好地代表了语言的思维认知功

能。语言的这种思维认知功能通过语言调控行为来实现。学习者的语言调控行为起到两个作用，一方面学习者通过语言调控行为解决交际困难使交际顺利进行，另一方面语言调控行为实际上是一种自我调控行为，通过调控，学习者完成知识重构和技能自动化的过程，最终实现认知的提高。

后者就是我们这里强调的华文的认知调节功能。当我们的大脑处理复杂的认知任务时，比如学习一项新的技能、解决一道难题、准备一场演讲等等，我们最先使用的思维语言一定是我们掌握得最好的那种语言。同时，这种在认识加工过程中对语言的使用又会进一步提高学习者使用这种语言的水平。对于使用华文这种语言的华裔学习者来说，要想保持他们的华文水平，保持华文的继承性，我们就必须重视和开发华文的思维认知功能。

从情感维系的方面看，对一种文化的认同、对一个族群的身份认同都与语言认同有着密切的关系，华文的保持和传承离不开华文的使用。对于海外华裔来说，愿意使用华文本身就是一种与汉民族、与中华文化的情感维系行为。华文本身体现的汉语言特点、华文中承载的文化内容、体现汉民族精神特征的语言表达习惯等都是实现华文情感维系功能的切入点。

## 三、华文的语言学特点及其与汉语的关系

华文水平测试所测语言的类型学属性关系到我们对语言能力的具体认识，虽然语言能力具有普遍性，但就具体某种语言的使用能力来看，语言能力的特殊性也是显而易见的。

华文的特殊性尤其体现为文字系统的特殊性，以阅读能力来看，汉语阅读和英语阅读都需要词汇量和语法知识，但汉语阅读还需要汉字能力作为保障，没掌握一定量的汉字，阅读从何谈起？汉英阅读能力的内涵显然是有区别的，而这种区别主要是基于所属语言和文字系统的类型学特征。

伴随着中国人的海外移民，汉语也被带到了世界各地。汉语随着华人华裔一道，在当地的语言生态环境里不断浸染，逐渐形成掺杂了住在国语言、社会和文化特色的语言面貌。海外华人使用的不同于普遍话又变异于普通话

的祖语，一般称之为华语或者华文。正所谓"浑言无别，析言有别"，"语"并非只表示口说，"文"也并非只表示手写。例如，汉语之"语"既表示口说，也表示手写；中文之"文"既表示手写，也表示口说。华文和华语也是同样的道理。在特殊情况下，也有人用华文特指书面语，华语特指口语，这样使用时需要进行说明。

关于华文（也有人称之为"全球华文""大华语"）的界定，陆俭明（2017）认为："大华语是以普通话为基础而在语音、词汇、语法、语用上可以有一定弹性、可以有一定宽容度的全球华人共同语。"郭熙、王文豪（2018）认为："华语是全世界华人的共同语。它在海外的具体形式可能以大陆普通话为基础，也可能以历史上的'国语'为基础。这种不同的基础，加上各地华人的移出地、移入地语言或方言的不同以及各自的时代差异，导致各地华语和华语生活形成了不同的格局和特点。"施春宏（2017）认为："（全球）华语指为全世界华人使用的，以汉字作为书写载体的语言，特指以普通话/国语为基础的全世界华人的共同语。"

由以上的论述可知，华文和现代汉语是多样和主体、变异和稳定、特殊和一般的关系。现代汉语体现的是共核，是基础，而华文体现的则是个性，是特殊。华文在现代汉语的基础上，于词汇、语音、语法，乃至语用之上都有自己的个性，这是华文最为重要的类型学特征，也是华文水平测试与汉语母语测试、汉语二语测试或汉语外语测试在语言学基础上最大的差别。

基于华文在海外客观存在的各种变异，以及海外华文强大的交际和传承价值，研究者普遍认为，华文教学应该在坚持共核（标准现代汉语）的基础上，承认华文的变异，采取宽容、具有"弹性"的标准进行教学（陆俭明，2005；郭熙、王文豪，2018）。华测既然测的是华文能力，就应该面对和包容可能存在的华文变异。包括测试标准、大纲、评分标准等相关评判标准，华测都应该尽可能采取"包容"的态度，以一个相对宽松的标准来评价海外华人华裔的华文能力。

**思考**

语言能力的本质是什么？

**推荐阅读**

史蒂芬·平克《语言本能》，欧阳明亮译，浙江科学技术出版社，2023 年。

# 第四章  华文能力标准的制定

语言能力标准是促进语言教学、探测语言资源、制定语言政策等重要语言活动的依据。语言能力标准的制定要以相关理论为基础，同时也要结合实际调查的情况。标准的合理与否会对语言活动产生深远的影响，因此，语言能力标准在制定之后也要接受各方检验。本章介绍制定华文能力标准的意义和原则、相关的调查研究，同时也提出了制定标准的步骤和检验标准的方法。

## 第一节  制定华文能力标准的意义和原则

华文能力标准对了解全球华文保持和学习现状、建立全球统一的华文教学评价体系以及学习者个人学习的调整等方面都有重要意义。为了保证华文能力标准能够得到充分的利用，我们确定了其编制原则。

### 一、制定华文能力标准的意义

制定华文能力标准对教学、测试和学习者均有重要的指导作用。

对华文教学而言，华文能力标准为海外华校及华文培训机构制定教学目标提供了指南，对维护海外华文教育具有重要意义。据调查，海外使用的华文教材和教学大纲各不相同，大纲的制定及教材的编写没有一个统一的标准。华校和教师可以根据能力标准来编写合适的教材、制定适宜的教学目标。这样一来，不同国家的教学目标就具有可比性，教学评估也就有了统一的标准。

对测试而言，考试设计者可以根据标准设计开发考试内容，能力标准对各级华文学习者在现实交际活动中能做什么给出了详细的描述，这些描述将为听、说、读、写提供最能代表现实的测验任务，提高测验的有效性和真实性。评分者可以对考生能力水平进行详尽的评价，并提供具体的诊断信息。此外，可以通过与标准的衔接来实现不同考试之间的比较。

对华文学习者而言，他们可以根据自己的认知年龄，参照标准的具体项目，评估自己的华文能力水平，从而为进一步学习华文提供方向。此外，标准将告诉学习者达到相应等级时应具备的语言知识和技能。

## 二、制定华文能力标准的原则

为了切实发挥该标准在海外华裔青少年的华语听说教学、学习和测试中的作用，在标准的制定过程中我们应该遵循实用性、科学性和兼容性的指导原则。

一是实用性。实用性原则指的是标准的内容和形式能够贴近华裔青少年群体华语学习和使用的实际情况。该原则主要体现在：能够为范围尽可能广、数量尽可能多的学习者服务，既能兼顾各个国家和地区的水平差异，又能体现不同年龄阶段目标群体的认知发展特点。此外，作为专门针对华裔青少年这个特定群体的标准，其实用性还应该体现在重视文化内容的设置，强调华语作为思维和认知工具的功能等方面。

二是科学性。从本质上来说，华语听说能力标准是一个语言能力测量量表。量表的制定要符合心理测量科学的规范，要明确所测量属性也就是华语能力的结构、被描述能力的起点与终点、量表单位转换统一等问题。同时，也要对华语的听说能力之间、知识和技能之间、能力的各个维度之间的关系进行考察，并将它们置于统一的描述框架下。

三是兼容性。由于该标准涉及的目标群体的复杂性，在编制过程中要充分考虑其与各个国家和地区的、各种不同类型的语言能力标准、课程标准、教学大纲等文件的关系。在标准的等级设置、描述维度选择、大纲编制、测试方式等方面要做到能够互相解释和对接。

上述原则是保证该标准功能得到实现的基本要求，应该体现在标准建立的一系列步骤中。

## 第二节　华文能力相关调查

能力标准的确立需要理论的探索和来自实践的证据。在对华文能力进行理论上的分析之后，我们还有必要对海外华裔青少年华文学习和保持的情况进行充分的调查，以了解海外华裔的华文传承和保持状况，为标准的建立提供实证研究的数据支持。

现有的华语文祖语保持研究多以地域为着眼点，以代系为第一着眼点的研究并不多见。要保持祖语的活力，代际传承自然是最为有效和切实的途径。探讨海外华裔的华文学习和华文能力保持状况，不能不分代系笼统而论，华二代应该得到充分关注。华二代是祖语保持的起点，也是整个华文教育的焦点。从华二代这个关键代系着眼，我们可以得到更加科学的认识。

华语传承现状存在着极大的地区差异。人们常说，有海水的地方就有华人，有华人的地方就有华文教育。自古以来，华人无论走到哪里，都会传承自己的母语文化，坚持兴办华文教育。据统计，当前海外约有 6000 万华人华侨，2000 万新生代华裔，数百万学生，10 多万华文教师，2 万余所华文学校（裴援平，2017；郭熙，2020）。这些华人和华校分布在世界各地，华文教育的阵地遍及全球。对海外华裔的华文学习和华文能力保持状况的研究遵循"广泛采样，重点分析"的原则，以华二代这个关键代系为着眼点，在世界范围内进行调查，广泛搜集资料；同时，对于华人移民的热点地域，我们尽可能增加采样数量，重点关注这些地区的华文学习和保持状况，以期对分布广、地域大、内部情况复杂的华文传承有一个相对准确的认识。

基于对海外华裔华文能力状况的了解，我们可以对华文能力标准的纵向结构和横向结构作出更合理的设计，对华文水平测试开发设计中的一些具体问题作出更好的解答。本部分的研究数据来自王汉卫、白娟（2023）的海外华二代祖语保持国别研究，该研究采用问卷调查的方式（具体问卷见附录2-1、附录2-2），从多个角度详细调查了海外华裔的华文保持状况。我们所关注的主要是海外华裔的华文能力水平以及华文能力随学段变化的情况。这样，我们就可以从静态和动态两个视角分析海外华裔华文能力保持状况，以便对其有一个相对准确的认识。

## 一、海外华裔华文能力现状

关于海外华裔的华文能力状况，我们主要调查了美国、英国、日本三国的华二代和印度尼西亚的华裔新生代。

### （一）美国、英国、日本华二代华文能力状况

美国、英国、日本三国的华人群体以新移民为主，华二代家长学历相对比较高，华二代享有的教育资源相对丰富。对于华二代的华文能力，我们按照听、说、读、写的格局进行调查，使用李克特五度量表让家长对自己孩子的华文能力进行打分。美国、英国、日本三国华二代的华文听、说、读、写能力他评结果如图4-1：

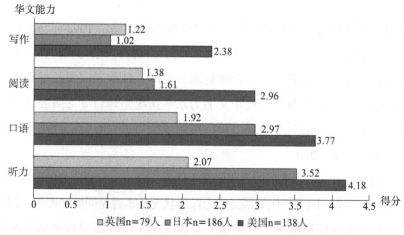

图4-1　美国、英国、日本华二代华文听、说、读、写能力他评结果

　　通过对图 4-1 的观察，我们可以很清晰地看到一个现象：美国、英国、日本三个国家华二代的华文能力基本呈现同样的发展模式，都是听力能力 > 口语能力 > 阅读能力 > 写作能力，读写能力比听说能力差。这和学界对海外华裔华文能力的认识高度一致。由此，我们不得不思考——为什么会出现这样的状况？海外华裔最常用的两种华文传承方式是"去中文学校"和"在家说中文"，家庭听说环境为海外华裔的华文听说能力发展提供了一个绝佳的发展环境，有助于海外华裔的华文听说能力提升。但"去中文学校"似乎并没有发挥出应有的作用，学校教育的重点应该在读写能力上，汉语母语教育应该如此，汉语祖语教育同样也应该如此。华校可以开展相对系统的华文教学，能够为华人子弟提供良好的读写环境，应该以发展华裔子弟的读写能力为主要目标。但华校似乎并未发挥出这样的功能，这或许是因为，华校一开始的定位就有问题，把听、说、读、写放在一个层面上，教学上平均用力，这就难怪海外华裔的华文读写能力普遍落后于听说能力。

### （二）印度尼西亚华裔新生代华文能力状况

　　前文提到过，印度尼西亚华文教育具有自己的特殊之处。印度尼西亚的华人众多，华文教育历史悠久，华裔新生代的华语能力保持状况非常值得我们了解。

　　这里所说的华裔新生代和上文的界定标准相同，是指 1998 年华文教学"解冻"后学习华文的适龄人群，年龄在 20 岁上下。调查对象为在广州各高校就读的印度尼西亚留学生，共 230 名。和英国、美国、日本三国家长他评的方式不同的是，印度尼西亚华裔新生代华文能力水平情况是通过学习者自评获得，仍然使用李克特五度量表对听、说、读、写四项能力进行打分。四项能力的自评结果如图 4-2（见下页）。

　　观察图 4-2 可知，印度尼西亚华裔新生代听、说、读、写能力的保持状况，和美国、英国、日本三国华二代的华文能力保持状况基本遵循同样的模式，都是听力能力 > 口语能力 > 阅读能力 > 写作能力。由上文关于印度尼西亚华裔新生代华

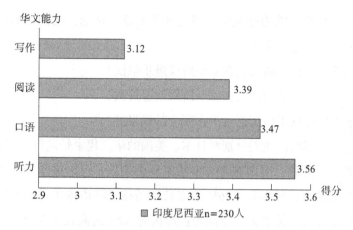

图 4-2　印度尼西亚华裔新生代华文能力自评结果

文学习方式的调查可知，印度尼西亚华裔新生代优先选择的两种华文学习方式是"到中国留学"和"上中文学校／补习班"，虽然"到中国留学"这一方式和被调查对象的身份背景（广州各高校的印度尼西亚留学生）有关，但从优先选择的两种华文学习方式来看，学校教育被大部分参与调查的印度尼西亚新生代当作常用的华文学习方式。虽然如此，但学校教育似乎并未发挥出自己应有的功能，印度尼西亚华裔新生代留学生的华文读写能力普遍低于听说能力。

　　针对海外华裔读写能力普遍落后的这种状况，华文水平测试有必要通过对华文读写能力的重点测查来引导教学重视华文读写能力发展，以扭转当前华文读写能力落后的局面。

## 二、华二代华文能力变化与学段之间的关系

　　以上对听、说、读、写能力的调查偏静态，是一种横向的对比。但华文能力的发展其实处在一个动态变化的过程之中，纵向的比较可以帮助我们对海外华裔华文能力的发展有一个比较准确的认识。本部分从华文能力变化发展的纵向视角，以华二代华文能力变化与学段之间的关系为切入点，来对海外华裔华文能力的动态变化进行调查。

　　关于华二代华文能力变化与学段之间关系这一话题，我们在面向家长的问卷中设计了三个问题，分别是：

　　（1）您觉得您孩子的汉语在哪个阶段进步最快？

　　（2）您觉得您孩子的汉语在哪个阶段倒退最快？

　　（3）您觉得您孩子的汉语水平在哪个阶段最好？

　　围绕这三个问题，我们分别对日本、美国的华二代家长进行了调查。

　　关于第一个问题：美国有 71.2% 的家长认为孩子汉语进步最快的时期是上小学前，占比最高；日本有 57.6% 的家长认为孩子汉语进步最快的时期是上初中前后，占比最高。关于第二个问题：美国有 64% 的家长认为孩子汉语水平倒退最快的时期是上中学后，占比最高；日本有 47% 的家长认为孩子汉语水平倒退最快的时期是上小学后，占比最高。关于第三个问题：美国有 56% 的家长认为孩子汉语水平最好的时期是上小学前，占比最高；日本有 43.7% 的家长认为孩子汉语水平最好的时期是上小学前，同样占比最高。

　　综上所述，围绕华二代华文能力变化与学段之间关系这一话题，多数家长认为，上小学前后是孩子华文能力发展的关键期。这一调查结果符合理论和实际的预期，理论上，孩子 2—12 岁这个阶段还处在语言习得的"关键期"，这一时期大脑功能侧化尚未完成，左右脑都可以参与语言习得。就海外华裔所处的语言环境来看，尚未进入所在国国民教育体系之前，孩子的语言环境相对单纯，语言竞争的压力小，可以有大量的时间在家庭环境中接触华语。一旦进入所在国国民教育体系，所在国通用语学习的压力和学校课程的压力陡增，会严重压缩孩子的华文学习时间，导致华文水平下降。

　　这启示我们，针对海外华裔青少年的华文教学和测试应该重点关注上小学前后这一阶段，这是海外华裔华文能力生长的关键期，必须抓住这个关键期去进行富有针对性的处理。

　　围绕海外华裔的华文能力状况，通过对海外华二代和新生代的问卷调查，我们可以得出以下认识：海外华裔华文听、说、读、写能力的保持不均衡，读写能力高于听说能力，华校在提升华裔读写能力上还有不少提升空间。上小学前后这一阶段是海外华裔华文能力生长的关键期，华文教育必须抓住这个关键阶段。

## 第三节 制定华文能力标准的步骤

在对华文能力相关理论问题以及调查研究所得信息的深入思考的基础上，我们按照确定能力维度、确定等级数目、编制描述语、标准量表化的步骤编制了华文能力标准，并提出了标准的检验方法。

### 一、确定华文能力标准的维度

语言能力标准所依托的语言学理论取决于其针对特定目标群体的使用目的。我们制定这套标准的初衷并不在于全方位地描述每一位华裔青少年的华文能力的所有方面，而是要找到最能够代表华裔学习者的华语水平、在华语教学中最应该受到重视的、在华语能力测试中最具有代表性且容易被测量的维度。

也就是说，描述的维度应该符合这样的要求：从学习者的角度看，描述的维度应该符合目标群体的认知年龄阶段，能够涵盖海外华裔青少年的华语使用场景；从教学的角度来看，应该选择最能体现华语特点、具有决定学习者的华语能力未来的发展、在教学中能够起到四两拨千斤作用的维度；从语言测试的角度来看，选取的维度应该是最能体现华语能力核心的、能够被准确地测量出来的部分。

根据第二章的讨论，我们认为，应该在书面和口头两个维度上对华文能力进行定义，其中书面华文能力包括阅读能力和写作能力，口头华文能力包括听力能力和口语能力。

基于汉语的特点以及汉字的重要作用，在阅读和写作两项子能力中，又分别将其结构分为"字"和"文"两部分。而对"字"和"文"的掌握分别从内部需要具备的核心知识和外部能够完成的典型任务两个维度来描述。概括地说，华文能力标准是由三级参数构成的描述语系统。

**表 4-1    华文阅读能力标准参数体系**

| 一级参数 | 二级参数 | 三级参数 |
|---|---|---|
| 核心知识 | 汉字知识运用 | 能够较好地掌握……级汉字的形音义 |
| | 词汇知识运用 | 掌握词汇大纲中的……级词汇 |
| | 语法知识运用 | 掌握语法大纲中的……级语法 |
| 典型任务 | 场域范围 | 能讲述学校日常生活 |
| | 完成条件 | 能在他人提示下描述短片内容 |
| | 文本性质 | 能读懂说明性文本 |

以表 4-1 所示的阅读能力标准为例，核心知识是关于汉字、词汇、语法的掌握情况的描述；典型任务的描述涉及了华文使用的场域范围、完成条件、文本性质。完整的华文能力标准见附录 1-1、附录 1-2、附录 1-3、附录 1-4。

## 二、华文能力标准全距和等级的确定

语言能力标准的实质是一个等级量表，确定量表的起点与终点、划分等级单位是制定量表过程中至关重要的问题。在华文能力量表的制定过程中，明确其起点和终点，找到合理的分级方法同样是使华文能力标准能够合理、客观和实用的关键。

华文能力标准是面向海外华裔的继承语性质的语言标准。"继承语"的基本定位隐含和决定了在标准的制定过程中，必须把语言能力的发展问题跟与年龄相关的认知发展问题协调起来考虑。即纵向结构在华文能力的发展中变得不再是单纯的能力水平的递增，而必须把能力和年龄两个基本变量结合起来。

外语或二语能力的发展跟年龄没有必然的关联，仅仅取决于个人的二语学习情况，带有极强的个体化色彩。有的学习者可能是平行双语的发展，有的学习者可能晚到成年才开始学习，有的学习者可能一辈子跟外语或二语无缘。正是因为外语或二语教学的这个一般面貌，现今一般的外向型语言考试并不十分在意语言考试跟与年龄相关的认知发展之间要相互协调的问题，而大多取成年人的认知水平，或者分青少年与成年两个年龄段。

而华文作为继承语的性质决定了它与一般二语或外语能力的巨大区别，为了实现继承的目标，华文能力标准的制定需要面对如下一系列的问题，并作出自己的选择，确立自己的纵向结构：年龄起点与终点、能力起点与终点、能力与年龄在各个阶段的协调。

### （一）华文能力的年龄起点与终点

我们认为，应该把华文能力标准的描述起点延伸至"学龄前"。理由是：

第一，根本上，"学龄前"本来就不是一个确切的学术概念，而是实践意义上的、动态的概念。历时看，中国古今的"启蒙"或说"入学"年龄并不一致。传统上，4 岁左右即开始启蒙。所谓蒙学，《三字经》《百家姓》《千字文》《弟子规》等的教学，都是这个阶段的事。中国教育的现行学龄是满 6 周岁，有关部门甚至规定幼儿园阶段不能教学汉字（至少不提倡），怕"难学"的汉字影响了孩子们快乐的童年，用心不可谓不良苦，但这里面分明看得到清末新学以来对汉字错误认识的影子。幼儿可以学钢琴、学舞蹈、学唱歌、学绘画、学手工、学科普……而唯独不可以学汉字？怕没这个道理。更不用说"汉字可以学"是我们的先人早就证明了的。共时看，世界各国，四五岁入小学的也有，澳大利亚的一项调查显示小学平均入学年龄是 5.2 岁。

第二，4 岁左右是儿童语言能力（突出表现在词汇量）发展的爆发期，这是该领域研究带给我们的常识，同时也符合我们的传统。

第三，结合海外华文教育的具体情况，祖语传承在海外面临激烈的语言竞争。我们基于对海外华文教育、对海外华裔儿童的祖语生活状况的了解，得到的基本认识是：孩子们在所在国的"学龄前"时期是华文学习的最佳时期。这个阶段，一则是语言迅速发展的时期，一则是孩子们的"家庭生活"时间充裕、家庭环境影响巨大的时期，一旦进入到学龄，入读当地学校，语言竞争带来的矛盾立刻凸显，学习的压力、升学的压力、学校的教育、老师的影响、伙伴的影响纷至沓来。年龄越大，家长的影响越小，这也是常识。

所以，华文能力标准的起点应该延伸至学龄前，"从娃娃抓起"，为日后的祖语保持和发展打下基础。

具体而言，起点应该设置在 6 岁，即学龄前，这个起点覆盖和暗示了整个学龄前应该达到的祖语水平。解决了起点问题，其他问题都迎刃而解，即在整个学龄阶段的关键点上合理切分能力发展阶段，直到 18 岁。18 岁是青少年阶段的结束，也是成人阶段的开始。

这里面的关键词是"合理"，怎样切分才是"合理"？一个常识是 4 岁的词汇"爆发期"，另一个常识是"关键期"，即 12 岁以前（Lenneberg，1967）。以我国的《义务教育语文课程标准》（2011 年版）中的学段汉字标准来看，中文能力的学习和发展也相对集中在小学阶段，如表 4-2：

表 4-2　国内义务教育语文课标中的汉字能力标准

| 年级 | 汉字能力标准 | |
| --- | --- | --- |
| | 汉字认读（字） | 汉字书写（字） |
| 小学二年级 | 1600 | 800 |
| 小学四年级 | 2500 | 1600 |
| 小学毕业 | 3000 | 2500 |
| 初中毕业 | 3500 | 未见明确标准 |

华文能力的发展当然应该结合语言自然发展的节奏。这是锚定母语者标准的宏观体现。综上，我们把华文能力标准的分级跟年龄相结合，由密而疏，设置如表 4-3（见下页）：

表 4-3　华文水平测试等级、年龄、学段对应表

| 等级 | 年龄 | 对应学段 |
|---|---|---|
| 一级 | 6 岁左右 | 学龄前 |
| 二级 | 8 岁左右 | 小学二年级 |
| 三级 | 10 岁左右 | 小学四年级 |
| 四级 | 12 岁左右 | 小学毕业 |
| 五级 | 15 岁左右 | 初中毕业 |
| 六级 | 18 岁左右 | 高中毕业 |

### （二）华文语言能力的起点与终点

跟年龄不同，语言能力的起点与终点的量化是非常复杂也是必须解决的问题。本节讨论的是更加基本的理论问题，也是具有顶层设计性质的问题。核心问题是如下两个：高起点还是低起点？高终点还是低终点？这两个问题归结起来就是一个问题，即：如何跟母语者水平锚定？这个问题在相关研究（王汉卫、凡细珍、邵明明等，2014）中已经得到初步的回答，即 70% 左右。

如何认识这个 70%，取决于对以下两个问题的认识：

首先，华文能力的这个 70% 是否体现了继承语考试跟二语考试的本质区别？

例如新汉语水平考试（HSK），以词汇量为例，多年来执行的起点标准 150词，终点是 5000+ 词，"低起点、低终点、小全距"的特征十分鲜明。虽然 HSK的设计对象并非海外华人，但因为历史和现实的种种原因，HSK 作为目前唯一具有官方效力的考试，参加考试的人群中实际上包含很多华裔背景的考生。

2021 年教育部中外语言交流合作中心研制了《国际中文教育中文水平等级标准》，该标准是《国际汉语能力标准》的延伸与发展，新标准调整为三等九级的新范式，其对应的词汇基准也有所调整。一级起点调整为 500 词，六级（原终点）调整后累加为 5456 词（新增三级，九级终点为 11 092 词）。如果仅仅从量化的表面来看，似乎有很大的调整，但如果从继承语的视角看，这种调整显然只是"量"的调整，而无"质"的变化——仍然是二语而非继承语的设计。

王永炳（1990）对新加坡 1600 个 4—6 岁华族儿童的调查，其中 80% 达到流利水平，收集华语口语词汇 1231 条；再如赵守辉、刘永兵（2007）收集来自华语家庭背景的 60 名学前儿童的口语词汇，得到 2825 个。所以，跟 HSK "低起点、低终点、小全距"相反，华测应该明确"高起点、高终点、大全距"的理念，以保证华测作为继承语考试的本质特征和基本原则得到落实。

其次，所谓"母语者水平"，是一个"水平"、一个极端值，还是不同年龄段的多个不同"母语者水平"？这个问题一经提出，答案也就随之跃然纸上。

显然，在海外华文教育这个语境下，我们必须明确，70% 是每一个年龄段上锚定于母语水平的祖语水平，每一级华文能力标准均约相当于该年龄段汉语母语者能力的 70%，到 18 岁还能达到同龄汉语母语者能力的 70%，也即一多半，传承就得到了实现。

### （三）能力与年龄在各个阶段的协调

70% 的母语锚定管辖到这个话题上，是华文能力标准作为继承语标准初步的较为完整的框架确立。

我们以汉语作为二语的水平考试为切入点，对比思考汉语作为继承语能力标准的等级设置。以词汇大纲为例，新 HSK 的等级变化如表 4-4：

表 4-4　HSK 2.0 及 HSK 3.0 词汇量

| 等级 | 词汇量（词） | |
| --- | --- | --- |
| | 2.0 版（累计） | 3.0 版（新增） |
| 一级 | 150 | 500 |
| 二级 | 300 | 772 |
| 三级 | 600 | 973 |
| 四级 | 1200 | 1000 |
| 五级 | 2500 | 1071 |
| 六级 | 5000 | 1140 |
| 七—九级 | — | 5456 |

可以看到，HSK2.0 的等级能力标准是翻倍的提升，而 HSK3.0 不再是翻倍，而是以相对平均为基本面貌，与此同时仍然是越往后增加得越多。

对比二者，区别乍看起来非常大，但"前松后紧"的基本原则没有变，即一开始要求低，越往后级别跨度越大，这显然不适合继承语发展的节奏。另外，前六级的词汇量总体要求，2.0 版是 5000 词，3.0 版是 5456 词，也可以说基本没有变化，如此低的词汇量要求也不是继承语的特点。

新 HSK 汉字大纲也是如此（HSK 2.0 没有汉字大纲，下文是 HSK 3.0 的数据）：

表 4-5　HSK 3.0 版汉字标准

| 等级 | 汉字量（字） |
| --- | --- |
| 一级 | 300 |
| 二级 | 300 |
| 三级 | 300 |
| 四级 | 300 |
| 五级 | 300 |
| 六级 | 300 |
| 七—九级 | 1200 |

可以看到，汉字大纲跟词汇大纲的等级递进原则完全一致，也不是继承语应有的发展特征。

如果把年龄、自然语言发展、标准的使用目的等考虑进来，华文能力标准显然不能这样设计。不管是翻番、平均，或者平均基础上的前松后紧，都不符合华文教育的特点，因为这样的设计完全不考虑能力跟年龄的协调发展，不符合继承语发展的特点。

例如，4 岁左右的词汇量暴增，学龄之后的阅读量暴增，这些都是具有一般性的语言能力和行为，如果华文教育不能解决儿童识字量的问题，必然不能满足儿童迅速增长的使用这种语言获取知识的需要。正因为汉字不是拼音文字，不易自学，而汉字又直接影响了阅读能力，阅读能力则直接决定了个人自主学习的能力，所以，这一切都决定了对汉字的要求（尤其是认读要求）不能太低，否则汉语汉字的基础价值、工具价值将被我们自己否定。

所以，华测不但不能采取"前松后紧"的分布，恰恰相反，而必须采取"前紧后松"的安排，这样才能够使汉语汉字成为孩子们认识世界、自主学习的工具——祖语保持和传承也才有望。而如果标准不能（没有）贴合需要、明确要求、体现指导，"问题"就等于是被"无视"了，何谈解决？

综上，本部分讨论了确立华文能力标准纵向结构的一些问题，并初步确立了其纵向结构是：以年龄和祖语能力为平行双轨，分为六级。

### 三、描述语的编制

描述语是对语言能力量表刻度的具体描述。在确定了听、说、读、写各自的横向结构之后，我们需要确定华文能力标准的描述语。在此过程中，对"宽严"和"能力与风格"两个基本问题的把握会直接影响描述语的选择和编制。

#### （一）标准"宽严"适度

就语言生活而言，标准是基于认识的语言使用规范和要求。这些标准和规范直接影响到我们的语言生活，左右着人们对语言使用水平的判断。语言测试的标准同样具有判定被试语言使用能力的功能，一般来说，标准设定越严格，则被评判对象越有可能被判断为不合标准。在语言测试的实践中，标准越严，考生失分的可能性就越高，标准和正误是一种负相关的关系。我们显然也不希望被试动辄得咎，考试应该体现对考生的人文关怀，而非权力的彰显和冷冰冰的工具。

仅仅认识到标准和正误的关系还不够，我们还应该仔细认真地审视标准，弄清楚标准背后隐藏的道理。

包括语言标准在内，行为规范（道德、法规）、行业规范等一系列标准反映的都只是人们某一阶段的认识。和统计学上的真值、哲学中的真理相比，所有的标准只能够称作相对标准。

再就标准的来源来看，所谓的标准，也只能是从众多个体中选拔出来的一个代表。具体到我们的语言标准，如现代汉语的标准——北京音为标准音，北方话为基础方言，典范的现代白话文著作为语法规范。北京音是全国众多汉语口音的一种，北方话是众多汉语方言里的一种，典范的现代白话文的语法也是汉语语法的一种代表。正如赵元任（1980：101）所说，"在学术上讲，标准语也是方言，普通所谓的方言也是方言，标准语也是方言的一种"。

以上关于标准和正误关系、标准相对性以及标准来源的讨论启示我们，标准的制定和实施一定要慎之又慎，应该尽量考虑标准的弹性。

标准就像一把双刃剑，太宽太严都不利于汉语（华语）的发展。太宽了不利于全球华人语言的一致性，导致交流上的障碍。不管从世界语言的发展谱系来说，还是从中国南方诸方言跟北方方言的巨大差异来看，都证明了这一点。而太严了，比如完全以普通话的标准为标准，又等于无视语言变异的存在，如果视自由变体为条件变体，这无疑会视风格为正误，降低被试应该得到的语言能力上的积极评价，既不科学合理，也必然会打击学习者的积极性，更不利于海外华语的继承和保持。

### （二）剥离能力与风格

语言能力反映的是一个人使用语言实现自我需求的能力。一般认为，语言能力可以分析为语音能力、词汇能力、语法能力、语用能力以及文字能力。文字能力包括文字的编码和解码能力，这是写作能力和阅读能力的基础。语用能力中虽然包含对不同语言风格的敏感性，但语言风格具有很强的模糊性，风格的强弱是一个连续统。

黎运汉（2002）认为："语言风格是人们言语交际的产物，是交际参与者在主客观因素制导下运用语言表达手段的诸特点综合表现出来的气氛和格调，它涵盖表现风格、语体风格、民族风格、时代风格、地域风格、流派风格和个人风格等。"某些风格有强制性的语言运用环境限制，对所使用的语言表达材料和手段有很强的规定性。如果语言使用者对这种具有强制性的语体风格手段使用不当，则不能实现相应的功能。

但在很多时候，不同语言手段的运用所形成的风格并不能反映语言能力的差别，如下：

例1：喜欢这位司机的不止我一个。  不少人和我一样喜欢这位司机。

例2：他看病的速度很快。  他看病很快。

例3：我家门前有条河。  有条河在我家门前。

上例前后两句使用了不同的语言手段（词汇、句式、语序），所表达的意思也基本一样，差异只是风格上的不同，并不反映语言能力。

认识到这一点，对语言测试的开发十分重要。语言测试既然是对语言能力这个因变量的测量，就只能紧紧围绕体现"能力"的因素进行分析，而在比较基础的层面，无关风格。我们必须明白的一点是，跟母语者的高级的语言使用相比，华文水平测试的全距都在比较基础的范围内。

从语音、词汇、句式到语篇，同一个意思的表达形式不断增加，风格上的自由度也就越来越大。基于以上的认识，华测的题型开发、题目编制、材料选择、答案设置和评分标准，都得从理论到细节，剥离能力与风格，尽可能对语言能力进行准确客观的评价。

在以上观点的指导下，我们参照海外华裔青少年华文学习的现状，与国内相应学段的语文教育挂钩，编制了各个级别标准的描述语。

## 四、华文能力标准的检验

对于华文能力标准的检验，实际上是对华文能力量表的效度检验。从对标准进行检验的时间上来看，可以分为即时效度检验和延时效度检验；从检验的方式来看，可以从外部和内部两个方向进行检验。

### （一）华文能力标准的检验阶段

量表的效度验证并不是从量表使用才开始的，而是始于研发之初。在量表的开发设计阶段和最初使用的较短时段内进行的效度检验称为即时效度检验。

对于华文能力标准来说，即时的效度检验有非常重要的意义，是其能够成功开发和顺利实施的关键。我们在开发阶段对量表使用对象所作的需求分析，针对测量对象的性质进行的调查和预测，能力标准最初的使用信息反馈研究等工作都可以归入即时效度检验的范围。

延时效度检验是指在量表使用了相当长的一段时间之后，根据量表的各方使用者的反馈信息所作出的效度检验。华文能力标准之所以要进行延时效度的研究，与"效度磨蚀"有关。当标准使用了很长时间之后，在其指导下的华文教学、学习活动可能会使学习者的华文能力产生较大的变化，与之配套的测试也逐渐被考生熟悉，答题技巧和练习效应都有可能产生与其真实的华文能力有较大差距的表现。因此，华文能力标准也应该进行延时的效度检验，为标准的修订提供参考。

### （二）华文能力标准的检验内容和方式

在检验内容上，一方面要对华文能力标准自身的效度进行检验，另一方面华文能力标准与其他权威量表的关系、基于该标准开发的教材、测试的数据分析材料也可以作为能力标准质量可靠的证据。

对华文能力横向维度的检验可以使用问卷调查的方法，将描述语转换为调查问卷，发放给海外华语教师，请他们对描述语的难度、必要性、维度归类等因素进行评分。一方面，我们可以对得到的数据进行因子分析（朱正才，2015），考察我们确定的华文能力维度是否符合海外华裔青少年华文学习和使用的实际情况；另一方面，我们还可以对数据进行规则空间模型分析，检测华文能力标准的维度是否涵盖了大部分华文使用场景。

作为测量工具，量表的信度、效度和可推广性需要进行检验。信度是量表的可靠性指标，效度指量表使用的有效性，可推广性指的是描述语系统在多大程度上能够适用于目标群体。在方法上，可以将具体的描述语转换为评分项目，对照每条项目，请学习者进行自评或者请教师作出评价，根据得到的数据计算量表的信效度；通过收集不同类别样本群体的数据，进行概化研究，考察描述语的适用性是否存在某些侧面上的可推广性问题。

　　同时，华文能力标准是华文教学相关活动的纲领性文件，华文教学的安排、华文水平测试的开发都应该以该标准为依据。在这个前提下，如果教学和测试的质量能够得到验证，那么也可以间接地证明华文能力标准是有效的。关于测试质量的监控，我们会在之后的章节详细讨论。

**思考**

1. 语言能力标准有什么作用？
2. 请对比几种语言能力标准的异同。

**推荐阅读**

1. Reckase M. *The Psychometrics of Standard Setting: Connecting Policy and Test Scores.* CRC Press, 2023.

2. 欧洲理事会文化合作教育委员会《欧洲语言共同参考框架：学习、教学、评估》，外语教学与研究出版社，2008 年。

# 第五章　华文水平测试大纲

华文水平测试大纲以华文能力标准为指导，将华文能力标准量化为具体的汉字、词汇、语法和文化方面的等级要求，用以直接指导命题工作。语言测试大纲是语言能力标准的落脚点，是使用标准的可操作定义，或者说，大纲是具体化的标准。

华文能力标准可以直接当成测量工具，用于他人（比如教师、家长、教学机构）评价学习者的华文水平，也可以用于学习者自评。但是如果我们希望用测试的方法来对学习者的华文水平进行更精确、更客观的测量的话，就还需要依据标准制作出更精密的测量工具，即考试。而考试大纲就是连接标准与考试的链条。

依照华文能力标准，华文水平测试开发了汉字、词汇、语法和文化四项大纲。

## 第一节　汉字大纲的编制

海外华人的听、说、读、写能力严重不平衡。老移民社区的后代有汉语方言基础，但读写能力严重滞后；新移民构成的新华人社区的"语""文"脱节也普遍存在。因此，华文水平测试将强化汉字作为一项特别的追求，强化读写测试，并对各级别的汉字认读和书写提出了定量要求。

## 一、研制目的

由于长期以来并没有专门针对海外华裔的字表，华文教材的编写、课堂教学、习作文本分析都只能以对外汉语教学和测试的汉字大纲作为参照。华文水平测试字表研制的直接目的是用作华文水平测试的参考大纲，更长远的目的是希望通过考试的反拨作用促进汉字及华文教学。

## 二、研制基础

华文水平测试汉字大纲以国家语委现代汉语语料库字频表、中国语言生活绿皮书媒体用字库、中国小学生作文库、中国初中生作文库、中国高中生作文库、中国四套义务教育阶段语文教材课文用字、中国人教版初中各科课文用字、七套华文教材课文库为选字的字库。

## 三、研制理念

结合测试对象的特点、汉语学习规律以及海外华裔的汉字学习现状，华文水平测试汉字大纲确立了"字量适中，向下集中""认写分开，多认少写，最终看齐"的研制理念。

"字量适中"指的是在汉语母语者与汉语二语者之间寻找一个适中的点，相对于对外汉语教学的要求和华文教材的汉字量，华文水平测试字表会适度提高，但不会刻意提高总字量。

"向下集中"指的是重点增加初级字表的汉字量，以求扩大华裔学生初级阶段识字量，尽早实现汉语自主阅读。

"认写分开，多认少写，最终看齐"指的是华文水平测试字表分为认读字表和书写字表，包含先认读后书写，在低年龄学段多认读少书写，最终在高年龄学段认读和书写字量齐平。"认读字"只要求会认、会读；"书写字"除了会认、会读以外，还要会写、会用。

## 四、研制原则

### （一）认读字表的研制原则

1. 常用性原则。由汉字在各语料库的频率体现，但字频数据强烈依赖所属文本和语料库的类型，需考虑汉字分布的均匀性。华文水平测试字表将根据汉字在不同语料库/字料库的频序进行综合排序，选取综合使用频度高的字，同时汉字的构字能力也是常用性的重要参考因素，在低学段会优先选取构字能力强的汉字，以便于培养考生对汉字字理的理解，更加有效率地学习汉字。

2. 词表关联原则。词表关联原则是调整认读字种和字级时依据的原则之一。由综合使用频度初步定下认读字级后，某字的认读级别与之所在词条在华文水平测试词表的级别需要进行核对。某字在字表中的级别不能超前于在词表的首次出现级别。

3. 文化性原则。作为专门为海外华裔青少年开发的测试，华文水平测试内容蕴含中华文化本身是其一大特色，这也会在华文水平测试字表中得到体现。常见的重要地名、天干地支、古代神话、重要历史人物姓名用字可能并不能构词，如果华文水平测试词表未收录或者收录在附表中，没有对应的词汇等级，但也将录入字表。

4. 系统性原则。主要用于检验认读字种选取与定级的系统性，相同话题或语义场的常用字尽量收录完整，综合使用频度相差不大时尽量定级一致。

### （二）书写字表的研制原则

1. 字用优先原则。认读字表与书写字表分开的出发点是降低学生写汉字的负担，要求书写的字是从认读字中选出的字形难度相对较小的字。但如果只兼顾字形，"邑"等字形简单的字无疑能入选，而"嘴、赢"等使用活跃的字却难以入选。这些高频常用字不要求书写显然不合理，所以书写字表以"字用优先"为原则，本身使用价值高的字，即便字形复杂，也应当选入认写字表。

2.兼顾字形原则。在筛选书写字时，字形也是重要考虑因素。字形复杂度不一定影响汉字认读，但会直接影响书写难度。华文水平测试在研究汉字字形的复杂度时，参照的标准为笔素。笔素是笔画依据折点再向下析出的汉字构形的最小元素（王汉卫、刘静、王士雷，2013）。

## 五、研制过程

华文水平测试字表研制时主要采用定量分析与人工干预结合的方法，先确定选字的底表，对底表的汉字进行量化标注，再定量逐级依序筛选认读字，再对认读字进行人工干预。书写字从认读字中定量逐级依序筛选，操作类似。

### （一）字量初步确定

从汉语使用的实际需要出发，参考母语者常用汉字量和海外华文学习者识字量，按照"字量适中"的原则，初步确定字表的总字量为3000字左右。

接着分配小学学段与中学学段的字量。按照"向下集中"的理念，认读和书写字量大致按小学与中学8∶2的比例分配，小学阶段字量为2400字。

再细分学段内部各级字量。为了落实初级阶段大量识字，一至六级安排认读字量逐级递减。按照"认写分开，多认少写，最终看齐"的理念，书写字量在一级安排较少，二级、三级逐渐增多。各级字量配比详见表5-1。一级600字认读字量超出以往的对外汉语汉字大纲初级字量，体现了对华裔汉字量的较高要求。

表 5-1　华文水平测试字表大致字量及等级分布

| | 一级 | 二级 | 三级 | 四级 | 五级 | 六级 | 合计 |
|---|---|---|---|---|---|---|---|
| 认读字（字） | 600 | 750 | 600 | 450 | 300 | 300 | 3000 |
| 书写字（字） | 420 | 420 | 750 | 600 | 450 | 360 | 3000 |

## （二）字量和字种的最终确定

具体字量需待字种选取和调整后方可确认。

1. 底表量化标注。

底表量化标注信息包括：在各语料库／字料库的字频序位、构字能力信息、字形难度信息、在华文水平测试词表的等级。

2. 认读字表研制。

华测字表对应 6 个学段，需要对底表按 6 个学段的频度信息进行 5 次综合使用频度排序，综合使用频度作为选取各级认读字种的依据。

综合使用频度序的计算方法为（表 5-2）：

**表 5-2　综合使用频度序计算方法**

| |
|---|
| 综合序一＝小作序一 ×0.35＋语文教材序一 ×0.40＋华文教材序一 ×0.25 |
| 综合序二＝小作序二 ×0.35＋语文教材序二 ×0.40＋华文教材序二 ×0.25 |
| 综合序三＝小作序三 ×0.30＋语文教材序三 ×0.35＋华文教材序三 ×0.20＋现汉序 ×0.10＋媒体序 ×0.05 |
| 综合序四＝初作序 ×0.25＋语文教材序四 ×0.25＋华文教材序四 ×0.15＋初学科教材序 ×0.05＋现汉序 ×0.20＋媒体序 ×0.10 |
| 综合序五＝高作序 ×0.20＋语文教材序四 ×0.20＋华文教材序四 ×0.10＋初学科教材序 ×0.05＋现汉序 ×0.25＋媒体序 ×0.20 |

说明："小作序一""小作序二""小作序三"分别指小学作文库第一、第二、第三学段作文的字频序；"语文教材序一""语文教材序二""语文教材序三""语文教材序四"分别指国内 4 套语文教材第一、第二、第三、第四学段课文用字的平均使用度序；"华文教材序一""华文教材序二""华文教材序三""华文教材序四"分别指 7 套华文教材第一、第二、第三、第四学段课文的字频序；"现汉序"指国家语委现代汉语平衡语料库字频序；"媒体序"指2010—2012 年中国语言生活绿皮书媒体用字平均字频序；"初作序""高作序"分别指初中、高中作文库作文的字频序；"初学科教材序"指人教版初中语文、数学、历史、地理、物理教材课文的字频序。

按照综合使用频度序计算结果，底表中每个汉字都附上了 5 个学段的综合序位信息。再根据小学与中学 8：2 的比例及字表研制理念分配各级字量，初步选出各级认读字。

　　接着按照研制原则，对初步筛选的字表进行调整，删除不常用字，增加词表中有而字表初稿中没有的字，调整字级。

　　3. 书写字表研制。

　　从原本已经是常用字的认读字中选出更基础的字，不能只有字形难度小这唯一约束条件，还需要字用价值高。字用价值高表现为两个方面：一是使用活跃程度高，体现在各语料 / 字料库的频率上，在此我们用各字在各学段的综合使用频度序位来约束；二是参与构字的频度高，在此采用在《通用规范汉字表（一级字）》里构字能力来约束。

　　在底表标注时，底表各字在各学段的综合使用频度序、构字能力、笔画笔素数已经统计。构字能力采用每个字的构字个数和构字使用次数的平均值作为统计指标。

　　认写字从认读字表中逐级依序选取，首先采用定量方法求取五级认写字序。

　　字形难度、构字能力、综合使用频度不能直接运算，同认读字排序时类似，采用先将各字段数据转换成序位，再赋权重的方法进行运算。画素（笔画加笔素）值最小的字形难度最低，字形序位就排在最前。构字个数与构字使用次数之和最大的构字能力最强，构字能力序位就排在最前。综合使用频度序位已在选认读字前求得，各学段里综合使用频度最高的序位排在最前。

　　书写序求取方法为（表 5-3）：

表 5-3　书写序求取方法

| |
|---|
| 书写序一 = 0.3 × 字形序一 + 0.4 × 构字能力序一 + 0.3 × 综合使用频度序一 |
| 书写序二 = 0.3 × 字形序二 + 0.4 × 构字能力序二 + 0.3 × 综合使用频度序二 |
| 书写序三 = 0.4 × 字形序三 + 0.3 × 构字能力序三 + 0.3 × 综合使用频度序三 |
| 书写序四 = 0.4 × 字形序四 + 0.2 × 构字能力序四 + 0.4 × 综合使用频度序四 |
| 书写序五 = 0.5 × 字形序五 + 0.1 × 构字能力序五 + 0.4 × 综合使用频度序五 |

在认读字中，可作为部件参与构成《通用规范汉字表（1级字）》3500字的只有709个，且主要分布在一级和二级，其次是三级，又因初级阶段学会书写构字能力强的字更有价值，所以构字能力序在前两级所占比例更高，后面逐级递减。认读级别越高，字形难度大的字所占比例越大，所以公式里字形序的比例逐级递增。由此，初步选出各级书写字。

对于书写字的调整，除了按照已有的研制原则外，还尽量避免认读级别与书写级别相差太大。除非字形特别困难的字，一般认读级别与书写级别相差不超过3级。

## 六、字表标注及最终结果

作为规范的汉字大纲，字表除了标注认读和书写等级外，还需要标注汉字相关信息，便于出题或教学参考。华文水平测试字表标注的信息如下：认读级别、书写级别、拼音、汉字结构、笔画数。

汉字存在同形异音的情况，同一个汉字可能有多个读音。标注拼音时需对照华文水平测试词表，只标示词表已收录的读音。

按照定性、定量与人工干预相结合的方法，认读字表和书写字表各分6级，对应6—18岁年龄跨度的学生，既照顾到了学习者的认知发展特点，也遵循了汉字学习规律。

本字表的研制坚持了"字量适中，向下集中""认写分开，多认少写，最终持平"的理念，目前认读字和书写字的字量如表5-4。华文水平测试字表不是一成不变的，将在时代发展中、教学和测试中不断检验和修订。

**表5-4　华文水平测试字表各级字量**

|          | 一级  | 二级   | 三级   | 四级   | 五级   | 六级   | 合计  |
|----------|------|-------|-------|-------|-------|-------|------|
| 认读字（字） | 600  | +700  | +600  | +400  | +300  | +330  | 2930 |
| 书写字（字） | 400  | +400  | +700  | +600  | +500  | +330  | 2930 |

# 第二节　词汇大纲的编制

词汇大纲研制的主要环节是条目收录、条目定级。

## 一、汉字大纲、词汇大纲的分工

由于汉语字词的特殊关系，需要我们首先明确汉字大纲和词汇大纲的分工。

### （一）认读字、书写字、语素字

一方面，汉字是文字单位，词是语言单位，二者不在同一层面。词作为一级语言单位，是形式和意义的结合体。语言的形式包括听觉形式和视觉形式，前者为语音，后者为文字，没有文字的语言只有听觉形式。汉语是有文字的语言，汉字作为汉语的视觉形式的基本单位，需要关注"认读"（视觉输入）和"书写"（视觉输出）。从视觉角度来看待汉字，我们分别称之为"认读字"和"书写字"。

另一方面，汉字作为汉语的文字单位，与汉语的另外一级语言单位——语素，有较为清晰的对应关系，而语素和词在同一层面。从呈现语素的角度来看待汉字，我们称之为"语素字"。

### （二）汉字大纲、词汇大纲各司其职

首先，词汇大纲中的单字条目不同于汉字大纲中的条目。

汉字大纲中收录的是汉字，所以都是单字条目。词汇大纲中收录的是词（包含一些不成词的单字语素），有单字条目，也有多字条目。汉字大纲需要从认读字和书写字的角度对条目进行收录及定级，词汇大纲则需要从语素字（独立的为单字词、不独立的为单字语素）的角度对单字条目进行收录及定级。

其次，无论是单字条目还是多字条目，词汇大纲对词语的收录及定级不受

词语用字难度的影响。比如"西瓜、香蕉"在词汇大纲中都是一级，不会因为"香蕉"用字难度而将其放到较高等级。

## 二、条目收录

词汇大纲的研制始于语料的收集和词频统计，由此得到一个初始的底表。从底表中的词语到词汇大纲中的条目，还需经过删除、补充、修改、合并、拆分等操作。

此外，由于汉语"词"的界限难题，还需专门针对单字语素、透明组合两类设定标准进行合理取舍。

条目基本确定后，进一步与学界已有的多个大纲、词表进行比较，拾遗补缺。

### （一）底表

基于收集的作文语料库（小学库、初中库、高中库），进行词频统计，并参照《现代汉语常用词表（草案）》（简称《常用词表》）进行适当取舍，获得了一个初始的词汇底表，共有词语种数 24 126 个。

### （二）从底表词语到大纲条目

从底表中的词语到词汇大纲中的条目，主要涉及以下几类操作：删除、补充、修改、合并、拆分。

删除。底表只是初筛，不是其中所有词语都会进入大纲，需要删除的情况主要包括：（1）更像是词组的"词"。语料经过分词软件自动分词后，存在一些更像词组的切分单位，如"多次、每逢、是不是"等。（2）重叠形式。分词软件对语料库中出现的 AA、AABB、ABAB 等重叠形式会动态识别，即会把"高高兴兴"等作为一个切分单位，而这类词语是受规则控制的，没有必要收入词汇大纲，因此删除。但是，有必要保留 AB 不是词的 AABB 式，如"轰轰烈烈、跌跌撞撞"等。（3）生僻词语。包括少见事物、现象等，如"茱萸、悬梁"。（4）语料中出现的字串与语文词典中的词语用字相同，但实际所指不同，如

"学友"（实为人名）。

补充。为了保证系统性，需要补充一些底表中没有出现的词语。如底表中有"厘米、毫米"，没有"分米"，就需要将"分米"补充进来。再如有"阳性"，补充"阴性"；有"船长"，补充"机长"；有"动脉"，补充"静脉"。

修改。需要修改的情况主要包括：（1）只出现在更大环境的词语。如"作痛"改为"隐隐作痛"。（2）有固定唯一搭配的词语。如"远门"只和动词"出"搭配，尽管"出远门"中间可以插入其他成分（"出了一趟远门"），但搭配很固定，不妨将"远门"改为"出远门"。（3）简称更常用。如"高速铁路"改为"高铁"。

合并。同义且难度无差别的词语进行合并，如"鞋子"和"鞋"合并为一个条目"鞋子|鞋"，再如"电扇|电风扇|风扇""调换|掉换""天长地久|地久天长""百折不挠|百折不回"。同义但难度有差别的词语进行不合并，如"狗"和"犬"不合并。

拆分。一些同形词、多义词的意义（义项）之间差别较大，不拆分无法分别定级，需要进行拆分。举例见表5-5。

表5-5　拆分后条目举例

| 条目 | 拼音 | 词类 | 级别 | 示例 |
|---|---|---|---|---|
| 米₁ | mǐ | 名 | 一 | 米和面 |
| 米₂ | mǐ | 量 | 二 | 1米 |
| 正当₁ | zhèngdāng | 动 | 三 | 正当我走神时，老师叫我起来回答问题。 |
| 正当₂ | zhèngdàng | 形 | 五 | 正当的理由 |

### （三）汉语"词"的界限问题及大纲收条

汉语存在"词"的划界难题："词"和"语素"的界限问题，"词"和"词组"的界限问题。

首先，单字语素的去留。多字语素一定成词，没有争议，语素和词的划界问题其实是单字语素是否成词的问题。我们的做法是单字条目既收了单字词，也收了一些组合能力较强的不够独立的单字语素。

其次，透明组合的取舍。汉语"词"和"词组"界限不清，问题集中在透明组合上。透明组合无论理论上只能是词还是理论上可以算作是词，实践中都无法尽收。我们从"同聚类字组"（一方组合成分相同且组合关系相同）的多少来考虑，分三种情况进行了合理取舍。

### （四）进一步补充

条目基本确定后，进一步与现有的汉语教学或考试用词汇大纲进行比较，目的是拾遗补缺。

现有的相关大纲或词表有：（1）1992 年的《汉语水平词汇与汉字等级大纲》（8822 词），（2）2010 年的《汉语国际教育用音节汉字词汇等级划分》（11 092 词），（3）2009—2010 年的《新汉语水平考试大纲》（5000 词），（4）2015 年的《HSK 考试大纲》（5000 词），（5）2019 年的《义务教育常用词表（草案）》（音序词目 15 114 词），（6）2021 年的《国际中文教育中文水平等级标准》（11 092 词），（7）2021 年的《华语教育用分类分级词语表·华语词汇等级大纲》（15 560 词）。

## 三、条目定级

条目收录后，接下来的重要工作就是给每个条目定一个合适的级别。根据华文水平测试的总体设计，共有 6 个级别：一级（学龄前）、二级（小学一、二年级）、三级（小学三、四年级）、四级（小学五、六年级）、五级（初中）、六级（高中）。

基于作文语料库（语言输出性质）、教材语料库（语言输入性质），算法加人工干预，经过三次定级完成整个定级工作。

### （一）初次定级

基于作文语料库，设定算法自动定级。小学库中的词语需要根据年级分布信息指定二级、三级、四级。初中库中的词语初次定级为五级，高中库中的词语初次定级为六级，三库中低频回收入底表的词语直接人工干预定级。因此，设定算法自动定级的主要是小学库中的词语。

从小学库中统计相关数据，按照统一的算法进行初次定级：当"一、二年级比例"大于 / 等于 30% 时，级别为二。当"一、二年级比例"小于 30% 且"一、二年级比例"＋"三、四年级比例"之和大于 / 等于 60% 时，级别为三；否则级别为四。

### （二）二次定级

经过初次定级后，还需人工干预二次定级。

首先，补充、修改、拆分、合并的条目没有统计数据，只能人工干预定级。

其次，对一些自动定级结果明显不合理的条目进行人工干预，重新定级。如"娶"的自动定级结果为二，人工干预后定级为四；再如"岩浆"的自动定级结果为二，人工干预后定级为五。

再次，语料分词错误会导致统计偏差，进而影响自动定级结果，也需人工干预来发现并调整级别。如"学会"一条，语料库中出现了大量的"学会"，其实是"学会做什么"的"学会"，并不是语文词典中作为词的"学会"，经过人工干预，我们保留了"学会"，但将其级别调整为六。

### （三）三次定级

基于收集的教材语料库（国内语文教材 4 套、国外华文教材 7 套），对各条目的等级做进一步调整。统计各条目在教材库中的分布信息，即某条目在几套教材中出现。参照该信息，采用人工干预的方式进行三次定级。

### （四）一级词语

由于学龄前阶段没有现成的语料库可以利用，采用人工干预的方式，从二级词语中挑选出最简单的词语作为一级词语，剩余部分作为二级词语。

## （五）级别分布

条目等级分布见表 5-6。

表 5-6 等级分布

| 等级 | 数量（条） | | | | |
|------|------|------|------|------|------|
| 1 | 996 | 2146 | 4951 | 9329 | 14 488 | 21 309 |
| 2 | 1150 | | | | |
| 3 | 2805 | | | | |
| 4 | 4378 | | | | |
| 5 | 5159 | | | | |
| 6 | 6821 | | | | |

## 四、特殊词语

一些特殊词语，不便于作为大纲条目收录及定级，仅在附录中给出类别及举例。

特殊词语类别包括：人名、地名、机构名、商标品牌、姓氏、民族、朝代、节日、节气、行星、星座、货币、化学元素、笔画、标点、字体、中文大写数字、天干、地支、军衔、军队编制单位。

# 第三节  语法大纲的编制

语法是一个层级分类体系，层级体系的两端是顶级类和末级类。顶级类对应语法的几大组成部分，末级类对应最终的语法条目。

## 一、顶级类设定

层级体系中的每个类别都概括一类语言现象，只是粗细程度不同。语法大纲的研制首先要确定顶级类。

## （一）现有大纲的顶级类

我们参考学界已有的八部语法大纲，各大纲顶级类集中呈现于表 5-7。

表 5-7　各大纲顶级类

| 大纲 | 顶级类 |
|---|---|
| a.《对外汉语教学语法大纲》 | 汉字、音节、词，词类，词组，句子成分，句子 |
| b.《对外汉语教学初级阶段教学大纲（一）》语法大纲 | 词，语素，词的组成方式，词类，汉语的词组，汉语的句子，汉语的四种谓语句，汉语的四种功能句，汉语的复句 |
| c.《高等学校外国留学生汉语言专业教学大纲》附件（二）语法项目表 | 词类，短语，句子成分，句子，几种特殊的句式，动词的态，合成词的构成及其语素义，词语的联系与扩展，复句，语段，省略，强调的方法，语素，倒装句，紧缩句，固定格式 |
| d.《汉语水平等级标准与语法等级大纲》 | 词类，词组，句子成分，句子的分类，几种特殊句型，提问的方法，数的表示法，强调的方法，动作的态，复句，固定词组，固定格式，语素，反问句，口语格式，词的构成，多重复句，句群 |
| e.《国际汉语教学通用课程大纲》（修订版）常用汉语语法分级表 | 实词，虚词，句子成分、句型和句类，复句 |
| f.《新汉语水平考试大纲》语法 | 代词，数词，量词，副词，连词，介词，助动词，助词，叹词，动词的重叠，陈述句，疑问句，祈使句，感叹句，特殊句型，动作的状态 |
| g.《HSK 考试大纲》语言点大纲 | 名词，动词，代词，形容词，数量词，副词，介词，连词，助词，叹词，句型，特殊句型，句类，补语，复句，固定格式 |
| h.《国际中文教育中文水平等级标准（国家标准·应用解读本）》第三分册：语法 | 词类，短语，固定格式，句子成分，句子的类型，动作的态，特殊表达法，强调的方法，提问的方法，口语格式，语素，句群 |

## （二）现有大纲梳理

首先，类别名称的同一性认定。比较各大纲发现，对同一类别的称说存在不一致的情况，因此先对顶级类的名称进行同一性认定并统一名称。比如"几种特殊的句式（大纲 c）""几种特殊句型（大纲 d）""特殊句型（大纲 f、大纲 g）"统一名称为"特殊句式"。

其次，类别的拆分。不同大纲对语法层级的设置不同，甲大纲的顶级类可能与乙大纲的顶级类形成上下位关系，梳理时需要做一定的拆分、合并。

再次，各大纲顶级类取并集。经过必要的统一名称、拆分、合并处理后，我们进一步对各大纲出现的顶级类取并集：

{汉字、音节、词类、词的构成、词语的联系与扩展、词、语素、固定词组、特殊句式、复句、句类、语段、短语、句子成分、主谓句、非主谓句、动作的态、倒装句、紧缩句、固定格式、数的表达、动词的重叠、口语格式、强调的方法、省略、提问的方法 }

### （三）华文水平测试语法大纲的顶级类

对各大纲的顶级类进行取舍，结果见表 5-8。

表 5-8　顶级类取舍

| 顶级类 | 取舍结果及原因 |
| --- | --- |
| 汉字 | 不收（非语法） |
| 音节 | 不收（非语法） |
| 词类 | 不收（显性语法知识） |
| 词的构成 | 不收（显性语法知识） |
| 词语的联系与扩展 | 不收（显性语法知识） |
| 词 | 不收（词典性知识） |
| 语素 | 不收（词典性知识） |
| 固定词组 | 不收（词典性知识） |
| 特殊句式 | 顶级类 |
| 复句 | 顶级类 |

续表

| 顶级类 | 取舍结果及原因 |
|---|---|
| 句类 | 顶级类 |
| 语段 | 顶级类 |
| 短语 | 顶级类 |
| 句子成分 | 顶级类（合一为"句法成分"） |
| 主谓句 | |
| 非主谓句 | 归入散点 |
| 动作的态 | 归入散点 |
| 倒装句 | 归入散点 |
| 紧缩句 | 归入散点 |
| 固定格式 | 归入散点 |
| 数的表达 | 归入散点 |
| 动词的重叠 | 归入散点 |
| 口语格式 | 归入散点 |
| 强调的方法 | 不作为顶级类（已涵盖） |
| 省略 | 不作为顶级类（已涵盖） |
| 提问的方法 | 不作为顶级类（已涵盖） |

经过取舍，华文水平测试语法大纲包括的顶级类为：短语、句法成分、特殊句式、句类、复句、散点、语段。

## 二、条目收录

语法层级体系中的顶级类通过梳理现有大纲获得。语法条目是语法体系中的末级类。末级类的获得过程涉及划类、归类、聚类、并类。

### （一）划类

划类是指对层级体系中的上位类划分下位类。确定了顶级类后，划类就是对每个顶级类进行逐级划分，直到合适的末级类。划类是自顶向下进行的，从顶级类到末级类中间无论跨越几个层级，收入大纲的条目是不再继续下分的末级类。

## （二）归类

归类是指将具体的语言材料归入相应的末级类中，即对语言材料进行语法条目标注。归类是基于语料库的，要完成语料归类工作，最理想的做法是选定一个合适的语料库，进行相关标注。这么做的目的有二：一方面可以验证划分出来的语法条目是否合理，另一方面可以为下一步的条目定级提供频率信息。

由于研发时间及人力限制，我们无法开发一个带语法信息标注的语料库，因此，这里的语料归类工作只限于有良好形式标记的语法条目，以便计算机能够利用形式标记自动筛选语料并对语料进行初始归类，在此基础上，再进行人工校对以节省时间人力。特殊句式（个别除外）、复句、句类（一部分）、散点（大部分）所辖条目属于有良好形式标记的语法条目。

## （三）聚类

聚类是指将同质的语言材料自然聚为一个类别。

聚类思路是对归类思路的一个调整。经过一段时间的实践，我们发现语料归类时存在三类麻烦：（1）有的语料找不到合适的类别（语言现象没有被已有的类别覆盖）；（2）有的语料可以归入不止一个类别（类别出现交叉）；（3）有的类别没有语料可归入（该类现象没有出现）。这说明之前的划类结果本身并不理想，解决之道就是将语料能归类的归到已有类别中，无类可归或有多类可归的进行聚类。

## （四）并类

归类、聚类环节通过对语料进行类别标注实现对划类结果的调整，在最大程度上追求划类结果的理想状态——全覆盖、零交叉。但将经过归类、聚类调整后的划类结果直接作为语法大纲中的条目会过于细致琐碎，需要删除、合并一些类别。

## 三、条目定级

### （一）语法大纲级别体系

华文水平测试的总体设计，共有 6 个级别：一级（学龄前）、二级（小学一、二年级）、三级（小学三、四年级）、四级（小学五、六年级）、五级（初中）、六级（高中）。

语法大纲只对应其中的一级、二级、三级、四级。原因如下：

汉字、词汇、语法，有各自的习得特点。

先看汉字、词汇。无论是母语者还是非母语者，汉字需要专门学习，词汇既有自然习得的部分，也有专门学习的部分，且因字词数量庞大，整个学习时间跨度较长。华文水平测试的汉字大纲、词汇大纲对应于华文水平测试的总体设计，分 6 级。

再看语法。语法是遣词造句的规则，数量有限。语法知识既可长期感性获得，又可短期理性获得。儿童习得母语语法是前一种方式（语文课本中无语法点），年龄越大，使用母语的时间越长，语法水平越高（掌握隐性语法知识的数量越多，运用的熟练准确程度越高）。成人习得二语语法常常是后一种方式（对外汉语教材中有语法点），虽然可以短期快速地学到一些显性语法知识，但语法知识由少到多的积累以及显性知识的隐性化都需要过程。华文水平测试的被试群体——华裔青少年习得华语语法的方式与儿童母语者更加接近。从国内针对母语者的《义务教育语文课程标准》（2022 年版）来看，小学阶段对显性语法知识是不作教学和考试要求的，但到"第三学段"（五、六年级）要求"做到语句通顺"，就意味着学生小学毕业时应该基本掌握全部汉语隐性语法知识了。因此，华文水平测试语法大纲只分 4 级。

### （二）定级方式

根据语法条目自身的特点，采用了三种定级方式：（1）有良好形式标记的语法条目，基于语料库的统计数据进行定级。（2）有的语法条目没有很好的形式标记，但能找到已有研究的统计数据，直接参考相关数据进行定级。（3）没有良好形式标记且没有研究数据可以利用的语法条目，凭经验定级。

### （三）语法条目等级分布

语法条目定级后总体分布情况如下：一级条目 59 条，二级条目 57 条，三级条目 83 条，四级条目 51 条，总共 250 条。

## 第四节　文化大纲的编制

文化大纲的主要任务是为测试的文化语料建设提供支持，即直接服务于听、说、读、写各分项语言技能测试。换言之，华文水平测试文化大纲的文化不是测点，而是语料属性的标识，所以它与一般的文化考试大纲不同。简言之，它是面向华裔学生群体、为语言测试提供文化项目的文化等级表。

### 一、研制原则

系统性原则。一是框架结构的系统性——文化大类采用"物质、制度、行为、心态"四分法，"大类"下设"小类—子类—文化点—内容举例"；二是内容的体系性，对内容有交叉的文化项目则依其主要属性而归于某一类，避免重复设项。

开放性原则。"文化点"难以穷尽，大纲通过示范性的"内容举例"，引导人们举一反三，自我扩充相关内容。如文化点"远古神话"，其"内容举例"列有"盘古开天""共工怒触不周山""女娲造人""后羿射日"四例，人们可根据需要增补"女娲补天""精卫填海"等。

针对性原则。根据华文水平测试总体设计、单项测试的等级标准以及华裔青少年学习的阶段性特点，确定文化点以及等级。如"心态文化"下有"语言汉字"小类，主要针对华裔初级学生语言学习的实际而设。

思想教育性原则。经过严格遴选的具体文化语料，既考察被试的语言水平，又在阅读中"连带"着增强他们对中华文化的认知、祖籍国的了解。当然，文化项目所反映的观念也要具有普适性、现代性，富有民族性，充满正能量，等等。

## 二、框架结构

文化点的选择包含了具有生命力的中华传统文化知识、观念及其现代化内容；与语言学习相关的背景文化，如汉字文化、交际行为文化，以及更好揭示语义文化的制度文化，等等，如"席地而坐、主席、酒席、席位"等词汇中的饮食与礼仪文化。按"大类—小类—子类—文化点—内容举例"五级列项，使纲目相衔连贯。

文化大纲的根干：大类—小类—子类。若以树为喻，则文化的4"大类"即为树根，21"小类"为树干，101"子类"为枝干（例子见表5-9）。

表5-9　文化大纲的分类表

| 大类 | 小类 | 子类（文化点数量） |
|---|---|---|
| 物质文化 | 服饰 | 布料（1），服装（3），鞋子（1），帽饰（1） |
| | 饮食 | 饮食观念（2），菜式（9），主食（2），小吃（1），茶（10），酒（4），中国饮食的全球化（3） |
| | 器用 | 木（草）质器用（1），金属器用（1），陶瓷（11） |
| | 建筑 | 宫殿（2），民居（1），军事建筑（1），陵墓与祭祀场所（2），宗教建筑（1），文化体育建筑（2），商业建筑（1），园林（5） |
| | 交通 | 公路（2），铁路（1），水路（2），航空航天（3），信息传递（2），物资流动（2） |

　　由表 5-9 可见，下位的类别能较全面地体现上位的基本内容，如小类"服饰、饮食、器用、建筑、交通"与大类"物质文化"的关系；同类并列项的排列或以历史的先后为序，或以先整体再个体、先抽象再具体为序。总之，大纲十分重视内容的完整性、体系性，排列次序的逻辑性、合理性。

　　文化大纲的分枝：370 个文化点。文化点虽称"点"，实有"类"的特征（例子见表 5-10）。如"当代饮食观念"，它包含"注重营养与原汁原味，重视健康与养生，关注食品安全"等若干文化项。

表 5-10　文化点的呈现样例

| 序号 | 大类 | 小类 | 子类 | 文化点 |
|------|------|------|------|--------|
| 7 | 物质文化 | 饮食 | 饮食观念 | 传统饮食观念 |
| 8 | 物质文化 | 饮食 | 饮食观念 | 当代饮食观念 |
| 9 | 物质文化 | 饮食 | 菜式 | 鲁菜 |
| …… | …… | …… | …… | …… |
| 17 | 物质文化 | 饮食 | 菜式 | 非著名菜系之特色菜肴 |
| 18 | 物质文化 | 饮食 | 主食 | 特色面食 |
| 19 | 物质文化 | 饮食 | 主食 | 特色米食 |
| 20 | 物质文化 | 饮食 | 小吃 | 特色小吃 |

　　文化点的择取，其一，以中外文化的比较为横坐标，中国文化的古今联系为纵坐标，二者共同构成了文化点择取的主坐标；其二，对比中国古今文化的差异，以彰显社会的发展与变化；其三，对历史、文学、哲学部分，择取重要历史人物与事件、优秀科技成果，主要作家作品，主要哲学流派、思想等内容，依照知识性、趣味性、思想性、审美性的标准取舍。

　　文化大纲的茂叶：内容举例。其以举例的形式展示"文化点"，使人推而广之，触类旁通。现以表 5-11（见下页）的部分"交通"为例。

表 5-11　文化大纲的内容样例

| 序号 | 大类 | 小类 | 子类 | 文化点 | 内容举例 | 等级 |
|------|------|------|------|--------|----------|------|
| 76 | 物质文化 | 交通 | 物资流动 | 古代物流 | 1. 运输工具：车、木舟、马等。<br>2. 运输道路：丝绸之路、茶马古道、京杭大运河等。<br>3. 第三方物流：镖局、驿站。 | 四—六 |
| 77 | 物质文化 | 交通 | 物资流动 | 现代物流 | 1. 表现形式：电子商务、网购、移动支付（如支付宝、微信支付）等。<br>2. 杰出代表：淘宝、京东、顺丰速运、圆通速递等。 | 四、五 |

"内容举例"重视文化的完整性与代表性，尽量避免碎片化现象；突出内容的知识性与适用性，尽量摒弃堆积式的条目排列。

## 三、文化点的分级

### （一）等级的划分依据

一是综合衡量目标被试的认知水平、语言水平、文化点的难易度、语料的呈现形式等多种因素。如"陶瓷"语料，华裔在初高中阶段才有所接触，故定级为五、六。又如行为文化、姓氏文化、儿童文学、民间文学等相对容易些，制度文化、心态文化相对难些；故事性内容或叙述性文体则理解难度偏低，说明、议论性文体则难度偏高。二是参考现有教材文化点的使用及分布。详细统计华文教育教材、对外汉语教材、国内基础教育教材等 10 套教材的文化点及其等级，应该说，物质文化的饮食、中国"世界文化遗产"类建筑，制度文化的古代对外交往，行为文化的节日，心态文化的传统美德、寓言、典故与成语故事、四大古典小说、民间传说，以及四大发明等都是这些教材的"常客"；对于同一文化点在不同教材存在使用年级差异稍大这一现象，我们认为这主要是由具体编选内容的难易差异所致。因此，已有教材中的文化点分布可为本大纲分级提供参考。

总之，参互考量"被试—文化点内涵—文本呈现—教材"等各个要素是划定文化点等级的重要方法。

### （二）六级文化点的划分

主要针对具体的"内容举例"进行定级。详见表 5-12。

表 5-12　文化大纲各级对应的文化点数量

| 分级 | 一级 | 二级 | 三级 | 四级 | 五级 | 六级 |
|---|---|---|---|---|---|---|
| 总数（个） | 28 | 40 | 111 | 260 | 304 | 174 |

文化点的分级，体现为初级阶段文化点少，中高级阶段文化点多；单一等级的文化点少，"横跨"几个等级的文化点多。

六个级别总和多于 370 个，因为文化点有些为单一等级，多数为几个等级（见表 5-13）。

表 5-13　文化点与大纲等级的对应关系　　（单位：个）

| 单一等级的文化点 | | | 两个等级的文化点 | | | 三个等级的文化点 | | | | 四个等级的文化点 | | | 五个等级的文化点 | | 六个等级的文化点 |
|---|---|---|---|---|---|---|---|---|---|---|---|---|---|---|---|
| 四级 | 五级 | 六级 | 三、四级 | 四、五级 | 五、六级 | 一—三级 | 二—四级 | 三—五级 | 四—六级 | 一—四级 | 二—五级 | 三—六级 | 一—五级 | 二—六级 | 一—六级 |
| 4 | 10 | 16 | 20 | 85 | 98 | 6 | 7 | 37 | 64 | 11 | 4 | 11 | 7 | 1 | 3 |
| 30 | | | 203 | | | 114 | | | | 26 | | | 8 | | 3 |

华文水平测试文化分级大纲的落地，其应用旨在服务于语言测试的文化语料选取。因此，第一，文化语料的考察点不是所涉文化，而是被试的语言理解能力，比如"神农氏发现茶"的传说故事，我们不探讨被试对茶历史、分类、

功用等知识的认知。第二，文化点不等同于文化词汇，它在测试文本中是以语段、语篇形式存在，如"我喜欢喝茶"中"茶"属于词汇范畴，归在词汇大纲；而"我喜欢喝茶""喝茶的好处"等文本，才是本大纲文化点所指向的内容。第三，文化点常以背景知识的形式现身，也可以主题的形式出现，但归根到底都以语言水平测试为根本。

### 思考

1. 如何根据不同的测试需要编制大纲？
2. 如何检验一份大纲是否合理？

### 推荐阅读

1. 暨南大学华文学院、暨南大学华文考试院《华文水平测试汉字大纲》，商务印书馆，2022 年。

2. 暨南大学华文学院、暨南大学华文考试院《华文水平测试词汇大纲》，商务印书馆，2023 年。

3. 暨南大学华文学院、暨南大学华文考试院《华文水平测试语法大纲》，商务印书馆，2022 年。

4. 暨南大学华文学院、暨南大学华文考试院《华文水平测试文化大纲》，商务印书馆，2022 年。

# 第六章　华文水平测试的
# 考试结构整体设计

华文水平测试关注不同年龄段被试的认知特点，划分为六个等级。从学龄前贯穿到高中（成人阶段），各阶段继承语水平设定为该年龄段母语者水平的 70% 左右。华文的传承，以是否有较完整的书面语能力为标准，听、说、读、写在华文教育中不是平行的能力，在华文水平测试中也不是平行的考试——读、写作为核心语言能力的地位得到突出，听则只作为读、写、说的刺激手段。

## 第一节　华文水平测试的测试品种取舍

在设计和实施华文水平测试时，一个核心而复杂的问题摆在我们面前：如何选择和配置各个考试品种，以便最有效也更经济（对施受双方）地评估考生的华文能力？这不仅仅是技术层面的问题，更涉及对华文能力的构成、华文学习的本质、华文测试的目的以及考生需求等多个维度的深入理解。其中，华文能力的构成最为基本。

华文能力构成的基本维度是纵横结构，基本的纵向结构是能力等级（见前面相关章节），基本的横向维度是听、说、读、写。纵横结构譬如经纬，纵向譬如"经"，横向就是"纬"——"经"是织布的基础，有了"经"，"纬"才能进一步织出花来。要织出华文水平测试的锦绣，在纵横结构上都需要下功夫。

对于华文水平测试是否沿用现有听、说、读、写四分的习惯，我们需要思考下面三个问题：

（1）语言能力的"用"与"阶"。

（2）语言能力的独立与依存、包含与被包含。

（3）华语祖语能力的获得与一语、二语获得的差异。

对这三个问题的认识，决定了华测考试品种——基本横向结构的设计，下文逐一讨论。

## 一、语言能力的"用"与"阶"

语言因它的"用"而有"阶"，从应用的、描写的角度说"高阶"或"低阶"，也是对事实的尊重。探讨听、说、读、写哪种语言能力更"高阶"，价值更大，是测试应该关注的问题。

首先可以肯定的是，语言能力两分"听说"与"读写"，或者四分"听、说、读、写"，有高阶与低阶之分。

"听"是最常用、最基本的语言能力，但凡不是"狼孩儿"且没有生理上的听力障碍，母语者之间的听力水平在一般的交际层面怕差别甚微。也正因为如此，尽管"听"是最常用、最基本的，但既然你我都一样，"听"的"用"有什么"了不起"呢？显然，"听"是最低阶的语言能力；"说"就比"听"高阶一些；"读"更高阶，是书面的能力，是知识获取的基本手段；"写"则是最高阶的能力。

如果忽略"耳治""目治"的刺激渠道上的差异，忽略特殊情况（如演员），下面的顺序大体成立："读写＞听说"或"写＞读＞说＞听"。

上文的讨论，旨在引起我们对语言能力差异的进一步重视，反思长期以来汉语二语教学以及华文教学几乎一边倒的"听说领先，读写跟上"，反思汉语二语考试上听、说、读、写的平行结构，并将反思的结果落实到测试中，进一步引领教学，这是我们的目的。

## 二、语言能力的推断与被推断

假如，听、说、读、写四种语言能力完全不存在推断与被推断的关系，听、说、读、写四种平行的考试结构就一定具有完全的合理性。反过来，如果听、说、读、写具有完全的推断与被推断的关系，那传统做法就一定完全不合理。当然，问题没有这么简单绝对，也正因为"没有这么简单绝对"，那传统做法就已经开始"存疑"了。

"听"是输入，"说"是输出。"说"跟"听"是完全的"基于与被基于"的关系。"说"的能力好，"听"的能力也一定不会差；反过来的推断则不成立——"说"的能力不好，"听"的能力未必差。它们不是完全的"包含与被包含"的关系，不是九层球，不是同心圆。同理，"读"与"写"也是这样的关系。

进一步看，"听说"与"读写"也是这样的关系。假如是一语，读写顶呱呱，很难想象听说会有什么问题；换作荷马，或者史铁生笔下的"说书人"，肯定是一字不识，但并不妨碍日常交流的听说。换句话说，读写可推断听说，而听说却不好推断读写。

上文的论述说明，假如是侧重高阶语言能力的话，只考写作就好，科举考试的乡试、会试还考"阅读"（贴经、默义），到殿试则只考写作（策论、诗赋），就是这个道理。假如追求对每一种语言能力的精确测量的话，就听、说、读、写都考，当然，是否有必要就另说了。

## 三、继承语能力获得与二语能力获得的差异

在自然语言习得（一语习得）中，听、说、读、写大体有一个自然的先后顺序，即"听→说→读→写"，或者粗略说"听说→读写"。母语的学校教学，主要内容是书面而非口头，是"读写"而非"听说"，因为基本的听说能力在学龄前、在学校外皆可获得。就华文教育来说，读写能力的教学远比听说能力的教学重要，这是华文水平测试立论的基础。

长期以来，汉语二语教学／汉语国际教育／国际中文教育基本的教学设计是

听、说、读、写相对独立，教法上的基本纲领是"听说领先，读写跟上"，影响到测试，就是听、说、读、写四种平行考试的横向结构。如果对今天的习惯做法追根溯源的话，这一套理论和实践可以追溯到结构主义语言学和经验主义心理学。

问题是：语言教学和测试应不应该基于不同语言类型的特点？应不应该基于不同语言教学类型的特点？提出这些问题的意义远比回答重要，因为回答并不难，而提出疑问则需要直面现实的勇气。

汉语跟印欧语差别巨大，汉语的读写更远离听说。就印欧语来说、就字母文字的语言来说，"听说领先，读写跟上"有更多的理论合理性、更强的实践性。就汉语来说，恰恰相反，"听说领先"，"读写"怕不一定能"跟上"。甚至有西方人学汉语不要学汉字，整本教材、整个教学过程没有汉字，只要听说，读写如何跟得上呢？"谁领先谁"则是一个原则性的、影响整个教学面的问题。

如果不追求速食主义的"即学即用"，"读写领先，听说跟上"怕是汉语教学（无论一语、二语、继承语）的正道。理论上，读写教学的过程中，自然能练习到听说，听说因此也自然能跟上，而反过来，则未必，甚至完全不可能。

教学某种语言，测试某种语言能力，都要基于这种语言本身，而非所谓的"普通语言学"的东西，因为真正意义上的"普通语言学"恐怕还不曾出现过，所谓的"普通语言学"不过是放大了基于部分语言（印欧语特别是英语）的描写和认识而已。

汉语教学与测试，应该基于汉语的特点。如果这个论点站得住的话，当前汉语二语的教学与测试，"听说领先，读写跟上"与"听、说、读、写分立的横向结构"恐怕是有问题的。读写教学和测试的意义无疑更加重要，实践上也应该更加得到突出。

上文讨论了汉语一语与汉语二语的情况，华文教育的话题也就自然接上了——华文教育总体上是应该更接近汉语还是更接近英语？更接近一语还是更接近二语?

华文教育这个概念和现实的存在，就意味着它有自身的特殊性。个体不论，就整体上而言，华裔子弟跟母语者教育的最大不同在于他失去了母语的大环境，跟二语者的最大不同在于他或多或少存有母语的小环境，主要是家庭环境。从代系的角度看，华二代最突出地代表华文教育的这个特点和基本面。我们常常看到、听到这样的情况：华裔生听说没问题，读写不行，或者说听说能力比读写能力高很多。否则，就不好说是社会学意义上的华裔生，至少就不是典型的华裔生了。

我们的教学和测试要立足于这个特点和基本面，要对这个情况作出积极反应，否则便不是真正的华文教育（祖语教育），而是二语教育了。遗憾的是，今天的华文教育在很大程度上受到了汉语二语教学的强烈影响，对华文教育固有和应有的特点没有作出积极反应。

华文教育是为了实现祖语保持的教育，而祖语的丢失正是从书面，更确切地说，是从"书写"开始的。但书写是输出性的能力，书面的输入，就是阅读，对教学、对祖语的保持显然更重要，也更加常用，特别是在学龄阶段。所以，阅读是华文水平测试的核心，其次是写，这两种书面能力应该是华文教学与测试的重点。

从能力的"阶"、从能力的形成，从考试的导向性等方面，我们都可以看到，理论上不支持"听说"在华文教育和华文测试中跟"读写"平起平坐，更不支持听说教学与测试的"领先"。

进一步看，华文教育毕竟不是母语教育，"听说"在母语者那里根本不是一般意义上的"语言能力"测量值得触及的问题，非但不需要学校教育，而且也完全不存在"丢失"的可能。华文教育则不同，从被试个体看，也存在能力上的参差。所以，华文水平测试如果完全不涉及"听说"，也非妥当。

再进一步看，听、说具有较强的相互推断，如果不追求一定要精确测量听、说、读、写每一种能力，而更多考虑测试的实践性的话，说在测试实践上比较麻烦，对主、受双方都带来较大的压力。而且听、说在能力属性上和引导教学的价值上也有差异，说是输出性的能力，对教学有更强的引导性。

这样考虑，我们可以部分保留听在华文水平测试中的地位，不单独考听，而用听作为读、写、说的伴随能力、刺激手段，会听才可能进一步会读、写、说。读、写、说的正答，意味着听和读、写、说的能力同时具备；误答，则不管是读、写、说的原因还是听的原因，无论怎样都不会"委屈"被试——没什么好委屈，听本来就是最应该具备的最低阶的能力。总之，作为读、写、说的伴随能力、刺激手段，这就是听在华文水平测试中最恰当的位置。

最后，鉴于说在测试操作上的麻烦，而且，如果读、写、听这三种能力都已经考到，理论上，就一般意义上的语言能力来说，它们对说已经有很强的推断了。因此说的处理方式也可以简化，可以做不平行处理，隔级设置或者在关键年龄段设置，并且仅作为选考科目。

这样，我们可以把华文水平测试的横向结构设计如下（表 6-1）：

表 6-1　华文水平测试的横向结构

| 级别 | 考试结构 | 考查能力 |
| --- | --- | --- |
| 一级 | 阅读、写作 | 读、写、听 |
| 二级 | 阅读、写作、说话 | 读、写、听、说 |
| 三级 | 阅读、写作 | 读、写、听 |
| 四级 | 阅读、写作、说话 | 读、写、听、说 |
| 五级 | 阅读、写作 | 读、写、听 |
| 六级 | 阅读、写作、说话 | 读、写、听、说 |

需要特别强调的是，这样的设计不但符合华裔的情况，也旨在明确：家庭应该承担什么义务，华校的重点是什么。非如此，家庭一股脑儿把责任推给华校，华校又听、说、读、写一把抓——试问，这还是社会学意义上的华人，还是我们心目中的华校、华文教育吗？

# 第二节　华文水平测试设计概览

通过第一节的描述，我们了解了华文水平测试的考试品种的取舍及安排。华文水平测试作为一种分技能测试，又是怎么考、怎么设计的呢？本节将从宏观角度介绍华文水平测试的三个考试品种，具体的考试结构和题型介绍将在后续章节详细展开。

## 一、阅读考试

阅读是语言学习的基石。通过阅读，考生能够接触到丰富的词汇、多样的句型以及深厚的文化内涵。这不仅有助于提升考生的词汇量和语法水平，还能深化他们对中华文化的理解和认同。在阅读考试中，考生需要运用理解、分析和推理等技能，解读文本中的深层含义。

华文水平测试的阅读考试一共 6 个考试，12 个等级，分为"识字"和"读文"两大板块，主要考查学生"读"的相关能力，具体如下（表6-2）：

表 6-2　华文水平测试阅读考试主要测查内容

| 板块 | 题型 | 级别 | 主要测查内容 |
|---|---|---|---|
| 识字 | 合字 | 一至四级 | 字形 |
| | 字音 | 一至六级 | 字音 |
| | 字义 | 一至六级 | 字义 |
| | 词内别字 | 五至六级 | 词语用字 |
| 读文 | 断句 | 一至六级 | 词语、短语和句子的识别与整合 |
| | 句内别字 | 一至六级 | 基于汉字运用的句子理解能力 |
| | 句内缺字 | 三至六级 | 基于字词辨析的句子理解能力 |
| | 瘦身 | 五至六级 | 对句义、语法结构的理解和保持语段连贯的能力 |

当前的汉语阅读考试，虽然间接地、一定程度上考查了考生的识字能力，但鲜有直接的、以求精确的针对识字能力设计的题型。然而，就中文而言，识字是阅读的基础，没有一定的识字能力，就难以进行有效的阅读。字的本质属性以及在汉语中的核心价值、功能和地位，这些都是固定不变的。

华文水平测试阅读考试面对的是祖语为汉语的华人华裔，汉字的基本属性和地位会显得格外重要。因此，华文水平测试阅读考试更加注重对识字能力的考查，以确保学生能够打下坚实的汉字基础，从而更好地进行阅读和理解。

在试卷设定上，阅读考试分为识字和读文两大板块。这两个板块构成的试卷，依照学习者的学龄段和相关年龄下的认知水平等，切分出六个级别。根据级别设定和板块组合，确定了阅读整套试卷的结构。

识字部分的评估主要围绕汉字的"形、音、义、用"四个方面展开，以全面衡量考生的识字量及掌握程度。这一评估过程通过四个题型得以实现：合字题、字音个别题、字义个别题和别字题。这四个题型虽然各自独立，但同时又相互关联，共同构成了汉字学习的完整体系。

合字题是依据汉字独特的字形特征以及教学需求而精心设计的基础题型。其目的在于通过考查学生对汉字结构的理解，来巩固他们的字形知识。字音题坚守不出现、不使用拼音的原则，这既是对"字音"本源的回归，也是对汉字作为表意文字而非表音文字特性的强调。这样的设计有助于强化学生"见形知音"的能力。字义题通过将单个汉字进行语素化处理，将其作为刺激和应答的基本单位，来检验学生对汉字意义的掌握情况。这种题型设计不仅突出了汉字的意义属性，也进一步凸显了学生的识字能力。至于别字题，它融合了"形、音、义、用"四个方面的考查内容，以字形为基础，同时兼顾了其他三个方面的要素。这种题型既能对学生识字量进行有效测查，也能考查学生的词汇量，甚至可以上升到句子层面，用于评估学生的阅读理解能力。

读文部分的题型设计基于中文阅读的特点开发，即文本的"连续性"和文法的"灵活性"。

"连续性"是指中文文本逐字排列，字词无界。分词——心理词典意义上，而非词典词意义上的词边界识别——是一项重要的中文阅读能力。在分词基础上的短语识别以及更大语义单位的识别同样影响着中文阅读。

基于此，华文水平测试阅读考试开发了断句、句内缺字和句内别字三个题型，断句和句内缺字以中文阅读中的边界识别（词边界与句边界）为切入点来考查阅读能力。句内别字则需要考生在理解句义的基础上识别单字词别字的边界，以此来测查学生对汉字音形关系的掌握和阅读的能力。

"灵活性"是指中文文法具有"灵活性"（吕叔湘，1986），汉语没有形态标志与形态变化；同一语法关系下语义容量丰富且语义关系复杂；词序灵活，多用虚词；语境允许则句法成分可省略（陆俭明，2013：6—8）。文法的"灵活性"给汉语学习带来了很大的挑战。

华文水平测试阅读考试的"断句"和"瘦身"两个题型充分关注了中文文法的灵活性，考生作答离不开对语境的识别、语义关系的把握以及虚词的辨别等能力。

综上所述，华文水平测试阅读考试中的四个读文题型虽然各自独立，但它们在评估考生读文能力时却互为一体，共同构成了一个全面而细致的评估体系。这样的设计旨在更准确地评估考生的阅读水平，为他们的汉语学习提供有针对性的指导和帮助。

## 二、写作考试

写作是书面语言综合运用能力的体现。通过写作考试，考生不仅能够展示自己的词汇、语法和句型等语言基础，还能展现自己的逻辑思维、创造力和表达能力。同时，写作也是日常生活中的重要技能，对于考生的学习、工作和社交活动都具有重要意义。华测的写作考试与一般的主观写作测试不同，不需要考生根据给定的话题或情境进行独立思考和创造性表达，而是通过客观化题目，精准地测量出考生一般性的写作能力。

华测的写作考试一共6个考试，12个等级，分为"写字"和"作文"两大板块，"写字"与"作文"合起来，为华测定义的"写作"。具体见表6-3（见下页）：

表 6-3  华文水平测试写作考试主要测查内容

| 板块 | 题型 | 级别 | 主要测查内容 |
| --- | --- | --- | --- |
| 写字 | 听选部件 | 一至六级 | 部件构字能力 |
| | 按笔顺写汉字 | 一至二级 | 笔画笔顺能力 |
| 作文 | 填字成词 | 一至四级 | 组词能力 |
| | 组项成句 | | 成句能力 |
| | 组项成段 | 三至六级 | 组段能力 |
| | 词语扩充 | 五至六级 | 扩词能力 |
| | 重组句子 | | 构句能力 |
| | 瘦身语段 | | 修删能力 |

关于华文水平测试的写作考试，其核心观念是与华裔青少年学习者作为测查对象紧密相连的。鉴于他们已具备一定的听说基础，因此在读写方面的训练与引导显得尤为关键。试卷设计上，写作测试主要分为写字和作文两大板块。与阅读试卷相似，也分为六个级别。根据级别和卷面结构的设定，写作试卷的整体结构得以确定。

写字题型主要测查学生的构字能力——笔画、部件的准确识别、记忆、位置安排，这是学生写作的基础，只有先会写字，之后才能成文。华测写作考试在低龄和初级阶段聚焦于写字能力的培养与考查，确保考生在这一关键时期能够扎实掌握汉字基础。这一策略强调了汉字学习的重要性，并为后续写作能力的发展打下坚实基础。

随着考生写作水平的逐渐提升，逐渐减少对写字能力的考查，而更加注重评估考生的成文能力和逻辑表达能力。这种渐进式的评估方式旨在全面、系统地评估考生的华文能力，并为他们的学习进步提供有针对性的指导。

考查学生的写字能力，除了基础级别对笔画、笔顺的考查，贯穿一至六级，华测创造性地使用了"听选部件"这个题型。考生需要根据语音提示，准确地识别并确定目标字。这个过程就像是拼图，需要将零散的部件组合成一个完整的字。最终，考生需要在答题卡上，从给出的选项中选出正确的汉字。从输入到输出的过程中，汉字由分到合的转变看似简单，但实际上却需要考生具备清晰的部件意识和空间结构意识。他们需要掌握正确的部件组字能力，知道如何将各个部件按照正确的位置和顺序排列，以形成一个完整的汉字。

作文题型主要从词、句、语段三个单位来测查学生的作文能力。传统上，作文主要侧重于"添加"和"组合"的过程，即如何增加内容和元素，以及如何将这些元素组合在一起形成一篇文章。然而，这种做法往往忽视了"减少"和"拆解"的重要性，即如何删减、重构句子和段落以提高表达的准确性、清晰度。

在华文水平测试写作考试中，作文部分将同时关注这四个方面：增、合、拆、减。

"增"和"合"通过填字成词、词语扩充、组项成句、组项成段四种题型进行考查。考生需要把小的语言材料拼装组合生成更大的语言单位，测查被试的词汇积累与理解、遣词造句以及布局谋篇的能力。

"拆"通过重组句子进行考查，考生需要在理解原句的基础上，把完整的文本拆解成零散的语言单位，并根据要求重新筛选组合，输出与原句意思最大程度接近的句子，测查被试文本理解与重组能力。

"减"通过瘦身语段进行考查，考生需要在完好的文本上进行删减，这不但需要考生掌握基本字词、读懂文本大意，而且还需要考生对词与词的关系、语块与语块的关系、句子与句子的关系等有清晰把握，测查的是被试的综合写作能力。

这种设计旨在考查考生全面的写作能力，使他们不仅能够在添加和组合方面表现出色，还能够在减少和拆解方面展现出优秀的技巧和思维。通过这样的写作考试，考生可以更好地理解写作的本质，并提升他们在各个写作环节中的能力。

## 三、口语考试

华文水平测试口语考试的目标群体是把汉语作为继承语的学习者。继承语学习者在听说能力方面已打下一定基础，尤其在发音上通常展现出一定的优势。然而，事物总是具有两面性。尽管他们可能拥有某种发音上的优势，但其语音却受到多方面的影响，包括华人社区的方言以及居住国的语音，导致内部差异显著。投射到教学和测试上，对继承语学习者的语音面貌进行引导和约束，无论是在提升他们的语言能力时，还是在评估他们的学习成果时，都需要对语音给予足够的重视，以确保他们能够准确、流利地掌握华语。

　　基于此，华文水平口语考试分为初、中、高三个级别，分别对应华文水平测试体系的二级、四级、六级。主要测查学生基于"听"的"说"的能力，具体如下（表6-4）：

表6-4　华文水平测试口语考试主要测查内容

| 板块 | 题型 | 级别 | 主要测查内容 |
| --- | --- | --- | --- |
| 音节发音 | 跟读单音节词 | 初中高级 | 发音的准确性 |
| | 跟读双音节词 | 初中高级 | 发音的准确性 |
| 句子运用 | 跟读句子 | 初中高级 | 发音的流利性 |

　　由表6-4可知，在华文水平测试口语考试中，从题型设计到最终评分，都以客观化为目标。通过精心设计的特定题型，力求在有限的时间内，最大程度地测量考生的口语能力。这种客观的评估方式，可以更准确地反映考生的口语水平。同时，结合标准参照考试的设计理念，确保测试的领域范围和评价标准都有明确的指导原则，为教学提供有效的反馈。

　　作为继承语测试系统的重要组成部分，华文水平测试口语考试旨在"监测"继承语学习者的听说能力，为保持和发展华语发挥积极作用。提供准确、客观的口语能力评估，有助于学习者了解自己的口语水平，发现存在的问题，进而制订针对性的学习计划。同时，这种测试结果也可以为教师提供有益的参考，帮助他们调整教学策略，提高教学效果。

　　总之，华文水平测试口语考试致力于通过客观、准确的评估方式，测量继承语学习者的听说能力，为华语的保持和发展贡献力量。

# 第三节　华文水平测试的下探设计

华文水平测试旨在准确测查考生的华文能力，并为他们的进一步学习提供指导。下探设计作为测试过程中的关键环节，能够确保测试更加贴近学生的实际水平，满足个性化需求。

华文水平测试的下探设计体现在多个层面，包括考试等级、匹配等级设置。在考试等级的下探中，根据考生的年龄和认知水平，同一级别的考试可获得包括下探在内的多个级别的评价。

这些下探设计的实施，使得华文水平测试不仅是一项真实反映考生华文水平的测试，更是一项经济高效的评测工具。表面上看，试卷结构的下探则体现在题型的组合和布局上，通过不同题型和难度的组合，全面考查考生的华文能力；内在看，华文能力则体现在每一种、每一道当级和下探题目所依据和承载的标准和大纲等级上。

在接下来的讨论中，我们将深入探讨华文水平测试下探设计的具体表现和影响，以揭示其在华文水平测试中的重要性和价值。

## 一、考试等级的下探

华文水平测试的考试等级设计体现了明显的下探特征，即随着考生年龄和认知能力的提升，题型、题目变迁和增多，所涵盖的级别和可获得的评价等级也逐渐增多。这种设计旨在提供一个渐进式的评价体系，让考生高效评估自己的华文能力，进而逐步提升其华文水平。具体下探设计见表6-5（见下页）：

表 6-5　华文水平测试考试的可获评等级

| 考试设置 | 认知年龄 | 涵盖级别 | 可获评等级 |
|---|---|---|---|
| 一级 | 6 岁左右 | 一级 | 准一、一级 |
| 二级 | 8 岁左右 | 一、二级 | 准一、一级、准二、二级 |
| 三级 | 10 岁左右 | 一、二、三级 | 准一、一级、准二、二级、准三、三级 |
| 四级 | 12 岁左右 | 二、三、四级 | 准二、二级、准三、三级、准四、四级 |
| 五级 | 15 岁左右 | 三、四、五级 | 准三、三级、准四、四级、准五、五级 |
| 六级 | 18 岁左右 | 四、五、六级 | 准四、四级、准五、五级、准六、六级 |

　　由表 6-5 可知，一级考试面向 6 岁左右的考生，涵盖一级，可获评等级为准一、一级；二级考试面向 8 岁左右的考生，涵盖一、二级，可获评等级为准一、一级、准二、二级；三级考试面向 10 岁左右的考生，涵盖一、二、三级，可获评等级为准一、一级、准二、二级、准三、三级。随着考试等级的提升，涵盖的级别和可获评等级逐渐增加，但考虑到卷面长度，题目的有效性，下探不能是全距的。

　　这种逐步增加的设计，使得考生在每个阶段都能够最有可能获得相应的评价，能够看到自己的进步和提升空间。这种设计确保了考试内容与考生的实际水平、需求相匹配，从而提供更为准确和有效的结果反馈。

　　华文水平测试的考试下探设计较之于"通过／不通过"的考试模式有着明显的优势。在"通过／不通过"的考试中，考生通常只能得知是否通过，而无法获知自己的具体水平。但华文水平测试不同，考生在一次考试中同时接受多个下探级别的测试，从而更全面地反映其华文水平。

　　这种设计不仅提供了更精准的测量结果，还极大地提高了考试的性价比。考生不需要多次参加考试，便能获得跨级别的能力反馈，既节省了时间，又降低了成本。因此，华文水平测试的考试下探设计在真实反映学生华文水平和提供经济高效的评估方面均表现出色。

　　总体来说，华文水平测试的考试等级下探设计充分考虑了考生的年龄、认知水平和实际需求。通过逐步增加涵盖级别和可获评等级，这种设计不仅提供了一个渐进式的评估体系，还有助于考生在逐步提升自己的华文水平过程中获得更为准确和有效的反馈。这种设计也有助于教师更好地了解考生的华文水平和学习需求，从而为他们提供更加个性化和有针对性的教学支持。

## 二、匹配等级的下探与变式

华文水平测试的考试题型不仅有通用题型，还有阶段题型，这两类题型根据级别又都有变式。这一设计确保了同样的测查内容在不同级别中能够得到有层次、有深度的体现。针对不同级别的考生，华文水平测试采用了多样化的题型，以适应不同层次的认知和能力要求。在较低级别中，题型更加基础、直观，以便考生更好地理解和应用所学知识；而在较高级别中，题型则更加复杂、抽象，以挑战考生的思维深度和广度。这种题型安排的灵活性，不仅确保了测查内容的全面性和准确性，还有助于考生在逐步提升的过程中，逐步适应和掌握更高层次的语言表达和理解技巧。

### （一）同一题型的级别下探

华文水平测试的题型级别下探设计，是华测考试的创新点之一。这一独特设计确保了二级以上的每个题型内部都融入了下探级别的题目，从而使得考生在一次考试中能够展示跨级别的能力。这一设计不仅拓宽了评估的视野，更在实质上提升了考试的性价比和实用性。

通过这种题型级别的下探，华文水平测试为考生提供了一个更为包容和灵活的展示平台，使他们能够在同一题型中展现自己在不同级别上的掌握程度。这种细致入微的评估方式不仅有助于考生更清晰地认识自己的优势与不足，还有助于他们制订更为精准的学习和提升计划。

正因如此，华文水平测试的可获评等级也能实现下探，真正做到了既全面又精细的能力评估。在接下来的讨论中，我们将进一步探讨华文水平测试题目内级别下探设计的具体表现。

表 6-6 阅读试卷题目数量 （单位：道）

| 级别 | 题型量 | 各题型小题量 | 总题量 |
|---|---|---|---|
| 一级 | 5 | 6 | 30 |
| 二级 | 5 | 6+6 | 60 |
| 三级 | 6 | 6+6+6 | 108 |
| 四级 | 6 | 6+6+6 | 108 |
| 五级 | 7 | 6+6+6 | 126 |
| 六级 | 7 | 6+6+6 | 126 |

表 6-7 写作试卷题目数量 （单位：道）

| 级别 | 题型量 | 各题型小题量 | 总题量 |
|---|---|---|---|
| 一级 | 4 | 6 | 24 |
| 二级 | 4 | 6+6 | 48 |
| 三级 | 4 | 6+6+6 | 72 |
| 四级 | 4 | 6+6+6 | 72 |
| 五级 | 5 | 6+6+6 | 90 |
| 六级 | 5 | 6+6+6 | 90 |

由表 6-6、表 6-7 两个表格可知，华文水平测试阅读和写作考试，每种题型的每个级别的题目数量都是 6 和 6 的倍数，这样的设计原则并不是随意的，而是基于一系列精心考虑的评估原则和测试理论。以三级考试为例，每个题型包含 18 道题，其中 6 道为一级题、6 道为二级题、6 道为三级题，这种题型级别下探设计的原则如下：（1）层次性原则——题目设计遵循层次性原则，确保每个级别的题目难度逐层递进，从基础到高级，满足考生在不同阶段的学习需求和能力评估。（2）平衡性原则——在每种题型内部，各级别的题目数量保持平衡，确保评估的全面性和公正性，避免某一级别的题目过多或过少影响整体评估结果。（3）连贯性原则——题目设计注重连贯性，确保同一题型内部各级别题目之间的逻辑连贯和内容衔接，使考生能够在答题过程中保持思维的连贯性和流畅性。

　　这样设计的优势如下：（1）全面评估——题型级别下探设计能够全面评估考生的阅读和写作能力，不仅关注他们在当前级别的表现，还能了解他们在较低级别上的掌握情况，从而得到更全面的华文能力画像。（2）精准反馈——通过在同一题型内设置不同级别的题目，考生可以获得更精准的反馈，了解自己在各个级别上的优势和不足，为后续的华文教与学提供明确的指导。（3）渐进提升——题目难度的逐层递进有助于华裔考生逐步适应考试难度，从基础开始逐步提升，增强学习华文的动力和信心。（4）提高评估效率——在同一题型内部设置多个级别的题目，可以在有限的时间内对考生的能力进行更深入的评估，提高评估的效率和准确性。（5）灵活性与适应性——这种设计使得考试更具灵活性和适应性，能够适应不同能力考生群体的需求和特点，为考生提供个性化的评估体验。

　　综上，华文水平测试阅读和写作考试题型级别下探设计的原则和好处体现在层次性、平衡性、连贯性等方面，旨在全面评估考生的能力，提供精准的反馈，促进考生的渐进提升，并提高评估的效率和灵活性。这样的设计不仅有助于考生华文能力的提升，也为华文教师和华校提供了精准可靠的测量工具。

### （二）通用题型的变式

　　由表6-2和表6-3可知，华文水平测试中设有一部分通用题型，这些题型贯穿一至六级，在命题要求和作答要求上均进行了精心设计。

　　1.阅读考试。

表6-8　阅读考试通用题型

| 板块 | 题型 | 级别 |
|---|---|---|
| 识字 | 字音 | 一至六级 |
|  | 字义 | 一至六级 |
| 读文 | 断句 | 一至六级 |
|  | 句内别字 | 一至六级 |

由表 6-8 可知，华测阅读考试的识字部分和读文部分均有通用题型。

字音题、字义题，命题员通过调整字级和选项数来控制难度。一至四级的选项数为 3 项，五、六级的选项数为 4 项，选项数的增加减少了考生猜中答案的概率，从而使得难度增加。

句内别字题除了控制字词级别以外，还通过增加句子的长度增加难度。句子越长，考生需要阅读和理解的内容越多，只有了解了全部的语义，才能找到正确的别字。

断句题命题要求和作答要求的双重控制使得题目难度得以有效区分，并实现题型难度下探效果。命题要求上，不同级别都严格控制字词级别和句长。作答要求上，一到六级分别需要学生断句 1—6 次，考生需要断句的次数逐渐增加，这不仅要求考生具备更高的阅读理解能力，还需要他们具备更强的逻辑思维和语境分析能力。这种设计使得断句题能够精准地测量出考生在不同阶段的断句能力，为教学提供有针对性的指导。

通过精细控制这些题型的命题要求和作答要求，华测阅读考试能够实现对学生识字和读文能力的精准测量。这不仅有助于华文教师了解学生在阅读学习中的优势和不足，为教学提供有针对性的指导；同时也能帮助考生评估自己的阅读水平，制订更加合理的学习计划，进一步提升自己的阅读能力。

2. 写作考试。

表 6-9　写作考试通用题型

| 板块 | 题型 | 级别 |
|------|------|------|
| 写字 | 听选部件 | 一至六级 |

写作考试只有听选部件为通用题型，其他题型均为阶段题型。写作考试中的听选部件题型，作为唯一的通用题型，贯穿于一至六级，旨在考查学生以听力为刺激手段的书写汉字的能力。

在听选部件题型中，命题员会通过控制字词级别和选项数量，设定不同的难度梯度。选择相应级别的汉字，并拆分成部件，控制语音的速度，学生需要听录音，按照书写顺序选择正确的部件。随着级别的提升，逐渐增加汉字部件的复杂性、选项数和音频数量、播放的速度，以此来考验学生更高的汉字书写能力。

听选部件题型如此设置，有助于教师了解学生在书写过程中对汉字和部件的掌握情况，为他们提供有针对性的指导和帮助；也能让学生清晰地认识到自己在写字上的优势和不足，制订更加有效的学习计划，提升自己的写字能力。

### （三）阶段题型的变式

除了通用题型外，华测考试还设置了阶段题型。这种设计旨在根据考生的不同水平和需求，对同一考查要点进行多层次、多角度的深入剖析。随着级别的提升，华测的考试题型也会发生相应的变化，以更全面地检验考生的知识掌握程度和应用能力。

1.阅读考试。

表 6-10　阅读考试阶段题型的变式

| 板块 | 题目类型 | 题型变式 |
| --- | --- | --- |
| 读文 | 瘦身—删句 | 瘦身—删字 |

以阅读考试中的"瘦身"题型为例，具体细化为两大类。其中，针对单句的"瘦身—删字"题，要求考生精准地删除句子内部的某个或多个字词，以此来检验他们对句子语法结构和信息流向的敏锐度。这类题型是对考生语言微观结构理解的直接考验。

而针对段落文本的"瘦身—删句"题，则要求考生以整个句子为单位进行删除，以评估他们对文本宏观结构和微观信息的掌握。这种题型不仅检验考生对单个句子的理解，更着重评估他们在理解整段文本中各个句子间逻辑关系、篇章连贯性的能力。

可以说，"瘦身—删字"题是"瘦身—删句"题的一个微观层面的下探，它深入到句子内部，对考生的语言分析能力提出更精细的要求。通过这两种题型的结合，华文水平测试阅读考试能够全面而深入地评估考生的语言理解和处理能力。

2. 写作考试。

表6-11　写作考试阶段题型的变式

| 板块 | 题目类型 | 级别 | 题型变式 | 级别 |
|------|----------|------|----------|------|
| 作文 | 词语扩充 | 五至六级 | 填字成词 | 一至四级 |
|      | 组项成段 | 三至六级 | 组项成句 | 一至四级 |

词语扩充题和填字成词题均涉及对考生词汇知识的评估，但词语扩充题的要求更为深入和全面。填字成词题主要测试考生的词汇积累和基本理解，而词语扩充题则不仅要求考生具备丰富的词汇量，还要对词汇有深入的理解。这包括了解词汇的构词法、掌握词中的字（语素）义等。因此，考生不仅要"知其然"，即知道词汇的表面意思，还要"知其所以然"，即理解词汇的深层结构和语义关系。

从这个角度看，填字成词题可以被视为词语扩充题的一个基础或下探题型。它主要测试考生的词汇记忆和基本识别能力，为考生进入更高层次的词汇理解和应用打下基础。通过这两种题型的结合，能够全面评估考生的组词、扩词水平和语言综合运用能力。

组项成句和组项成段都是组合类型的题目，但它们在难度和要求上有所区别。组项成句主要考查考生对汉语词汇的掌握以及运用句型句式、句法结构等知识进行重新排列和组织词语的能力。这是句子层面的语言操作，要求考生对单个句子的构造有清晰的理解。相对而言，组项成段是更高层次的语言处理任务。它以句子为基本单位，要求考生将这些句子组合成一个连贯的语段。这不仅涉及对单个句子的理解，更需要考生在句子之间建立逻辑关系，进行整体的布局和谋篇。因此，组项成段更侧重于考查考生在语段和篇章层面的语言能力。

所以，组项成句可以被视为组项成段的一个基础或下探题型。它关注的是句子内部的结构和排列，为考生后续在语段和篇章层面的操作打下基础。通过这两种题型的结合，能够全面评估考生的语言组合能力和篇章构建能力，从而更准确地反映他们的整体语言水平。

华文水平测试的不同题型变式，体现了华测精准测量的科学安排，确保了相同测查内容在不同级别中能够得到有层次、有深度的展现，从而符合不同层次的认知和能力水平。无论是基础直观的题型，还是复杂抽象的题型，都在华文水平测试的试卷中得到了恰当的体现，既全面又准确地评估了考生的华文水平。这种设计不仅为考生提供了一个循序渐进的学习和发展平台，也体现了华文水平测试在评估考生华文能力方面的独到之处。通过灵活多变的题型安排，华文水平测试成功地将考试与学习紧密结合，为考生提供了一个真实、有效的能力展示舞台。

通过考试等级、题型级别的下探和题型变式，华文水平测试可以全面而深入地评估学生的华文能力，为他们提供具有高性价比的考试体验。这种评估不仅可以反映学生的真实水平，更为他们指明了进一步学习的方向。在未来，我们期待华文水平测试继续发挥其在下探设计方面的优势，为华文教育的发展和学生的成长作出更大的贡献。

**思考**

华文水平测试的设计对其测量对象、工具和方法有哪些考虑？

**推荐阅读**

1. 王汉卫《华文水平测试（HSC）的基本理念》，《语言战略研究》2016 年第 5 期。

2. 王汉卫《华文水平测试的设计与初步验证》，《世界汉语教学》2018 年第 4 期。

# 第七章　华文水平测试阅读考试的设计

　　现有的汉语阅读考试，基本不会直接针对识字能力进行命题，但汉字的性质，汉字与汉语的关系，决定了汉字在汉语教学中的价值、作用、地位，且不因教学对象的变化而变化。基于祖语保持的特点和需要，汉字在华文教学中会格外凸显。这个凸显必须通过宏观结构和微观题型得到落实。本章深入介绍华文水平测试阅读考试的卷面设计，主要从宏观结构和微观题型两部分进行。

## 第一节　阅读试卷的宏观结构

　　华文水平测试阅读考试的宏观结构由两大部分构成，这两大部分分别是"识字"和"读文"。"识字"和"读文"作为阅读试卷的两大支柱，贯穿了一至六级。识字板块包括合字、字音个别、字义个别和词内别字四个题型，主要考查识字量；读文板块包括断句、句内别字、句内缺字和文本瘦身四个题型，主要考查文本理解能力。一、二级题型保持一致，各 5 个题型；一级每个题型 6 道题，共 30 道；二级每个题型 12 道题，共 60 道。三、四级题型题量保持一致，各 6 个题型，每个题型 18 道题，共 108 道。五、六级题型题量保持一致，各 7 个题型，每个题型 18 道题，共 126 道。所有题目均采用0/1计分。具体情况见表 7-1（见下页）。

表 7-1　华文水平测试阅读考试的试卷结构

| 级别 | 板块 | 题型 | 题量 | 比例 |
|---|---|---|---|---|
| 一级 / 二级 | 识字 | 合字 | 6 道 /12 道 | 60% |
| | | 字音个别 | 6 道 /12 道 | |
| | | 字义个别 | 6 道 /12 道 | |
| | 读文 | 断句 | 6 道 /12 道 | 40% |
| | | 句内别字 | 6 道 /12 道 | |
| 三级 / 四级 | 识字 | 合字 | 18 道 | 50% |
| | | 字音个别 | 18 道 | |
| | | 字义个别 | 18 道 | |
| | 读文 | 断句 | 18 道 | 50% |
| | | 句内别字 | 18 道 | |
| | | 句内缺字 | 18 道 | |
| 五级 / 六级 | 识字 | 字音个别 | 18 道 | 43% |
| | | 字义个别 | 18 道 | |
| | | 词内别字 | 18 道 | |
| | 读文 | 断句 | 18 道 | 57% |
| | | 句内别字 | 18 道 | |
| | | 句内缺字 | 18 道 | |
| | | 文本瘦身 | 18 道 | |

　　正如表 7-1 所展现的那样，华文水平测试阅读试卷的宏观结构总体上"稳中有变"。一至六级都由"识字"和"读文"两大部分构成，这是宏观结构的"稳"；"识字"和"读文"的比重，由一级 / 二级的 60%：40% 逐渐转变为五级 /六级的约 40%：60%，这是宏观结构的"变"。接下来，我们将进一步探讨这种"稳中有变"设计背后的理念。

## 一、宏观结构的"稳"

纵向上看，华文水平测试阅读考试一至六级都分为"识字"和"读文"两大板块，这是华文水平测试阅读考试的"稳"，是华文水平测试阅读考试的"不变"，表面上这是对汉字的高度重视，内隐的则是华文水平测试阅读考试对汉字特点、汉字汉语关系的认识。

不是所有语言都有文字，但就现代社会来说，文字是高阶语言的必要条件，也是二语的必要条件，更是祖语继承的必要条件。王汉卫（2012）认为："民俗文化可算是相对最持久的祖籍国特征，比文化难保持的是语言，比语言更难保持的是文字。反过来，华人身份的流失，首先是从汉字开始的——这是一个可怕的开始。"

语言教学（不分母语、继承语、二语）不能忽视语言文字的关系，耳治并不能离开字形/词形，目治也不能离开字音/词音。文字的形音义齐备，才算收获了文字，书面和口语兼得，才算收获了语言教学之功。没有文字的继承，口语也终将不保。

对华文水平测试阅读试卷宏观结构"识字"和"读文"的更深层支持来自语言学理论。众所周知，语义三角，"能指"即语言符号，"所指"即意义，"被指"即事物本身。进一步分析，书面语言的"能指"，即书面语言符号，都离不开形、音、义三个方面。形、音、义之间的关系，也可以表达为一个三角，即"字"义三角。如图7-1：

图 7-1　字义三角

如图7-1所示，形音共同承载了义。形音义之间的关系，就书面语言符号本身，任何语言都是必然存在的，但对学习者来说并不天然存在，而是需要经过学习而构建。

　　结合不同类型语言文字的特点，结合语言文字的学习，问题则进一步复杂化。

　　非拼音文字的语言，例如汉语，是实实在在的形音义三角。就拼音文字的语言来说，形音义三角，实质上是形音的一体化，那么严格的拼音文字就是严格的一体化，尽管自然语言的拼音文字，一体化的程度有不同，但总归只是个拼音正词法的问题，是一个相对有限的学习内容。所以，上面的三角变化为：形音一体，共同指向义。如图 7-2：

义

↑

形音

图 7-2　拼音文字的形音义关系

　　上面是就语言文字关系来说的，是现实意义上的存在，所以关系图用"实线"表示。就语言的学习来说，这种关系并不是"现实意义上的存在"，是需要构建的，是构建的对象和目标，所以上面图中的实线并不存在，而需要用虚线表达。如图 7-3、图 7-4：

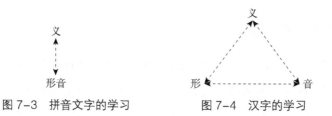

图 7-3　拼音文字的学习　　　　图 7-4　汉字的学习

　　从图 7-3、图 7-4 可以看到，拼音文字的学习是"形音◀----▶义"的双向建构，而汉字的学习是"形◀----▶音""形◀----▶义""音◀----▶义"的六向建构。

　　"两点"还是"三角"弄清楚了，就会知道，为什么拼音文字为母语的人一般会觉得汉语难学，为什么用拼音文字的人通常不大愿意接受反复诵读，更遑论背诵——在使用拼音文字的学习者的潜意识里，"形"与"音"的关联是天然存在的。

进一步也就会知道，学习汉语，要想成功（包括书面语），就要强化形音的关联教学，这样才能解决汉字形音不关联的问题，才符合汉语学习的特点。

强化形音的关联教学，我们传统上就是这么做的，称之为"识字"。跟识字配合的文本（教材）是浓缩字种的文本，跟文本配合的是"诵读"。这才是汉语学习的不二法门。《弟子规》上说"读书法，有三到，心眼口，信皆要"，此处的"读书法"就是基础汉语教学的方法，"心眼口"三到，"形音义"也就全解决了。

识字的重要性，不因汉语是母语、继承语还是二语而有什么不同。识字能力是中文阅读能力的有效鉴别指标。就中文阅读而言，不能浑言字词。识字能力对阅读理解表现具有显著预测功能（伍秋萍、洪炜、邓淑兰，2017；郝美玲、汪凤娇，2020）；研究还发现，正字法越是繁深的文字体系，识字能力对阅读的重要性越突出（Tilstra *et al.*，2009；Florit & Cain，2011）。与拼音文字相比，汉字的正字法深度相对更深（鹿士义，2002；杨群、王艳、张积家，2019），识字能力对中文阅读来说更重要。这就是为什么华文水平测试阅读考试一至六级始终保持了"识字"和"读文"的宏观结构，一以贯之。

## 二、宏观结构的"变"

假如一个人可以正确认读《现代汉语词典》上的 13 000 字，或者《通用规范汉字表》的 7000 字，或者哪怕《现代汉语常用字表》的 3500 字，我们几乎可以肯定地认为此人具有相当不错的阅读能力。识字能力对阅读水平的推断尽管不能说完全相关，但也是非常高相关的，这应该是毋庸置疑的。而拼音文字的语言，凭借几百个单词，或者 3500 个单词，总之是以极有限的单词量来推断阅读能力，比起汉语而言显得并不可靠。这正是由文字与语言的关系所致，是汉字、汉语相对于拼音文字及其语言来说的"特殊性"。

所以说，考英语阅读，更多离不开考句子、篇章层面的阅读，而考汉语阅读，非但不应该照搬英语的考试模式，反而应该在基础阶段（等级）高度重视识字，以此来引导基础教学对识字的重视。

同时，随着识字量和整体阅读能力的提高，逐渐提高文本阅读的题量比重，以此来引导教学对文本阅读的重视。以相对集中的识字为开始，在阅读中实现汉字的巩固、提高、扩展，最终实现阅读能力的达成。

这就有了华文水平测试阅读考试在纵向宏观结构的"变"，识字、读文的比重，分三个阶段——一级/二级、三级/四级、五级/六级，从6：4到5：5，再到约4：6。如图7-5：

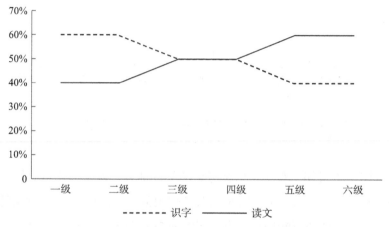

图7-5　华文水平测试阅读试卷一至六级识字读文权重变化

由图7-5可知，识字部分的比重随着级别的增加不断降低，由一级的60%逐渐过渡到六级的约43%；读文部分的比重随着级别的增加不断提高，由一级的40%逐渐过渡到六级的约57%，两者呈现出互补分布的态势。识字和读文在华文水平测试阅读试卷里纵向宏观结构中的这种"变"，在汉语为母语的语文测试中也得到了印证。

我们以部编版小学语文期中考试试卷为研究对象，按照一至六年级的顺序，每个年级随机选取了5份语文期中考试试卷。我们对这些试卷进行分析，整理出了小学各年级语文测试中使用的识字题型和读文题型。在此基础上，根据各自的分值计算出了识字部分和读文部分在阅读测试中的权重。识字部

分的权重一至六年级分别为 61%、45%、36%、33%、35%、35%，具体变化
如图 7-6：

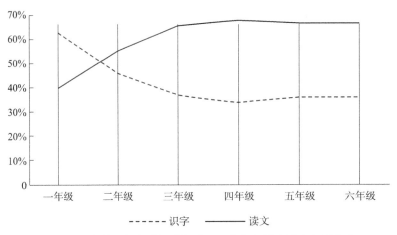

图 7-6　小学语文考试阅读部分一至六年级识字读文权重变化

　　观察图 7-6 可知，在小学语文考试的阅读部分，识字的比重总体上随着级
别的增加不断降低，由一年级的 61% 逐渐过渡到六年级的 35%；读文的比重总
体上随着级别的增加不断提高，由一年级的 39% 逐渐过渡到六年级的 65%。从
三年级开始，识字部分的比重基本稳定在 35% 左右。35% 基本是识字能力在阅
读中占比的底线，这和我们 40% 的设计十分接近。这种识字读文的权重变化趋
势和华文水平测试阅读试卷的设计具有很高的一致性。

　　基于上述讨论，华文水平测试阅读试卷将"识字"和"读文"作为阅读考
试的基本结构并适当加以权重调整，既保证了华文水平测试对华文教育的宏观
引导，也使汉字作为祖语保持的关键因此结构而得到突出，这是华文水平测试
与现有汉语作为二语测试的大不同。

# 第二节  阅读试卷的微观题型

与识字和读文两分的结构相对应，华文水平测试阅读考试的题型可分为两大类，分别是识字题型和读文题型，下面按照先识字后读文的顺序对这两类题型逐一进行讨论。

## 一、识字题型

华文水平测试阅读考试以客观题的方式呈现，并最大限度追求"最小语境"（王汉卫，2012）。识字部分主要有四种题型：合字题、字音个别题、字义个别题、词内别字题。这四种题型根据汉字的特点和汉字习得的规律分别安排到各个级别。其中，合字题分布在一至四级，字音个别题分布在一至六级，字义个别题同样分布在一至六级，而词内别字题承接合字题，分布在五至六级。

表 7-2  识字题型的级别分布

| 级别 | 识字题型 |
|---|---|
| 一至四级 | 合字题 |
| 一至六级 | 字音个别题 |
| 一至六级 | 字义个别题 |
| 五至六级 | 词内别字题 |

识字部分主要从汉字的"形、音、义、用"来测查考生的识字量。合字题、字音个别题、字义个别题、别字题四个题型分别对应了汉字的"形、音、义、用"四个方面，既相对独立，又互为一体。

在命题的准备程序上，先通过汉字部首构字频次排序、部件构字频次排序、汉字在各语料库的频次、笔画数、构词数等多种数据的统计，形成综合难度，以此来给等级汉字再排序，实现级内分等，以保证每次抽样的客观性、覆盖性。

下面按题型逐一讨论。

## （一）合字

合字题的具体呈现方式如下：

认汉字，选出可以跟方框中的偏旁合成字的选项。

【例】🔲 ［A］口 ［B］耳 ［C］力

这是个一级题，A、B 两项跟"辶"不成字，被试能从 A、B、C 3 个选项中把"力"选出来，跟"辶"合成"边"字，推断其认识这个字。

合字题是基于汉字的字形特点，以及对教学的引导而设计的一个基础题型。汉字的最大特点在于字形，在于不是拼音，在于二维结构，在于"形"与"音义"的隐含与被隐含，在于能识别字形就意味着可能识别该字基本的、常用的"音、义、用"。没有字形的清晰记忆，"音、义、用"的依托就不存在了。

顺便说，以识"字形"为突破口的"识字"在传统的语文教学中，乃至在中国的文化中（如拆字、字谜）得到了充分的重视，遗憾的是，汉语二语教学几乎丧失了这个传统。"合字"无他，恢复了这个基本认识而已。

汉语母语和祖语习得研究发现，汉字正字法意识在低年级时就已经形成（李娟、傅小兰、林仲贤，2000；张金桥，2008）；汉语二语习得研究发现，汉字正字法意识到中级阶段时基本成熟（王建勤，2005；郝美玲，2007）。鉴于"合字"的基础性，该题型存在于一至四级，目的是引导基础阶段对字形的高度重视。在高级阶段，该题型将被"别字题"置换。

## （二）字音个别

字音个别题的具体呈现方式如下：

认汉字，选出读音个别的一项。

【例】［A］雨 ［B］吹 ［C］虫

其中，"吹""虫"的声母一样，"雨"跟"吹""虫"在声韵调各方面均不同，所以 A 是个别项。上面是 3 个选项的题，出现在一至四级；如果在五至六级，则为 4 个选项。4 个选项的例题如下：

【例】［A］雨　［B］吹　［C］虫　［D］山

其中，"吹""虫"的声母一样，"吹""山"的声调一样。只有"雨"没有与其有共性的汉字，所以 A 是个别项。

字音题而无"拼音"，本题型的研发曾遭到不少质疑。但必须明确的是，字音不等于拼音——拼音仅仅是字音的一种表达方式。考字音而坚持不出现、不使用拼音是回归了"字音"的本质，回归了汉字是表意而非表音文字的本质，强化了要达到"见形知音"的教学目标，跟教学上教拼音并不冲突。顺便提一句，过度依赖拼音，这正是许久以来，外向型汉语教材与教学一直存在的一个突出问题。

一组字，如果考生真正认识，脑子里就有它们的音。声母、韵母、声调，这些学术概念并不是考生必备的知识，只不过是学术上对汉语字音的物理属性和结构特点的归纳和命名。如果有一项真是"个别的"，考生凭听感即可分辨出来，也自然能够把它找出来。

凭听感找语音个别项，这不只是在汉语，也不限于声韵调，在其他语言也是一样。例如英语：man、moon、fish，其中，fish 是个别项，内在道理是一样的。

所谓个别，就是目标项与非目标项之间的共性更小，而非目标项之间则有各种各样的共性，具体包括七种主要的共性形式：声母相同、韵母相同、声调相同、声韵相同、声母声调相同、韵母声调相同、声韵调全同。

个别是相对于共性而言的，在非目标项声韵调全同的情况下，即便目标项跟非目标项声韵相同，那它仍然是个别的。例如"马、码、骂"，"骂"就是个别项。

匹配声韵调的相同情况，所谓读音个别，也包含了七种可能：

声母个别。例如"雨、吹、虫"，三个字的韵母、声调都不同，"吹、虫"的声母相同，"雨"跟"吹、虫"没有任何相同之处，所以"雨"就是个别项。

韵母个别。例如"人、马、大"，三个字的声母、声调都不同，"马、大"

的韵母相同，"人"跟"马、大"没有任何相同之处，所以"人"就是个别项。

声调个别。例如"鱼、马、鸟"，三个字的声母、韵母都不同，"马、鸟"的声调相同，"鱼"跟"马、鸟"没有任何相同之处，所以"鱼"就是个别项。

声韵个别。例如"人、马、骂"，"人"就是个别项。

声母声调个别。例如"体、塔、衣"，"衣"是个别项。

韵母声调个别。例如"房、堂、父"，"父"是个别项。

声韵调个别。例如"房、防、山"，"山"是个别项。

进一步需要明确的是，"比较"，逻辑上只能是从"两两比较"开始的。3选项的题目，两两比较的结果是两个相近，一个个别。4选项的题目，不管是命题还是作答，对"相近"或"个别"的认识，也根本不可能越过"两两比较"而直接说"一对三"的"个别"。

例如"父、马、大、衣"，"衣"的个别是基于"父、大"同调，"马、大"同韵，而"衣"跟"父、马、大"均无共性，于是"衣"才个别。下面的字义个别题也是同样的道理。

需要强调的是，本题型并不考查声调。因为即使对母语者来说，声调的辨别有时也存在困难。况且，就声韵调三者对字词的区别效用来看，声调并不属于最重要的语音项目（王汉卫，2004）。为了控制声调可能带来的干扰，命题时，目标项和非目标项的声调或者都一样，或者都不一样，非目标项之间也不能仅声调相同，确保声调不影响作答。

### （三）字义个别

字义个别题的具体呈现方式如下：

认汉字，选出意思个别的一项。

【例】［A］牛　［B］羊　［C］也

其中，"牛、羊"都表示动物，"也"则完全不同，只是一个虚词。所以，C是个别项。

上面是3个选项的题，出现在一至四级；如果在五至六级，则为4个选项。

4 个选项的例题如下：

【例】［A］巨　［B］趋　［C］硕　［D］庞

其中，"巨、硕、庞"都有"大"的意思，"趋"则完全不同。所以，B 是个别项。

本题型是从"字义"的角度考查考生对汉字的掌握情况。"语素"是最小的音义结合体，但有目共睹的是，在绝大多数情况下，汉字是形音义的结合体，而且，一个汉字记录一个语素也是主体情况，仅仅把汉字作为"记录汉语的书写单位"实在是对汉字的极大歪曲。

字义题将单字做语素化处理后，作为刺激和应答单位，来考查考生对汉字字义的掌握情况，进一步彰显考生的识字能力。汉字解码的重点是通达字义，受汉字识别心理的影响，字音也会被激活（陈宝国、彭聃龄，2001；陈宝国、王立新、彭聃龄，2003）。

字义题跟字音题既有共性，也有差异。共性是都有 3 项、4 项，都是找个别项，差异则是巨大的。"音"相对简单清晰，汉语的音（普通话，华文水平测试以普通话为默认的音系）包含 21 个声母、39 个韵母、4 个声调（单字，题目不含轻声），无非如此，有明确的异同。单字的"义"则差别巨大、复杂，有时还很模糊微妙。广义上的字义包括基本义、引申义、语法意义（词性、功能）、语素义和词汇义。考试实践上必须基于广义的理解，因为我们不能限制、更不能否定广大被试的发散性思维——反过来说，我们必须以发散性思维来控制命题。如下例：

【例】［A］飞　［B］虫　［C］鸟　［D］也

其中，"虫、鸟"都是表示动物，也都有"飞"的特性，所以"飞虫、飞鸟"很常见。"飞"是动素，但词性、功能的背后，底层的因素还是字义，"飞"要有翅膀，"虫、鸟"也都有翅膀——这就是"飞、虫、鸟"深层的共性。不管怎么看，"也"都是个别。

与此同时，题目既不应给被试带来不同思考角度的模棱两可，也不应制造超出等级要求的微妙"刁难"。

【例】［A］飞　［B］虫　［C］鸟　［D］牛

　　其中，"虫、鸟、牛"都是名素，是生物。"飞"则是动素，这样看来，"飞"是个别。"虫、鸟、飞"都跟翅膀有关，这样看来，"牛"是个别。答案于是模棱两可，这样的情况必须避免。

### （四）词内别字

　　词内别字题的具体呈现方式如下：

　　　　认汉字，选出有别字的一项。

　　【例】［A］拦目　［B］迷失　［C］依旧　［D］住宅

　　"拦目"的正确写法是"栏目"，选 A。本题型的词内别字有"前字别字"和"后字别字"两种出题方法，为防止辨识中出现认错词的情况，会在出题时统一将该题的前字或后字标注下划线。汉语音节少，汉字多，所以同音字多。同音字，特别是同音字中的形近字，就成为汉语学习的一个重难点。同音字多也"造就"了很多"白字先生"，同时让"找别字"成为测量汉语水平的一个有效方式。跟合字题一样，词内别字题也是立足于字形；但不同于合字题，词内别字题是基于字形而兼容形、音、义、用，既是对识字量的测查，也是对词汇量的测查，还可以上升到句子层面，用于阅读理解的测查（见下文）——充分显示了基于汉语汉字特点题型的活力。

　　以上的"识字"题型，合字题更多考虑了基础性，用于一至四级，词内别字题是合字题的升级版，用于五级和六级，两个题型分开看具有阶段性，合起来看则共同彰显了"形"的通用性。字音题、字义题则分别彰显了音、义，贯穿一至六级，直接实现了通用性。关于题型的阶段性和通用性，此处顺便讨论。譬如空气和水，因为它们的核心品质，自然贯穿生命能力的始终，题型也是一样，某些核心题型，也必然会贯穿语言能力的始终。关注题型的通用性和阶段性，既是对某种自然语言能力的关注，也是对实现语言能力的教学过程的关注和体现。

　　以上的"识字"题型，另外一个共性是把"最小语境"的理念推向了极致，都是直接就选项作答（合字题给出的偏旁，也是一个同"选项"大小相当的存在）。而且，字音和字义个别题所呈现的"选项"突破了传统意义上"目标项"跟"干扰项"的对立，考生需要的就是对这些选项进行比对、甄别、归纳。这就保证了一道题目实质性地测到了多个汉字，实现了汉字测查量的巨大突破。

汉字是散点，而抽样数量的提升则弥补了"散点"推断性的不足，就像测脑电波，电极越多，就越能反映大脑活动的真实状态。这样，识字题型也就在最大程度上保证了有限时间内的大题量、多测点，提高了试卷的测量精度。

## 二、读文题型

前面说过，即便只测识字量，也可以对被试的阅读能力有一个基本的推断——大字不识一筐，肯定谈不上什么阅读能力，识字量巨大，阅读能力也肯定不会差，因为正常来说识字量的实现不是凭借单个汉字的孤立学习来实现的，而一定是在大量的阅读实践中达成的。

但一方面出于对教学的反拨和引导，一方面出于提高测量结果的精度，阅读考试不能停留于对识字能力的考查。我们还需要遴选立足于汉语阅读材料的良好题型，来支撑"读文"板块，跟"识字"一起，共同完成"阅读能力"的测量。

"遴选立足于汉语阅读材料的良好题型"——实现这个目标，我们需要一些基本的讨论和原则控制。

首先，"阅读"是汉语的阅读，"汉语"而非其他语言，这就要求我们必须立足于汉语的特点来发掘题型，这是第一个原则——立足汉语特点。

其次，"阅读考试"不是自由的"阅读实践"本身，而只不过是通过一定量的阅读材料和阅读过程，来实现对"阅读能力"的推断。既然考试不过就是"推断"，我们就必须致力于以单位时间内最大的允许题量为目标，单位时间内允许的题量越大，推断结果越可靠。这样，我们就必然合乎逻辑地得到第二个原则——最小语境。

阅读的最小语境是句子（单句）。按照一般的定义：句子是由词或词组构成的，具有一定语调并表达一个完整意思的语言运用单位。就考试而言，什么是最小语境（刺激），还取决于反应作答的需要。

再次，华文水平测试是大型考试、标准化考试，题型必须满足标准化、客观化的需要。

基于上述三条原则，我们遴选出四个题型：两个通用题型（一至六级）——断句题，句内别字题；两个阶段题型——句内缺字题（三至六级），文本瘦身题（五至六级），如表7-3。

表7-3　读文题型的级别分布

| 级别 | 题型 |
|---|---|
| 一至六级 | 断句题 |
| 一至六级 | 句内别字题 |
| 三至六级 | 句内缺字题 |
| 五至六级 | 文本瘦身题 |

读文题型都立足于文意理解，在这个基础之上，四个题型又从各自的角度来测查考生的读文能力。四个题型既相对独立，又互为一体，共同致力于对考生读文能力的测查。值得一提的是，在读文题型的设计中同样突显汉字的性质，强调汉字在汉语中的根本价值及作用。

简要来说，在断句题的构想中，考生需要在未加标点的连续文本中寻找到停顿的边界，而汉语中的最小语言单位便是字。在句内别字题的设计中，包含了对汉字音形关系特性的运用，汉字的音节少而字量多，音形的二维交叉下才能确定出正确的汉字。进一步，在题目中考生还需要根据句义选择合适的字义，音、形、义三者结合才能甄别出正确的答案。

在句内缺字题的构想中，以最小语境的句子作为考查文本，而某一字的缺失即会造成语法混乱和句义错误。在文本瘦身题的删字设计中，十分注重对汉字使用能力的考查，考生删除个别汉字后，文本的语法无误，语义前后也需保持一致。

下面逐一讨论华文水平测试阅读考试的读文题型。

## （一）断句

断句题的具体呈现方式如下：

　　　阅读文本，根据句义，每题选出 1 个停顿项。

　　【例】我　有　一　只　猫　它　叫　小　白
　　　　　　　　A　　　B　　　　C

本题是一级试题，要求停顿一次，正确停顿为"我有一只猫 / 它叫小白"，所以选 B。断句题一级为 3 个选项，停顿一次；随着级别的上升，二级为 6 个选项，停顿两次；三级为 9 个选项，停顿三次；四级为 12 个选项，停顿四次；五级为 15 个选项，停顿五次；六级为 18 个选项，停顿六次。在句子末尾处不画线。

读懂了，自然能"点断"。"句读"是祖宗传下来的宝贝，是基于汉字汉语特点，基于汉语文本方式的阅读训练和测量的"天然"题型。相对于传统的多项选择题，断句的优势在于：

第一，文本阅读跟作答反应一体化，避免了多项选择题"文本—问题—选项"的答题过程带来的不可控、不客观问题。

第二，断句以字词为基础，同时考查了语法（包括词法、句法和篇章）和语用。断句反映的是被试的语块意识，即对语块的识别和整合能力，反映了对文本的理解能力。随着级别的提升，逐渐加长文本长度。如此则实现了阅读量的增加，与此同时，因为文本长度跟停顿次数密切相关，这就使"最小语境"的原则得到了贯彻落实。

由于以上两条因素合起来，极大地方便了命题，并提高了题目的信度、效度、区分度。

## （二）句内别字

该题型的具体呈现方式如下：

阅读文本，根据句义，每题选出 1 个别字。

【例】爸 爸 要 买 一 两 新 车。
　　　　　　　　A　　　 B　　 C

"两"字使用有误，此处应是量词，正确用字是"辆"。

识字部分有词汇层面的别字，是着眼于双音节词。单音节词的"白字"也是广泛存在的现象，此种"白字"是基于句义句法（上下文）产生的，也是基于句义句法（上下文）来寻找和鉴别的。

什么是"字"，在汉语里很清楚，什么是"词"，从来没有扯清楚过，词典词、心理词、登录词、未登录词，这些概念无不在暗示"word"跟汉语文本呈现方式的龃龉。所以，对"词"的质疑，几乎自"西学东渐"以来就一直存在。从此话题引发的思考，正好可以开发出立足汉语文本、立足汉语字词关系特点的阅读理解题型。

同"断句"一样，"句内别字"题型也是结合字词关系、字词纠结、汉语文本特征的"自在"题型。跟词汇别字相比，"句内别字"的刺激材料是文本，"找别字"是在阅读中实现的。跟"断句"相比，"句内别字"题型所呈现的不是自然语料，而是本身有错误，也即有语义残缺和误导的语料，这就加深了语料的理解难度，需要更综合的语言能力。

## （三）句内缺字

该题型的具体呈现方式如下：

阅读本文，根据句义，每题选出 1 个缺字。

【例】妈妈有一双大睛。

　　　　[A] 也　　[B] 眼　　[C] 的

根据句法可知，"睛"前缺成分。结合句义和选项，"睛"前应是"眼"，所以选 B。例题中是一道一级题型，本题型选项数会逐渐增加，一至二级选项数 3 个，三至四级 4 个，五至六级 5 个。"句内缺字"要求考生通过对上下文语境的理解，补足缺字，使句子完整。作答这类题型时的思路分为两道程序，首先要准确判断信息缺失处，接着根据句义选择相应的缺字补足句子。例题中，考生若读懂了后文的意思，自然能找到"不对劲"的地方在"睛"前，并能顺利推断出缺字应为"眼"；若不能完全理解句义，则容易受干扰项影响。

上例为双音节字组中的缺字，此题型还有单音节字词缺字。

【例】天了，多穿点衣服。

[A]冷　　[B]你　　[C]热

双音节字组缺字可以通过单字提示，在特定的词汇集里锁定答案的范围，单字词缺字则需要完全依靠上下文中的隐藏线索寻找答案，蒙对的概率大大降低。这一例中，两个小句分开看没什么问题，但要是合起来就能发现端倪了。分析前后逻辑关系才能知道，既然需要"多穿点衣服"，那一定是"天冷了"。

不同于其他阅读题型，本题型呈现的是有信息缺失的非正常文本，考查被试对上下文的理解能力以及基于理解的推断能力。这也就意味着本题型中的缺失信息不能是随机的，而应该是必须关联上下文语境才能推断的、有内在联系的"特殊信息"。

### （四）文本瘦身

文本瘦身题是读文部分最后一个出现的阶段题型，出现在五级和六级。

一般意义上的语言能力之间，特别是听与说、读与写之间具有很强的相关性，越到高级越是如此。听的能力很高，焉能不会说？读的能力很高，又焉能不会写？严格区分（割裂）读、写能力之间的密切关系，非但没有理论支撑，也没有现实意义。

恰恰相反，高级阶段的阅读题型应该体现出向写作的过渡，"瘦身"即是这样一个"跨界"题型——高级阅读题型，不但要读得懂，而且要对字词句、上下文，甚至言外之意、弦外之音、点点滴滴、方方面面把握得特别通透，才能很好地完成"瘦身"。以"删除"表达理解的同时，"删除"是"修改"也是"再造"——也就是广义的写作了。这就是阅读、写作两种能力在"瘦身"

上的结合。

"瘦身"包含两个层面：去肿，消脂。

修改病句是传统语文教育和考试中广泛使用的题型，病句的一个重要类型就是成分累赘，恰如肿瘤。"去肿"就是把不正常的文本改为正常的文本，"消脂"则是在"正常"的文本上做文章，把正常的文本，根据句法、修辞、语义、篇章的整体考虑，按照明确的要求做删除。删除后的文本，还得最大程度上保持原文的意思，保持语句的流畅。

我们得改变"修改病句"的固有观念，而以"正常"的自然语料呈现给被试，考虑测试和练习材料对教学的反拨，提供正常的材料就更不可忽视，以免形成不良的输入效应。

汉语讲求委婉含蓄，惯用迂回曲折的表达，因而常有冗余。据专家测算，现代汉语冗余度平均可达 63%（赵刚，2004）。冗余信息对原信息没有任何额外的添补，是表达者为了避免信息在传输过程中的损失而采用的补偿措施，主要表现为信息的重复和蕴含，因此，删除冗余部分不对原文信息造成任何损伤。冗余现象的存在为汉语提供了瘦身的空间，丰腴圆润是美，苗条清瘦也是美，但要保证不能缺胳膊少腿，否则就不成样子了。

正常文本里冗余信息的删除即是"消脂"的一种情况，除此之外，也还可以对信息进行更为细致的分类，如主要信息和次要信息等，再进一步消去次要信息。

基于正常语料的"消脂"譬如"整容"——整容医生需要对生理结构有着清晰的把握，才能动刀。瘦身题放在高级阶段，以此来考查被试对语言的深度理解和驾驭。

瘦身题具体分为两类，一类是就一句话进行删除，要求以句内成分为单位进行删除，这类瘦身重点考查考生对句子语法结构和信息结构的把握；另一类是就一段文本进行删除，要求以标点句为单位进行删除，这类瘦身重点考查考生对语篇衔接、连贯和语篇信息结构的把握。

瘦身题型的具体呈现方式如下：

阅读文本，按要求选出应删的字，使删后语句通顺，意思和原文保持最大程度一致。例如：

她是 美丽 漂亮的小姑娘。
A　B　C　　　D

"美丽、漂亮"在这里意思趋同，任选一个删除即可，删除后最大程度上跟原文意思接近，并且语句通顺。但此题就有两个正确答案，此种情况就应该明确告知被试，这种题目即属于"去肿"，是较低难度的类型。

她是个十分 美丽的小姑娘。
A　B　　C　　　D

"十分"是修饰语，删除后最大程度上跟原文意思接近，并且语句通顺，此种题目即属于"消脂"，是基于正常语料的题目。

阅读文本，请按要求删句，删后文本连贯，意思最大程度和原文保持一致。例如：

祖父的拿手菜是肉丸汤。那肉丸紧致弹滑，软嫩鲜香，汤汁浓郁可口。
　　　　　A　　　　　　　　　　　　　B　　　　　　　C
无论单喝，还是拌饭，都是极好吃的。

"软嫩鲜香"是对肉丸的追加细节描写，可有可无，删除后最大程度上跟原文意思接近，并且文本通顺。这也是基于正常语料的题目。

基于正常语料的"瘦身"，有广阔的命题空间，下面节选《阅微草堂笔记》中一则笔记的主干材料（故事陈述部分）来加以说明。原始材料：

奴子傅显，喜读书，颇知文义，亦稍知医药。性情迂缓，望之如偃蹇老儒。一日，雅步行市上，逢人辄问："见魏三兄否？"（奴子魏藻，行三也）或指所在，复雅步以往。比相见，喘息良久。魏问相见何意？曰："适在苦水井前，遇见三嫂在树下作针黹，倦而假寐。小女嬉戏井旁，相距三五尺耳，似乎可虑。男女有别，不便呼三嫂使醒，故走觅兄。"魏大骇，奔往，则妇已俯井哭子矣。

括号中的部分先行删除，变成下文，作为命题的材料：

奴子傅显，喜读书，颇知文义，亦稍知医药。性情迂缓，望之如偃蹇老儒。一日，雅步行市上，逢人辄问："见魏三兄否？"或指所在，复雅步以往。比相见，喘息良久。魏问相见何意？曰："适在苦水井前，遇见三嫂在树下作针黹，倦而假寐。小女嬉戏井旁，相距三五尺耳，似乎可虑。男女有别，不便呼三嫂使醒，故走觅兄。"魏大骇，奔往，则妇已俯井哭子矣。

如果要求是"删除连续三句"，当然应该是"喜读书，颇知文义，亦稍知医药"，删除后变成下文：

奴子傅显，性情迂缓，望之如偃蹇老儒。一日，雅步行市上，逢人辄问："见魏三兄否？"或指所在，复雅步以往。比相见，喘息良久。魏问相见何意？曰："适在苦水井前，遇见三嫂在树下作针黹，倦而假寐。小女嬉戏井旁，相距三五尺耳，似乎可虑。男女有别，不便呼三嫂使醒，故走觅兄。"魏大骇，奔往，则妇已俯井哭子矣。

如果基于此文本，继续要求删除连续三句，应该删除"男女有别，不便呼三嫂使醒，故走觅兄"，删除后变成下文：

奴子傅显，性情迂缓，望之如偃蹇老儒。一日，雅步行市上，逢人辄问："见魏三兄否？"或指所在，复雅步以往。比相见，喘息良久。魏问相见何意？曰："适在苦水井前，遇见三嫂在树下作针黹，倦而假寐。小女嬉戏井旁，相距三五尺耳，似乎可虑。"魏大骇，奔往，则妇已俯井哭子矣。

如果基于此文本，继续要求删除不连续四句，应该删除关于傅显的三句细节描写"望之如偃蹇老儒""雅步行市上""复雅步以往""喘息良久"删除后变成下文：

奴子傅显，性情迂缓。一日，逢人辄问："见魏三兄否？"或指所在。比相见，魏问相见何意？曰："适在苦水井前，遇见三嫂在树下作针黹，倦而假寐。小女嬉戏井旁，相距三五尺耳，似乎可虑。"魏大骇，奔往，则妇已俯井哭子矣。

如果基于此文本，继续要求删除一句，则是故事核心部分的细节"相距三五尺耳"，是对"嬉戏井旁"的追加。删除后变成下文：

> 奴子傅显，性情迂缓。一日，逢人辄问："见魏三兄否？"或指所在。比相见，魏问相见何意？曰："适在苦水井前，遇见三嫂在树下作针黹，倦而假寐。小女嬉戏井旁，似乎可虑。"魏大骇，奔往，则妇已俯井哭子矣。

从原文的 130 字（标点不论），删除到了 76 字，瘦身 42%。如果基于此文本，做句内删除，仍有很大空间可以删除，删除后变成下文：

> 奴子傅显，性迂缓。一日，逢人辄问："见魏三兄否？"或指所在。比相见，魏问何意？曰："适在井前，见三嫂树下针黹，倦而假寐。小女戏井旁，似乎可虑。"魏大骇，奔往，妇已俯井哭子矣。

仅剩 66 字，较原文的 130 字，瘦身一半，故事也讲清楚了。

如果我们不做步步推敲，怕想不到基于"正常文本"的瘦身空间竟如此巨大。纪大才子的古文尚且如此，现代一般白话文语料更不待言。

以上读文题型基本实现了"立足于汉语阅读材料的良好题型"的标准，充分结合并体现了汉语阅读的特点，同时还实现了不同于传统多选题的客观化的要求，这些设计有着深刻的理论思考，同时还比较好地和考试实践结合了起来。

华文水平测试阅读考试是最先正式推广的测试项目，通过以上对试卷结构和题型的讨论，我们可以看到，华文水平测试阅读考试呈现出了和以往汉语阅读考试不同的面貌，它在致力于对华文阅读水平进行有效鉴别的同时，还力求对海外华文教学进行积极正向的引导，目前已得到了海外师生的广泛认可。

**思考**

1. 华文阅读能力的结构是怎样的？

2. 华文水平阅读测试的语境应如何把握？

**推荐阅读**

1. 王汉卫《华语测试中的阅读研究》，北京大学出版社，2012 年。

2. 姚小琴《语义最小论和语境论的争论与发展》，《当代语言学》2022 年第 3 期。

# 第八章　华文水平测试写作考试的设计

作为华文测试的分技能测试之一，写作试卷与阅读试卷有一定的共性，最突出的表现是字、文两大板块的共有设计，写作试卷分为写字和作文两大板块，同时，写作试卷亦有其自身的特点。本章将探讨华文水平测试写作考试的试卷设计，从宏观结构到微观题型，按照试卷板块进行详述。

## 第一节　写作试卷的宏观结构

遵从华文教学的特点、遵从华文水平测试写作考试的基本理念，写作试卷的整体结构及题型设计旨在测查考生较纯粹的书面语运用能力。中文写作能力评判标准有许多维度，例如立意、谋篇，但这些不是华测写作关注的焦点，我们也不认为这些是纯粹意义上的语言能力。因此，华测写作的关注点更加下沉、更加贴近祖语传承的教学目标，具体表现为"写字"和一般意义上（或者说一般水平上）的语言输出能力，即本研究定义的"作文"。这就是华测写作考试的两大板块：写字和作文。

这两个板块构成的试卷，依照学习者的学龄段和相关年龄下的认知水平等，切分出六个级别。根据级别设定和板块组合，确定了写作整套试卷的结构（表8-1，见下页）。

表 8-1　写作试卷两大板块对比

| 级别 | 板块 | 板块题型数量 | 板块比例 |
|---|---|---|---|
| 一级 / 二级 | 写字 | 2 个 | 50% |
| | 作文 | 2 个 | 50% |
| 三级 / 四级 | 写字 | 1 个 | 25% |
| | 作文 | 3 个 | 75% |
| 五级 / 六级 | 写字 | 1 个 | 20% |
| | 作文 | 4 个 | 80% |

　　写字和作文两板块内的题型数量是动态调整的，相关研究（伍秋萍、郑佩芸，2023）发现学习者存在集中识字、写字的阶段，识字量增幅会随学龄、年级增长而下降，相应地在测试上也应该从关注"识字、写字"迈向关注"作文"的中高阶能力阶段。

　　具体板块比例，一级和二级写字、作文题型数量和比例持平，各占 50%。三级和四级，作文板块比例上升至 75%，写字板块则缩减到 25%。五级和六级，作文板块比例达到 80%，写字板块相应缩减到了 20%。总体趋势是低级别到高级别，写字比例逐渐减小，作文比例逐渐增大。

　　表 8-2 是华文水平测试写作试卷一至六级的整体结构与具体题型。

表 8-2　写作试卷一至六级的结构与题型

| 级别 | 板块 | 题型 | 题量 | 板块比重 |
|---|---|---|---|---|
| 一级 / 二级 | 写字 | 听选部件 | 6 道 /12（6+6）道 | 50% |
| | | 按笔顺写汉字 | 6 道 /12（6+6）道 | |
| | 作文 | 填字成词 | 6 道 /12（6+6）道 | 50% |
| | | 组项成句 | 6 道 /12（6+6）道 | |

**续表**

| 级别 | 板块 | 题型 | 题量 | 板块比重 |
|---|---|---|---|---|
| 三级 / 四级 | 写字 | 听选部件 | 18（6+6+6）道 | 25% |
| | 作文 | 填字成词 | 18（6+6+6）道 | 75% |
| | | 组项成句 | 18（6+6+6）道 | |
| | | 组项成段 | 18（6+6+6）道 | |
| 五级 / 六级 | 写字 | 听选部件 | 18（6+6+6）道 | 20% |
| | 作文 | 词语扩充 | 18（6+6+6）道 | 80% |
| | | 重组句子 | 18（6+6+6）道 | |
| | | 组项成段 | 18（6+6+6）道 | |
| | | 瘦身语段 | 18（6+6+6）道 | |

　　与阅读试卷相似，写作试卷依然坚持强调汉字作为华文能力基础的重要地位，分"写字"与"作文"两大板块，该基本结构贯穿一到六级。试卷虽宏观分为两大板块，但微观题型中不仅只有"字"和"文"两种层级单位，还包含了词、句、段等单位。由字及篇是一个连续系统，由写字到作文也是一个连续的建构过程。

　　写字、作文两大板块的比例与阅读试卷略有不同，一级、二级齐头并进，五五均分；三级、四级开始，轻写字、重作文；五级、六级写字与作文的比例差距进一步拉大，作文高达80%，写字仅占5%，两大板块权重变化如图8-1（见下页）所示。

　　写字是作文的前提，只有掌握了写字的基本技能，才有后续连贯的作文能力，所以华文水平测试在低年龄、低水平阶段侧重写字能力的培养和考查，目的在于引导考生在这一阶段着重关注汉字部分的学习，打好汉字基础，如此才能更好地发展后续的作文能力。到了高级，写作水平发展到了一定阶段之后，写字能力自然不成大问题，不必多做考查，此时应重在成文而不在写字。

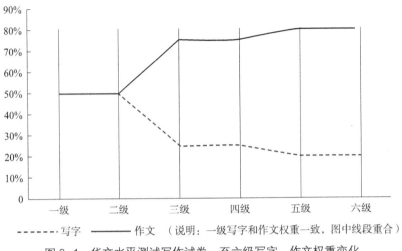

图 8-1　华文水平测试写作试卷一至六级写字、作文权重变化

# 第二节　写作试卷的微观题型

本节按照先写字后作文的顺序，对这两类题型逐一分析讨论。

## 一、写字板块题型

写字部分下设的两大题型："按笔顺写汉字"和"听选部件"，各级别题型的安排充分考虑被试的年龄认知及华语文能力的发展性特点。一级、二级低年龄阶段，由简单的笔画和笔顺入手，强调夯实汉字基础；一至六级又保留通用题型，充分考查笔画基础上的汉字听写构字能力，结合听力输入设计了部件及整字的测查题型，强调综合的汉字运用能力。见表 8-3。

表 8-3　写字题型的级别与功能

| 题型 | 级别 | 考查的汉字层级 | 考查的汉字要素 |
| --- | --- | --- | --- |
| 按笔顺写汉字 | 一至二级 | 笔画 | 字形 |
| 听选部件 | 一至六级 | 部件、整字 | 字形 |

　　字形是汉字特点最突出的体现，对于写作层面的考查，字形也无疑是最为重要的测点。写字部分的两大题型均以汉字字形考查为核心，从笔画笔顺、部件结构到综合整字，逐层递进，细致考查被试的汉字能力，同时也强调了写字作为写作能力基础的重要性，引导教学。

　　写字板块"按笔顺写汉字"题强调笔画书写的基础性，"听选部件"题以听力为刺激手段，考查部件、整字的字形组合，作文板块则均以阅读为刺激手段。这样的设计一方面是出于华裔特点的考虑，前面已经提过，对华裔青少年来说，在家庭听说环境的天然优势下，听力是他们优于口语、阅读和写作的第一能力，是最佳的刺激手段。另一方面，写字题型倾向于短时刺激，被试需要的刺激信息相对较少，通过听力手段完全可以满足并且不会产生记忆负担；而作文部分则需要给被试提供信息量较大的长时刺激，甚至是反复刺激，如再沿用听力手段，难免会给考生造成记忆负担或是产生由于刺激不足导致的信息缺失等问题，因而作文板块采用阅读作为刺激手段。

　　写字板块下的两个题型，"按笔顺写汉字"出现在一级和二级试卷中，"听选部件"是贯穿一至六个考试级别的题型。下面将逐一讨论华文水平测试写字板块下的两大题型。

### （一）按笔顺写汉字

此题具体呈现方式如下：

　　按书写顺序选出汉字的笔画。

　　选项可以重复使用。

【例】

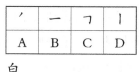

白＿＿＿＿＿＿＿＿＿＿　　　不＿＿＿＿＿＿＿＿＿＿

【解析】"白"的笔顺是"ノ丨フ一一"，所以按顺序选 ADCBB；"不"的笔顺是"一ノ丨、"，所以按顺序选 BDCA。

此题型以笔顺为切入点考查汉字，这里所说的笔顺指狭义的笔顺，即书写汉字时笔画的先后顺序。

笔画、部件、整字是汉字的三个层级，笔顺与笔画书写的先后顺序相关，却不仅仅局限于汉字笔画层级，也是涉及部件，乃至整字层级的问题（盛继艳，2013）。除了极少量单笔汉字（如"一、乙"）之外，其余汉字都存在书写时的笔画顺序问题。笔画是汉字构形的基本元素，对笔画的认识不清会导致更多其他方面的汉字错误（王汉卫，2012）。

笔顺是汉字学习初始阶段的必有内容（只是很多时候使用不当），是记忆汉字字形——特别是细节的有效方法。因此，对汉字的书写方式加以规范是很有必要的。国家语言文字工作委员会和中华人民共和国新闻出版署于1997年联合发布了《现代汉语通用字笔顺规范》，明确了7000个通用汉字的规范笔顺。现行的笔顺规范一定程度上基于前人书写汉字的经验，符合一般的手治（方便手写）、目治（符合阅读习惯）、心治（契合审美需求）原则（易洪川，1999）。汉字书写讲究先左后右、先上后下、先外后内，这些基本的先后顺序规则是汉字书写规范的基础，也是提升汉字书写优美度的保证。通过规范笔顺可以更好地帮助学习者写对汉字、写好汉字，是引导学生写汉字的一个把手（费锦昌，1997）。

有学者认为，笔顺具有私下性、隐蔽性（易洪川，1999），很多时候我们仅能看到最后呈现的汉字，很难监控汉字的书写过程。但难以考查与是否要考查是两回事，此题型安排在华文水平测试写作一级、二级考试（最低适用于学龄前及小学一、二年级的考生），重在引导，强调基础汉字教学中笔顺的重要性，旨在帮助低龄学习者培养良好的汉字书写习惯。更为重要的是，引导学习者细致观察、记忆汉字的字形，以更好地达到认写的目的。考虑到汉字的层级构形特点、常用字的特点以及低年龄段学生的特点等因素，在笔画归类上设置5画上限，多笔画组合成小构，具体考虑了字形结构组合，包括左右、上下、包围、独体等汉字的选取比例，尽可能为考生在卷面呈现上提供最大便捷。

此外，笔画笔顺书写也涉及宽严标准的问题。"人"字先写撇还是先写捺，

"火"字从左往右写还是先两边再中间，这是两种不同的情况。前者是原则性的问题，后者则纯属书写习惯差异，与个人的认字、写字能力无关。手治、目治与心治尚且存在相互矛盾的地方，更何况是个人的书写习惯。我们应当秉持把握大局、适度宽容的原则。在这一题型的评判标准问题上，我们主要关注两个问题：是否影响书面交际？是否体现能力差别？

不影响书面交际，不能体现被试能力差别的笔顺差异均予以包容，也即上文提到的不过于纠结答案唯一，必要的时候设置两个答案，但为了消除被试的困惑，我们应该优先采取的命题策略是尽量避免母语者都惯常存在的"歧顺"字。

### （二）听选部件

此题具体呈现方式如下：

听录音，按书写顺序选出你听到的汉字的部件。每题听两遍。

【例】A. 井　　　B. 丁　　　C. 云　　　D. 讠

【解析】你听到"讲，讲话的讲"，所以按书写顺序选"DA"。

此题型通过听力给出语境提示，要求被试利用所给出的零散部件组出听到的汉字，主要涉及汉字部件、整字组合层面的知识与能力。

汉字的部件是介于笔画和整字的中间单位，承上启下，部件结构掌握的好坏直接影响到对汉字的掌握（肖奚强，2002），相关研究还发现，汉字部件的错误是留学生最常见的汉字书写偏误（张旺熹，1990）。因此，对部件的测查也应是汉字测查板块的重要内容之一。

将部件组合成汉字涉及结构问题，不同的汉字往往有不同的部件组合方式，如"尖、珍、回、远、问"五个汉字结构各不相同；相同的部件通过不同的组合方式也可以组出不同的汉字，如"陪"和"部"、"吟"和"含"、"机"和"朵"等等。每一个汉字都有其独特的、区别于其他汉字的部件和结构形式，并且这种组合也并非简单的加合。此题型旨在测查学生的部件、结构意识以及组字能力，强调汉字结构的重要性。

被试通过阅读接收到的信息是拆分的部件，再结合语音提示确定目标字，把零散的部件组合成字，最终落实到答题上，把完整的汉字选出来。这一输入到输出过程中，汉字由分到合的实现看似简单，实则须凭借考生清晰的部件意识和空间结构意识，需要掌握正确排布部件的组字能力以及基本的汉字书写能力。

## 二、作文板块题型

作，始也。"油然作云，沛然作雨"——地上的水蒸发了，天上的云形成了；天上的云没了，地上的河满了。

"加"和"减"是作的一体两面，譬如"来"和"去"，其实是一种能力。从另一个角度看，"合"和"拆"也是一体两面。传统上，"作文"只关注"加""合"，对"减""拆"的关注远远不够。由小及大、增添组合是写作，由大变小、拆解删减也是写作。因此，华文水平测试写作考试作文部分将同时关注增、减、合、拆四个取向。

增加和组合取向的题型要求考生把小的语言材料拼装组合生成更大的语言单位，下设题型考查单位由词语层面逐渐扩大到句子及语段层面，测查被试的词汇积累与理解、遣词造句以及布局谋篇的能力。

删减取向的题型不是要求考生修改累赘的病句，而是在正常的文本上进行保留主旨的删减。这不但需要考生掌握基本字词、读懂文本大意，而且还需要考生对词与词的关系、语块与语块的关系、句子与句子的关系等有清晰把握，测查的是被试的综合写作能力。

拆分取向的题型要求考生在理解原句的基础上，把完整的文本拆解成零散的语言单位，并根据要求重新筛选组合，输出与原句意思最大程度接近的句子，测查被试文本理解与重组能力。

表 8-4   作文题型的级别、考查单位、考查能力及取向

| 级别 | 题型 | 考查单位 | 考查能力 | 取向 |
|------|------|----------|----------|------|
| 一至二级 | 填字成词 | 词汇 | 词汇积累 | 增 & 合 |
|  | 组项成句 | 句子 | 遣词造句 | 合 |

| 级别 | 题型 | 考查单位 | 考查能力 | 取向 |
|---|---|---|---|---|
| 三至四级 | 填字成词 | 词汇 | 词汇积累 | 增＆合 |
| | 组项成句 | 句子 | 遣词造句 | 合 |
| | 组项成段 | 语段 | 布局谋篇 | 合 |
| 五至六级 | 词语扩充 | 词汇 | 词汇积累与理解 | 增＆合 |
| | 重组句子 | 句子 | 文本理解与重组 | 增＆减＆合＆拆 |
| | 组项成段 | 语段 | 布局谋篇 | 合 |
| | 瘦身语段 | 语段 | 综合写作 | 减 |

　　作文板块中考查"词汇"的题型，如"填字成词"，主要是探测学生的词汇量，该题型凸显最小语境原则（王汉卫，2012：81）。一字关联双词，在有限空间尽可能做到多点考查。"词语扩充"是高级试卷中的升级题型，该题型聚焦词汇理解，以此为前提进行词汇量探测，理论基础则是学习者在掌握了一定数量汉字的字义后，便能掌握无数词的词义。

　　在句子层面，我们有两种题型，一个是"组项成句"，考查遣词造句能力，是理解基础上的"纯粹加法"。"重组句子"则是升级题型，考查整句句义理解基础上的重构重组。这需要学生有句义理解能力以及重组句子所需的语法知识和句法结构、句型、句式、句类的构句能力，该题型可以综合考查学生对上述知识和技能的掌握情况。

　　在语段层面，"组项成段"以组织段落的能力为起点，考查学生作文方面整体布局谋篇的技能。在"瘦身语段"上，则是同样的高阶升级版，将读与写相关联，通过反向做"减法"，删除法，使被试能建立在理解的基础上去修改文本，再造文本。这其实是对学习者文本修删能力的精密测查。

　　一至二级作文板块比例与写字板块持平，仅有两个题型，此阶段为写作的入门阶段，考查单位为词汇和句子，主要测查词汇积累、遣词造句等作文基础能力，题型取向以增、合为主；三至四级增至三个题型，增加了语段层面的考查，涉及较复杂语义内容的布局安排（也可以称之为"谋篇"）的能力；五至六级为四个题型，全面覆盖词汇、句子、语段三个层面及增、减、合、拆四个取向，更深入细致测查各个语言层次的作文能力。

以上作文部分的基本题型，全属"完整材料作文题"，大家可能会疑惑，华文水平测试写作试卷为什么没有传统意义上的经典的作文题？

我们尝试把华语写作测试的基本原则定位为"胶片写作"。"胶片"的特点就是实的变虚，虚的变实。例如给出一句话，空出其中的一个字或一个词让被试填写，这叫阅读；反过来，给出一个字，要求完成一句话，这就是写作了（王汉卫，2008、2012）。

所谓"一个字或一个词"，即"完整材料作文"中的"材料单位"，是给定项。

材料单位的数量当然不限于"一个"，而是包括一个在内的"N个"；也不限于"字、词"单位，而是包括字（语素）在内的词、短语、句子、语段——这完全取决于拟完成的作文目标的需要。

所谓"一句话"，即"完整材料作文"中的"作文目标"。

作文目标当然也不限于"一句话"，而是任何长度的篇章和文体，可以是词、短语、句子，也可以是段落和篇章。不同的作文目标需要用不同的材料单位构建，具体"怎么不同""怎么要求""怎么指向"这正是"完整材料作文"的科研着力点。

给出一个材料单位要求完成作文目标是写作，更进一步，基于严格客观化的需要，给出所有材料单位，将其乱序，要求被试重组完成预设的作文目标，同样也是写作，只是在写作自由程度和测试客观化方面做了取舍。

我们定义的写作考试，测的是"组织语言的能力"。"胶片写作"或称"完整材料作文"将开辟写作考试的崭新时代，将引领写作考试走上客观化、精确化的正路。

这样的考试方式给作文教学的副作用几乎没有——因为它根本不是传统意义上的作文，而只是对写作能力测量的一种方式。如果老师们让学生练习"完整材料作文"，这对作文仍然没有伤害，是有趣的语言组织能力的练习，而且学生（被试）绝不会因为老师的删改或评价而受到伤害，因为老师根本就没有被赋予这种权力和可能。

传统上，面对不同的个性化文本，老师（评分员、程序员）被赋予了"精确量化（打分）"的权力，而事实上，老师（评分员、程序员）至少目前尚没有这个能力。总之，单单从测量纯粹的语言能力这个角度，传统意义上的作文并非一个好的选择——事实上，作文（即策论）本来就不主要是为测量语言能力的目的而生的。

作为新研发的考试，没有尾大不掉的包袱和羁绊，华文水平测试决心尝试彻底终结从科举到当代作文的主观评分模式，而完全采用客观题型。

下面将逐一讨论华文水平测试作文题型。

作文板块题型，"填字成词""词语扩充"考查单位是词汇，根据难度分配在一至四级和五至六级；"组项成句""重组句子"考查单位是句子，同样"重组句子"是"组项成句"升级题型，分配级别作区分；"组项成段""瘦身语段"考查单位是语段，内含组合、聚合关系的考查，具体实现一个是"增加"，一个是"减少"，正向与反向共同测查。

## （一）填字成词

此题具体呈现方式如下：

选字填空，使其组成两个词语。

·一个选项为多余项

【例】

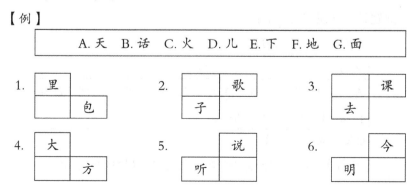

【解析】第1—6题分别应选"面""儿""下""地""话""天",所以分别选GDEFBA。其中"火"为多余项,所以不选。

词语是汉语里组成语句文章的最小单元,是作文的基础。双音节词是汉语词汇中数量最多的类型,本题型主要测查被试双字词的积累情况,适当兼顾三字词,以此推断其他单(多)字词的掌握情况。填字成词题型一字关联双词,体现汉语词汇的经济性、灵活性,同时考查了汉字和词汇。

本题型为作文入门题型,设置在一至四级。双词语境贯彻了最小语境的原则,为考生在阅读量上减轻负担,另外,提供备选项也降低了做题难度、减轻考生的焦虑情绪。

给出一个双音节词,去掉其中一个字,让被试进行完词填空(或称"组词"),是国内中小学常见的考试题型。但这样的方式给被试的自由度非常大,包含给定字的词汇少则几个、多则上千,且不说后台答案难以控制,被试随意组出来的词或许也难以准确反映其语言水平。例如,给出"花"字,不管高水平还是低水平的被试,首先想到的都是"花朵、鲜花"等使用频率最高、最为常见的词语,而"花白、花招、花絮"等能体现水平差异的"高级"词汇或许在这样的测查形式下难得一见。提供双词语境则能很好地解决上述问题,不仅控制了答案的范围、提升了题目的客观性,并且可以通过目标词语的控制更为有效地测量和反映被试的语言水平。

## (二)词语扩充

此题具体呈现方式如下:

选字填空,扩充词语。

【例】

| A.谷　B.繁　C.纽　D.令　E.醉　F.生　G.明　H.拟　I.级 |
| J.删　K.领　L.廷　M.项 |

频发:频_____发_____

【解析】"频发"即为"频繁发生",所以按顺序选BF。

本题要求考生对给出的词语进行词义扩充，前后词义必须保持一致。

词语扩充题是填字成词题在高级别的延续。同样考查词汇，但本题型对考生词汇知识的要求更高，除了词汇量之外，也考查考生对词汇的深层理解，了解词义的同时也要熟悉构词法、了解词中的字（语素）义，等等，不仅要知其然，更要知其所以然。

汉字有限，词汇无限，掌握了有限字的字义，便能掌握无数词的词义。从测试的角度来说，这样的题型也更具推断性。知一字之义，便可推知其能掌握与其关联的数词之义。例如"频发"一词，被试若能将"频"正确扩充为"频繁"，我们便能判断其掌握了"频"字的"频繁"义，同时，也能推断出其大概率能掌握"频现、频频"等词语。

### （三）组项成句

此题具体呈现方式如下：

> 将所给的选项组成句子，保证语句通顺、句意完整。
> 【例】
> 　　　A. 我们　　　B. 球　　　C. 打　　　D. 经常
> 　　_____ _____一起_____ _____。
> 【解析】这句话应该是："我们经常一起打球。"所以按顺序选 ADCB。

组词成句以项为基本材料，要求被试将散乱的项重新组合成完整的合乎汉语语法的句子，考查的是被试的句法能力。项数的多少是影响题目难度的重要因素之一，项数多意味着考生需要认识掌握的材料多、材料之间的排列组合可能也更多，因此，不同的级别将以项数作为首要的调节难度的依据（组项成段题同）。

本题的"项"，可以是字、词语，也可以是短语，这一方面避免了上文提到的字词定义之争，另一方面也给命题工作带来极大的方便，在确定项数的前提下，通过对目标句的合理切分即可完成命题，不必完全拘泥于该句本身的字数、词数。

组项成句（包括下面的组项成段）实质上即为排序，但同样的语言材料有时可以排布出不同的句子。例如，给出选择项为"的、跟、经过、老师、说了、事情、小刚"，可以组出下列合乎语法但意思不同的句子：

> 小刚跟老师说了事情的经过。
>
> 老师跟小刚说了事情的经过。
>
> 事情的经过小刚跟老师说了。
>
> 事情的经过老师跟小刚说了。

在此题中，我们只考查被试能否正确运用给定的语言材料生成合理规范的句子，对于句子的具体意义不作硬性的要求，给被试提供一定的创作空间。像上述情况，可通过固定句首的"小刚"或"老师"，或其他恰当的项来限定答案。但由于汉语语序的灵活性，有些时候即使有所控制，也仍然避免不了答案的多重性。我们在命题时，虽然采用固定给定项的方式尽量避免多重答案的情况，但是实践操作层面，为确保有效正确答案不被遗漏，必要时我们会设置多答案。

### （四）组项成段

此题具体呈现方式如下：

> 将所给的选项组成语段，保证语义连贯、逻辑清晰。
>
> 【例】
>
> > A. 妈妈给他买了很多好吃的
> >
> > B. 后天是明明的生日
> >
> > C. 还买了新衣服
> >
> > _____，_____，_____，他高兴极了。
>
> 【解析】这段话应该是："后天是明明的生日，妈妈给他买了很多好吃的，还买了新衣服，他高兴极了。"所以按顺序选 BAC。

组项成段与组项成句类似，皆为组合类型的题目。组项成句要求考生在掌握汉语词汇的基础上，运用句型句式、句法结构等相关知识重新排布组织词语；

组项成段则以句子为基本材料，要求被试将句子组合成语段，测查被试语段及篇章层面的语言能力，被试须在理解句子、理清句间逻辑关系的基础上布局谋篇。

与填字成词和词语扩充不同的是，组项成句和组项成段提供的作文框架较少，被试需要在理解和掌握作文材料的基础上，进一步调动自身的逻辑思维构建框架，并将其整合成完整的"作文"。

上述四类题型与传统的完形填空本质上是一个题型，常见的完形填空是以句子或语段为背景语境的，填字成词和词语扩充是以词汇为语境的迷你完形填空，组项成句更接近传统意义上的完形填空。而组合题与完形填空的差别，不过在于预制框架的多少，框架作为已知信息呈现给被试，是其思考、输出的基础和约束；其次在于挖空多少，挖空少是完形填空，挖空越多，越接近组合题，是客观化的输出，即作文。

## （五）重组句子

此题具体呈现方式如下：

重组句子，使重组后语句通顺，句意和原文最大程度接近。

·每题都有多余选项

【例】

| 秋天 | 到了 | ， | 变得 | 枯黄 | 的 | 树叶 | 一片片 | 落下 | 。 |
|---|---|---|---|---|---|---|---|---|---|
| A | B | | C | D | E | F | G | H | |

　　_____，_____ _____ _____，_____落下。

【解析】重组后的句子为："秋天，树叶变得枯黄，一片片落下。"所以按顺序选 AFCDG。

本题要求被试将给出的句子按照提示重新组合，生成一个与原句意思最大程度接近的句子。

不同于组项成句和组项成段这样的组合题型，重组句子题提供的是一个合乎语法、表意完整、蕴含逻辑的句子。需要被试对原句句义和句内逻辑有清晰的把握，熟练掌握各类句型句式，具备较强的语感。

汉语表达丰富，同一种意思可以用不同的方式表现出来，例如：

我很熟悉这个故事，可以背下来。

①这个故事我很熟悉，可以背下来。（宾语提前，字词未变）

②我对这个故事很熟悉，可以背下来。（增加介词，宾语提前）

③这个故事我熟悉得可以背下来。（宾语提前，小句转换成补语）

如例所示，不同的变换背后涉及的语法点不同，关联语法点的难度及语法点的个数是影响难度的关键，命题时会综合考虑、合理控制。

只有熟练掌握多种表达方式的语言使用者，才有可能在不同的场合、服务不同的写作目的时择用恰当的表达方式。重组句子通过不同句子之间的变换，考查被试多样表达的能力。

同时，利用选项和给定词设置限制答案，保持题型的客观性。但考虑到汉语的灵活性，必要时也会设置多答案。

### （六）瘦身语段

此题具体呈现方式如下：

按要求删减，使删后语句通顺，意思和原文保持最大程度一致。

【例】

①草 地 的 另 一 边 是 一 片 芦 苇 丛，②这 片 芦 苇 丛 长 得
　A　　B　　　　　　　C　　D　　　　　　　E

很 茂 密，③就 像 一 片 原 始 森 林。④到 了 深 秋 时，芦 苇 花 竞 相
　　　　　　　　　　　　　　　　A　　　　　　B

开 放，⑤有 的 芦 苇 花 还 会 随风 飘 到 草 地 上 来。
C　　　　　　A　　　　　B　　　　　　C

1. ①句删不连续 3 字。

2. ④句删连续 2 字。

3. 结合上下文，⑤句删连续 3 字。

4. 在未经删改的所有句子中，删 1 句。

【解析】

1. ①句应删"的""一"和"丛"3字，所以选 BDE。

2. ④句暗含时间已到，应删"到了"，所以选 A。

3. ⑤句"芦苇花"前文已提到，此处可删除，所以选 A。

4. 原文中，应删"就像一片原始森林"，所以选③。

（以上四题删减后，文本均连贯，且意思和原文保持最大程度一致。）

【注意】"不连续"是指每一个字之间都不相连。

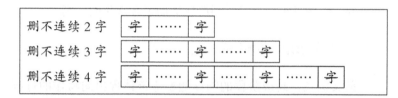

删减取向的题型为瘦身题，要求考生根据要求删减字句，并与原文保持最大程度的意思一致。随着级别的提高，删减所需要基于的语境长度逐步增大、删减所需关联的知识点难度也逐步提高。

瘦身作为阅读与写作的"跨界"题型，结合了阅读及写作两种能力，较宏观、较粗线条、较小幅度的瘦身更多是阅读能力的体现；较微观、较细节、较大幅度的瘦身就更需发挥写作能力了。如上例中，写作瘦身在一个语段中通过细致、明确的题目要求，让被试应删尽删，关联单位同时涉及句内、句间以及全文，需要被试对语料有从微观到宏观的把握，能力升级。

### 三、删减取向题型的对比讨论

现有常见的删减取向的题型是"缩写"，缩写题一般要求考生在限定时间内阅读一篇较长篇幅的文章，然后将原文缩写为限定字数的短文，考生只需复述文章内容，不需加入自己的观点（参考新汉语水平考试缩写题要求）。

#### （一）删减与缩写的区分

删词题与缩写题的区别在以下两点：

第一，尊重原文的程度不同。缩写是出自改写者的"减"，原文提供创作主题、故事情节和语言材料，后续创作虽是基于原文，但改写者的个人色彩也非常浓重；瘦身是基于原文的"减"，最大程度地尊重原始文本的用字用词、句法结构、逻辑顺序等等，约束和限制更多，对被试阅读和理解原文的要求更高。

第二，客观化程度不同。虽然限定了主题和故事材料，可供发挥创作的空间不大，但缩写题更接近自由创作，也就意味着客观化程度会大打折扣，且不说难以避免照搬原文或者改换部分字词的投机取巧之术，评分标准也仍是难以解决的一块硬骨头。瘦身题则严格贯彻了客观化的原则。

### （二）瘦身题型典例剖析

前文提及，高级阶段的阅读题型应该体现出向写作的过渡，瘦身题贯穿华文水平测试阅读及写作两大试卷。与阅读试卷一样，写作试卷的瘦身题也安排在五级和六级出现。下面继续援引《阅微草堂笔记》一例进行说明。原始材料：

> 奴子傅显，喜读书，颇知文义，亦稍知医药。性情迂缓，望之如偃蹇老儒。一日，雅步行市上，逢人辄问："见魏三兄否？"或指所在，复雅步以往。比相见，喘息良久。魏问相见何意？曰："适在苦水井前，遇见三嫂在树下作针黹，倦而假寐。小女嬉戏井旁，相距三五尺耳，似乎可虑。男女有别，不便呼三嫂使醒，故走觅兄。"魏大骇，奔往，则妇已俯井哭子矣。

经过句间和句内的多次删除，得到以下文本：

> 奴子傅显，性迂缓。一日，逢人辄问："见魏三兄否？"或指所在。比相见，魏问何意？曰："适在井前，见三嫂树下针黹，倦而假寐。小女戏井旁，似乎可虑。"魏大骇，奔往，妇已俯井哭子矣。

为方便读者更清晰地查看删除内容，呈现如下：

> 奴子傅显，~~喜读书，颇知文义，~~亦稍知医药。性情迂缓，~~望之如偃蹇老儒~~。一日，~~雅步行市上~~，逢人辄问："见魏三兄否？"或指所在，~~复雅步以往~~。比相见，~~喘息良久~~。魏问~~相见~~何意？曰："适在苦水井前，遇见三嫂在树下作针黹，倦而假寐。小女嬉戏井旁，相距三五尺耳，似乎可虑。~~男女有~~

别，不便呼三嫂使醒，故走觅兄。"魏大骇，奔往，则妇已俯井哭子矣。

"喜读书，颇知文义，亦稍知医药"和"苦水井"的"苦"与整体文意相关度不大，故删；"望之如偃蹇老儒""雅步行市上""复雅步以往""喘息良久"皆是对"性情迂缓"的细节追加描写，"相距三五尺耳"是对"嬉戏井旁"的细节追加，故删；此文中，"性情"与"性"、"遇见"与"见"、"嬉戏"与"戏"、"水井"与"井"意思等同，故删；"男女有别，不便呼三嫂使醒"是古代常识性的礼节，不必赘述，故删；"相见""在……作……""故走觅兄""则"可根据上下文推知，故删。

原始命题材料共 130 字，经过上述层层删改后仅剩余 66 字，瘦身 50%，但是故事完整性、表述连贯性、行文的语言风格、主题等均完整保留。

如何把握文本精要信息、去除杂余，使文本变得更为精炼、集中，是被试需要仔细考虑的问题，只有在深刻理解原句句义、清晰掌握原句句法的基础上，方能删减，删减后的句子虽出自原句，但其实已然是基于删减者理解和写作能力的二次创作。这样的"瘦身"，显然远超出了阅读能力，是写作能力的体现，是医术高超的"整容"，而非描眉扑粉的"化妆"。

总之，删减取向的题目更精细地考查被试的语言能力，既要兼顾全局，也要关注细节，去留取舍、裁剪删改，皆为工夫。


## 思考

1. 写作能力包含哪些维度？

2. 写作能力测评的客观化有哪些路径？


## 推荐阅读

1. 白娟、李嘉郁《以华测促华教，以华测兴华教——王汉卫教授专访》，《世界华文教育》2018 年第 4 期。

2. 吴继峰、陆小飞《不同颗粒度句法复杂度指标与写作质量关系对比研究》，《语言文字应用》2021 年第 1 期。

# 第九章　华文水平测试口语考试的设计

华文水平测试阅读考试和写作考试是主测试，口语考试是副测试，这是三者关系的基本定位。在此定位的基础上，口语考试测量的核心属性是语音面貌。

## 第一节　口语试卷的宏观结构

"全距"是统计学中的一个概念，即量表起点与终点之间的距离。我们这里借用"起点"和"终点"的表述，讨论华文水平测试口语考试试卷的组成单位。

### 一、口语试卷的"起点"

开发任何测试都要从该语言本身出发，华文水平测试口语考试应该践行基于汉语特点的设计理念。音节在汉语里具有独特的地位，是汉语口语的基本单位。它不仅占据了汉语语言系统的一个层面，还作为汉语的结构形式和表达形式，跟汉字、词汇、语法及语用等各个语言层面都有紧密的联系。

古代汉语以单音节为主，现代汉语虽然占优势的是双音节，但双音节也是建立在单音节基础之上的。在大多数情况下，一个汉字对应一个语素（独立的意义单位）一个音节，形、音、义三位一体。冯胜利（2019）明确提到，单音节性是汉语的一个重要属性，潘文国（2002）、徐通锵（2008）、沈家煊（2019）、周韧（2022）也都持类似观点。

从汉语普通话的韵律特征来看，汉语的节奏模式属于"音节定时"，也称"音节计数"，不同于印欧语系的"重音定时"（沈家煊，2017）。汉语音节数量的选择还是表达语法意义的重要手段，也是汉语在语法上区别于印欧语的一个重要特点（周韧，2019）。也就是说，汉语的节奏单位是以一个单音节字展开的，口头汉语的基本单位是音节。音节是口头汉语的基本单位，汉字是书面汉语的基本单位，这正好对应汉语中"单音节—单语素—单字"的基本格局。

汉语音节独立性强，而且数量有限，不考虑声调的话，音节总数也就400来个。在拼读上，汉语最清晰的单位是音节（潘文国，1997）。可以说，掌握了汉语的音节，千变万化的语音就能运用自如。基于汉语"单音节—单语素—单字"的基本特点，口语考试以单音节为基本单位展开，口语试卷的起点为单音节。

王汉卫（2012：81）提出了"最小语境"的命题原则，最小语境指"能够使测试目标成为唯一目标的最短语境"。虽然作者提到该原则更适用于输入性能力测试，但从测量的有效性来看，输出性测试同样适用。

音节部分最主要测的是声母、韵母和声调的发音。从测量工具来看，词、短语、句子等均能测到发音，因而都可以成为刺激手段。然而，基于最小语境的命题原则，刺激越简单越好，越直接越好。如果是单纯地考发音，那音节无疑是最佳刺激方式。就音节而言，单音节能力指向最清晰，即声母、韵母、声调。多音节（双音节及以上）能力指向相对于单音节相对复杂，除了声母、韵母、声调外，还包括连调、节奏等。所以，为了可以在单位时间内实现对测点直接、精确、多次的测量，单音节是最有效的形式。

另外，对母语者而言，音节的感觉特别清晰。海外华裔一般具有一定的家庭语言听说环境，对于普通话音节应该也具备相当程度的感知力。

从上文的论述可以看到，理论上、实践上，单音节作为口语试卷的起点具有必然性和可行性。

## 二、口语试卷的"终点"

口语试卷的起点是单音节，终点是句子。陆俭明（2013：21）将句子定义为前后有停顿，具有一定语调并表达一个完整意思的语言运用单位。之所以将"句子"定为口语试卷的终点，是因为通过一个语义自足的句子，完全可以考查到被试语音面貌流利性的相关内容。音节部分可以测到声母、韵母和声调的发音准确性，句子部分则可以测到包括停顿、句调在内的语音流利性。就是说，句子层面的语言单位可以实现语音面貌流利性的考查，没有必要再上升到段落或者更高层面。

从口语交际特征来看，日常生活中虽然存在那种有准备的大段表达（如演讲、报告等），但更多的还是即时的句子输出。句子层面的表达形式更贴合现实生活，成段的口语表达是"内容"的叠加，而内容——有话说没话说——当然不是语言能力的问题。

同音节起点的有效性一样，增加单位时间内句子的考查，可以以一种简单高效的方式提高测试的信度，而且可以更精细地获得考生的语音行为样本。我们以一段汉语水平考试（HSK）的朗读材料为例，文本长度为 284 个汉字，用时 2 分钟。在一次考试内，这种长度的朗读一般只有一道题。如果我们把同等长度的朗读材料换成句子，句长 10 个汉字可容纳 28 题，句长 15 个汉字可容纳 19 题，句长 20 个汉字可容纳 14 题。以句子为单位测量的经济性、高效性可见一斑。

由此可见，口语试卷的"起点"和"终点"指的是测试刺激的单位和考生反应的单位。口语考试以音节为基本单位展开，由单音节到双音节，从一个字到一句话。

口语考试是依附于读写考试的副测试，级别上采取隔级设计的形式，共 3 个级别，分别为初级、中级和高级。初级对应 8 岁左右的认知年龄，中级对应 12 岁左右的认知年龄，高级对应 18 岁左右的认知年龄。华文水平测试口语考试的宏观结构如表 9-1（见下页）所示，口语考试分为语音精度测试和语流速度测试两个分测试：语音精度测试的考查单位为音节，主要考查发音的准确性；语流速度测试的考查单位为句子，主要考查发音的流利性。

表 9-1　华文水平测试口语考试的试卷结构

| 级别 | 分测试 | 题型 | 题量（道） |
|---|---|---|---|
| 初级 | 语音精度测试 | 跟读单音节词 | 40 |
| | | 跟读双音节词 | 20 |
| | 语流速度测试 | 跟读句子 | 12 |
| 中级 | 语音精度测试 | 跟读单音节词 | 40 |
| | | 跟读双音节词 | 20 |
| | 语流速度测试 | 跟读句子 | 16 |
| 高级 | 语音精度测试 | 跟读单音节 | 40 |
| | | 跟读双音节 | 20 |
| | 语流速度测试 | 跟读句子 | 20 |

## 三、宏观结构的稳定性与变化性

宏观结构的稳定性主要体现在外在形式和部分内在内容上。从外在形式看，初中高三个级别都由语音精度测试和语流速度测试两个分测试组成，从音节到句子，实现对语音面貌的全方位考查，充分体现口语考试的理论构想。从内容上看，语音精度测试初中高三个级别考查内容完全一样。语音精度测试初中高三个级别之所以可以完全一样，是因为这部分考查的是基于感知的纯粹的发音，受语言水平和认知水平的影响较小。比如，"bèi"这个音节，初级考生可能关联的是"贝"，中级考生可能关联的是"倍"，高级考生可能关联的是"惫"，当然初中高三个级别的考生也有可能都关联"贝"。这部分考的就是音节的发音，不受限于词汇难度。

发音部分是一个有限的测量域，如果有一套相对固定、通用的规则，既可以节省命题时间，又可以给教学更好的反馈。语音精度测试这部分可以力求实现标准参照。标准参照的测试强调领域范围的精确性，最大限度地对个体领域成绩进行解释。张凯（2002）认为，在现有条件下，由于没有找到特定的语言表现和特定的语言能力之间的关系，测量一般语言能力的测试很难使用标准参照。但在语音领域，情况则有所不同，因为语音是语言系统中封闭性相对较强的一个子系统，而且行为性也比较强，在测量目标方面更加明确。单音节部分考查的是声母、韵母和声调，双音节部分除了声母、韵母和声调外，还可以考查连调，这几个测量指标数量都是确定的，可以在一次考试内全方位覆盖。这样的设计体现了对各个阶段基础发音的重视。

宏观结构的变化性主要体现在语流速度测试上。语音精度测试侧重发音（音节）的标准程度，这是口语考试的基础，需要保持稳定。语流速度测试隐含了综合的口语能力，通过句子长度的不同、词汇句法难度的不同、话题内容的不同和停顿时间（预留的答题时间）长短的不同体现宏观结构的变化性，达到区分考生水平的效果。

## 第二节　口语试卷的微观题型

华文水平测试口语考试的微观题型是设计理念与宏观结构的具体表现，下面将按照跟读单音节词、跟读双音节词、跟读句子的顺序对这三类题型逐一进行讨论。

### 一、跟读单音节词

跟读单音节词要求考生听单音节词，听完后马上跟读，发音要准确、清晰、饱满。

### （一）考查目的

考查被试听辨音和模仿发音的能力，包括声母、韵母和声调三部分，以声母和韵母为测试重点。

### （二）考查范围

跟读单音节部分考查范围是封闭的，涉及普通话中所有声母、韵母和声调。声母部分有 21 个辅音声母和 1 个零声母，21 个辅音声母分别是：b、p、m、f、d、t、n、l、g、k、h、j、q、x、zh、ch、sh、r、z、c、s。韵母有 39 个（其中 ê 不含常用字词），可以分为：单韵母、复韵母和鼻韵母三类。单韵母 10 个，分别是：a、o、e、i、u、ü、-i（前）、-i（后）、ê、er。复韵母 13 个，分别是：ai、ei、ao、ou、ia、ie、ua、uo、üe、iao、iou、uai、uei。鼻韵母 16 个，分别是：an、ian、uan、üan、en、in、uen、ün、ang、iang、uang、eng、ing、ueng、ong、iong。声调共有四类，四个调类的名称是：阴平、阳平、上声、去声；四声的调值依次是：55、35、214、51。

### （三）编写细则

这部分初中高题量一样，都是 40 题。单次考试中所有声母、韵母至少出现一次，四个声调大体均衡分布。39 个韵母基本上是每个出现一次，声母在保证每个出现一次的基础上，偏重发音难点。毛世桢（2002）总结了海外华人华侨的语音测试重点，其中声母部分主要有 5 个发音难点：（1）声母 f 与 h 相混或发成双唇擦音［Φ］。（2）r 声母发成 l。（3）鼻音声母 n 和边音声母 l 相混。（4）舌尖后音 zh、ch、sh 发成舌尖前音 z、c、s 或者舌面音 j、q、x。（5）舌面音 j、q、x 发成舌尖前音 z、c、s。据此，我们给予 f、n、l、h、zh、ch、sh、r、j、q、x 11 个声母更多的出现频次。

单音节词声、韵、调的分布情况为：声母 f、n、l、h、zh、ch、sh、r、j、q、x 出现 2—4 次，声母 b、p、m、d、t、g、k、z、c、s 出现 1 次；所有韵母出现 1 次，四个声调各出现 10 次。需要注意的是，零声母是从书写的角度定义的，从音的角度其实不存在，因而不用专门考；在韵母中，er 和 ueng 没有与之相拼的声母，只能以零声母的形式出现，虽然这两个韵母的能产性很低，但应该每次都出现,因为就被试而言,只要把它们读对了,就算是完成这两个音节的学习了。

## (四)题型举例

跟读单音节词题型示例:

| | | | | | | | |
|---|---|---|---|---|---|---|---|
| 1. | bǎ | 11. | mǒ | 21. | fāng | 31. | quē |
| 2. | jùn | 12. | shéng | 22. | jiǔ | 32. | xiàng |
| 3. | qiáo | 13. | pái | 23. | fēi | 33. | quán |
| 4. | shān | 14. | zì | 24. | suí | 34. | tè |
| 5. | zhēn | 15. | xián | 25. | zhòng | 35. | nǐ |
| 6. | ěr | 16. | nǚ | 26. | ruǎn | 36. | cuò |
| 7. | lù | 17. | chuáng | 27. | xiōng | 37. | gāo |
| 8. | qiē | 18. | lín | 28. | huài | 38. | dǐng |
| 9. | huà | 19. | chì | 29. | chūn | 39. | shǎo |
| 10. | kǒu | 20. | jiá | 30. | rén | 40. | wēng |

## 二、跟读双音节词

跟读双音节词要求考生听双音节词,听完后马上跟读,发音要准确、清晰、饱满。

### (一)考查目的

考查被试听辨音和模仿发音的能力,包括声母、韵母、声调和声调组合,以声调及声调组合为考查重点。

### (二)考查范围

双音节部分的考查重点是声调及声调的组合。从汉语语音系统的完备性看,音变包括连续变调（上声的变调、"一"和"不"的变调、形容词重叠的变调）、轻声、儿化和语气词"啊"的变调四个部分。在口语考试中，只考查连续变调中的"一""不"变调和轻声，不考上声连读变调和"啊"变调以及儿化。

　　上声连读变调和"啊"变调其实都是自然语流现象，从可懂度来看，变调与否不会影响交际。不考儿化则是出于语言使用和语言的经济性两个方面的考虑。首先是语言的使用，张世方（2003）、彭宗平（2005）等研究表明儿化是北方话，尤其是北京话的特征，是一个地方性的特征，而不是普通话的特征，是语音的个性而非共性。普通话里哪些词儿化、哪些词不儿化没有很强的规律性。非北京人的母语者不常使用儿化，儿化在海外的使用率更低。很多人将儿化视为标准音的象征，儿化本质上是北京音，而普通话之所以以北京语音为标准音是语言规划的历史选择。其次，从语言的经济属性来看，口语测试考儿化、教师教儿化和学生学儿化都不是一种经济的选择。海外华裔入学后学习华语的时间相当有限，如果把语音项目中的儿化作为一种语言学习的选择，可能会减少其他语言项目的学习时间。

　　语流中声调配合的模式是有限的，学习者掌握了这些有限的模式，有助于克服词句中的声调障碍。连调包括双音节、三音节、四音节等，不论是教学还是测试，都应该有个清晰的边界，不能漫无目的。口语考试选择双音节二字调为主要考查对象，主要是因为：（1）双音节二字调既包含了语流中所有单字调的组合模式，又是多字调的基础，三字调及以上其实都是二字调的扩展。（2）现代汉语双音节词语占多数，因而二字调可以涉及大多数词的声调。（3）多音节的连调不太稳定，会受到语速等变化的影响。

　　普通话有4个单字调，经过组合，形成16个二字调，再加上轻声，共20种二字连调模式。根据首字音的调类和轻声，可以进一步分为五类。（1）阴平＋四个声调的组合，具体为：阴平＋阴平，阴平＋阳平，阴平＋上声，阴平＋去声。（2）阳平＋四个声调的组合，具体为：阳平＋阴平，阳平＋阳平，阳平＋上声，阳平＋去声。（3）上声＋四个声调的组合，具体为：上声＋阴平，上声＋阳平，上声＋上声，上声＋去声。（4）去声＋四个声调的组合，具体为：去声＋

阴平，去声＋阳平，去声＋上声，去声＋去声。（5）包含轻声的组合，具体为：阴平＋轻声，阳平＋轻声，上声＋轻声，去声＋轻声。

### （三）编写细则

这部分初中高题量一样，都是 20 题。单次考试中前四类 16 种基本组合出现一次，另外"一"和"不"的变调各出现一次，轻声两次。双音节词部分尽量避免出现和单音节部分完全一样的音节。

跟读双音节虽然重点考查的是声调及声调的组合，但声调必须依附于音节，单音节因为构不成什么语境，意义指向比较宽泛。双音节可以满足最小语境的要求，意义指向比较明确，考生更容易关联意义，所以这部分音节从词汇大纲中抽取，参考的大纲为《华文水平测试词汇大纲》。从大纲一级和二级中抽取符合上述声调组合的双音节词，构成初级的考试内容。从大纲三级和四级中抽取符合上述声调组合的双音节词，构成中级的考试内容。从大纲五级和六级中抽取符合上述声调组合的双音节词，构成高级的考试内容。

### （四）题型举例

跟读双音节词题型示例：

| | |
|---|---|
| 41.chōu//jīn | 51.gāntián |
| 42.shǒugōng | 52.mēnrè |
| 43.cháoshī | 53.cáimí |
| 44.tiányě | 54.yínxìng |
| 45.shāyǎ | 55.bùkuì |
| 46.zǔmǔ | 56.yǐnbì |
| 47.lùshī | 57.yīdài |
| 48.wàibiǎo | 58.bì//yè |
| 49.zhǐwén | 59.chū·xi |
| 50.tāshi | 60.xìngfú |

### 三、跟读句子

跟读句子要求考生听句子，听完后马上重复句子，发音要准确、自然、流畅。

#### （一）考查目的

跟读句子主要考查考生的语音流利度及对词汇、句法的掌握情况。

#### （二）编写细则

这部分句子或者直接从真实的语料中选取，或者改编自真实的语料。在挑选合适的句子前，我们搜集了相关的语料，并对符合要求的语料作了标注说明。

语料的选择主要遵循以下三方面原则：（1）广泛性原则，即语料来源、题材、体裁丰富多样。（2）当龄性原则，即语料内容符合各年龄段学生特点。这是我们选择语料最重要的一条原则。我们选择的当龄语料大体包括两大类。一是"孩子们的"，这些语料源于该阶段学生输出的作文，作文是孩子们的心声，是能真实表现该阶段儿童特点的；二是"给孩子们的"是成人为孩子们创作的文章，这些"给孩子们的"语料中，主要是学习类语料，如校园生活、科学知识、故事类、休闲娱乐类，而关于经济、法律等专业性语料较少。当龄性原则也是真实性的一种体现。（3）文化性原则，即语料承载一定的中华民族文化。华测口语考试不专门考文化，但在语料的使用上可以包含文化元素。比如可以直接使用一些成语或俗语作为刺激材料。

我们从相关网站、期刊、图书等搜集了符合上述原则的一些语料，转录成可编辑的文字，对语料的主题、体裁、字数、词汇难度、认知级别等均作了标注。不同级别的句子要满足如下要求：

1. 句子话题内容体现"当龄性"。华文水平测试口语考试虽不涉及动态的情景话题任务，但在静态的文本选择上会尽可能多地呈现不同的话题与内容。

2. 控制字词、语法难度。每句涉及的字词、语法难度不超过当级，至少包含一个当级词。

3.控制句子长度。跟读句子这类题型可能被质疑测的是记忆能力而非语言能力。我们承认个体的记忆差异可能会影响跟读的表现，但当句子控制在一个合理的长度，词汇和句法控制在一个合理的难度，话题内容控制在一个相对熟悉的范围内时，记忆的影响也就处在一个相对安全的区间。这时的"记忆"恰恰是我们要考的语言能力的一部分，即一种加工处理的能力。在句法难度和话题熟悉度都得到控制的前提下，如果句子长度超出一定范围，大部分被试都不能完成，这时的"记忆"就不是我们要测的内容，反而是一种干扰因素。我们曾对近200名15—18岁的华裔学生进行跟读句子的试测，试测结果表明，当句子长度控制在10个音节以内时，题目难度在0.9以上，当句子长度在20个音节左右时，题目难度在0.75左右，由此，我们推测20个音节以内的句长是相对安全的。根据相关文献，国内外关于"跟读句子"（诱发模仿/重复句子）的行为实验或者测试，其句长均未超过20个音节。不过，为了更充分地测量到语音流利性，如句子包含不只一处的停顿，我们尝试性地将20个汉字的句长延伸至25个汉字。Miller（1956）指出，一个人短时记忆能够保持的块数为7±2，据此我们将句子的最短长度定为5个音节。据此，句子的长度范围为5—25个汉字不等，在这个长度基础上再进一步细分出四个区间：［5，10］、［11，15］、［16，20］、［21，25］。初级12题：［5，10］4题，［11，15］4题，［16，20］4题；中级16题：［5，10］2题，［11，15］4题，［16，20］6题，［21，25］4题；高级20题：［5，10］2题，［11，15］4题，［16，20］9题，［21，25］5题。

4.控制停顿时间（预留答题时间）。跟读句子题型在口语考试中又被称为语流速度测试，就是说在不考虑个人说话习惯差异的条件下，被试跟读速度越快，其口语水平相对越高，前提是不遗漏句子任何信息。除了控制句长，还可以进一步控制每道题之间的停顿时间，以更好地区分被试的能力。

（三）题型举例

跟读句子题型示例：

61. 妈妈开心地笑了。

62. 她的生日是哪一天？

63. 大树长出了新的嫩芽。

64. 比起夏天，我更喜欢冬天。

65. 剪刀要拿稳，不要乱剪乱晃。

66. 那件衣服穿起来不是很舒服。

67. 这间博物馆有两百多年的历史。

68. 弟弟的嘴巴大大的，鼻子高高的。

69. 夜幕悄悄降临，弯弯的月亮爬上了树梢。

70. 还没爬多久，小乌龟就已经累得满头大汗。

71. 这个小姑娘很害羞，一见到陌生人就躲起来。

72. 西安是爸爸的家乡，也是我最喜欢的中国城市。

本章从宏观和微观两个层面构建了华文水平测试口语考试的面貌。从宏观上看，口语考试包括语音精度测试和语流速度测试。从微观上看，语音精度测试包括跟读单音节词和跟读双音节词两种题型，语流速度测试则通过跟读句子来考查。语音精度测试和语流速度测试共同实现对语音面貌的考查。

### 思考

口语表达会受到哪些因素的影响？

### 推荐阅读

1. Robinson, P. Task Complexity, Task Difficulty and Task Production: Exploring Interactions in a Componential framework. *Applied Linguistics*, 2001, 22(1).

2. 何莲珍、王敏《任务复杂度、任务难度及语言水平对中国学生语言表达准确度的影响》，《现代外语》2003 年第 2 期。

# 第十章　华文水平测试命题和题库建设

　　命题是基础性工作，根据题型的特点，华文水平测试采用了计算机自动命题和人工命题两种方式，最大程度地提升命题效率，以保证题目的数量和质量。一个内容体系完善、功能强大的题库是测试顺利进行的支撑。现代测试中的题库是一个集命题、审题、组卷、分析等多种功能为一体的动态管理系统。好的题库不仅能使测试更加客观准确，还能节约命题成本。华文水平测试是一个新的考试，题库建设以解决测试实际问题为目标，通过计算机的存储、识别、计算等功能，实现对大纲、题型、题目和试卷的管理和使用，为测试的顺利进行打下基础。

## 第一节　华文水平测试的命题

　　根据华测各题型的选项及题干的特点，题型可分为两大类：字词类题型和句段类题型。字词类题型全部实现计算机自动命题，句段类题型当前主要采用人工命题，计算机参与辅助。命题过程包括资源库建设环节和试题命制环节。

### 一、题型分类

　　我们综合两个角度，对题型进行了分类。

　　角度一，选项、题干的有无。从该角度分类，共有三类题型：a. 只有选项，如"字音个别"（例：［A］雨　［B］吹　［C］虫）；b. 只有题干，如"跟读句子"（例：大树长出来新的嫩芽。）；c. 既有选项又有题干，如"句内缺字"（例：天了，多穿点衣服。[A]冷　[B]你　[C]热）。

角度二，选项或题干所呈现的单位。在角度一的类别基础上（a 类按选项的单位分，b、c 类按题干的单位分）再进一步按角度二分类，共有两类题型：字词类题型（单位是字或词的）、句段类题型（单位是句子或段落的）。

华测阅读考试、写作考试、口语考试各题型的分类见表 10-1。

**表 10-1　与命题方式有关的题型分类**

| 题型 分类 | | | 角度一 | | | 角度二 | |
|---|---|---|---|---|---|---|---|
| | | | 只有选项 | 只有题干 | 既有选项又有题干 | 字词类题型 | 句段类题型 |
| 阅读 | 识字 | 合字 | √ | | | √ | |
| | | 字音个别 | √ | | | √ | |
| | | 字义个别 | √ | | | √ | |
| | | 词内别字 | √ | | | √ | |
| | 读文 | 断句 | | | √ | | √ |
| | | 句内别字 | | | √ | | √ |
| | | 句内缺字 | | | √ | | √ |
| | | 文本瘦身 | | | √ | | √ |
| 写作 | 写字 | 按笔顺写汉字 | | | √ | √ | |
| | | 听选部件 | √ | | | √ | |
| | 作文 | 填字成词 | | | √ | √ | |
| | | 词语扩充 | | | √ | √ | |
| | | 组项成句 | | | √ | | √ |
| | | 组项成段 | | | √ | | √ |
| | | 重组句子 | | | √ | | √ |
| | | 瘦身语段 | | | √ | | √ |
| 口语 | | 跟读单音节词 | | √ | | √ | |
| | | 跟读双音节词 | | √ | | √ | |
| | | 跟读句子 | | √ | | | √ |

## 二、字词类题型的命题

### （一）资源库建设

根据字词类题型的命题需要，在汉字大纲、词汇大纲已有标注信息的基础上，建设了一些字库、词库，此外，还建设了个别题型需要的图片库、音频库。

1.字库有三个：基础字库、字义库、别字库。

基础字库，"合字""字音个别""听选部件""按笔顺写汉字"题型共用，信息字段包括：汉字、级别、结构类型、部件、笔画、音节、声母、韵母、声调。

字义库，"字义个别"题型专用，信息字段包括：义项字、级别、义类编号、部件。我们利用已有资源《同义词词林扩展版》（哈工大信息检索研究室研制并发布，简称《词林》），人机结合进行标注。单义字直接自动关联《词林》中的义类编号，多义字在《词林》中可能会有多个义类编号，需要人工根据义项差别将同一个字拆分为多个义项字，分别关联义类编号，并根据词汇大纲确定各义项字的级别。此外，由于"字义个别"题型要求各选项字避免包含相同部件，所以字义库还包括部件信息。

别字库，"词内别字"题型专用，信息字段包括：汉字、级别、音同形近别字、音不同形近别字、音同形不近别字。我们通过多渠道收集、人工整理，获得了上述三种类型的别字：（1）通过汉字的音节信息自动关联了同音字，通过汉字的部件信息自动关联了部分形近字（有的形近字不包含相同部件，如"已""己"；有的形近字包含相同部件，如"校""较"，所以是部分形近字。此外，部件从占整字的视觉比例上分为胖部件和瘦部件，如"们"中的"亻"是瘦部件，"门"是胖部件，包含相同胖部件的算作形近字）。（2）从中介语语料中收集别字并整理（利用了北京语言大学 HSK 动态作文语料库中标注的别字资源）。（3）利用文字识别软件收集别字并整理（识图软件的提取文字结果、pdf 转 word 的结果中经常出现别字）。

2.词库有两个：二字词库、透明词语库。

二字词库，"词内别字""填字成词""跟读双音节词"题型共用，这些题型都是用的二字词，所以从词汇大纲中筛选出来二字词单独建库；"词内别字""填字成词"题型需要考虑词的级别及词语用字的级别，"跟读双音节词"题型需要考虑词中前后音节及声调的组配，所以该库的信息字段包括：词、词级、前字级别、后字级别、前字音节、前字声调、后字音节、后字声调。

透明词语库，"词语扩充"题型专用，该库条目为语义透明的二字词语，一部分来自《华文水平测试词汇大纲》，另一部分人工收集（因为语义透明，词与短语界限模糊，很多没有收入大纲），信息字段包括：词语、前字扩充词、后字扩充词、前级、后级。如：频发 | 频繁 | 发生 |5|3。

3. 图片库："合字"题型需要在选项前给出带田字格的汉字部件的图片、"按笔顺写汉字"题型需要给出汉字笔画图片，因此专门建库。

4. 音频库："听选部件"题型需要给出提示汉字语境的录音（如"讲，讲话的讲"），"跟读单音节词""跟读双音节词"题型需要给出音节或词语的录音，因此专门建库。

各题型所用资源库见表 10-2。

表 10-2　各题型所用资源库

| 题型 | 资源库 |
| --- | --- |
| 合字 | 基础字库、图片库 |
| 字音个别 | 基础字库 |
| 字义个别 | 字义库 |
| 词内别字 | 别字库、二字词库 |
| 按笔顺写汉字 | 基础字库、图片库 |
| 听选部件 | 基础字库、音频库 |
| 填字成词 | 二字词库 |
| 词语扩充 | 透明词语库 |
| 跟读单音节词 | 音频库 |
| 跟读双音节词 | 二字词库、音频库 |

### （二）试题命制

根据各题型的命题细则，利用资源库中的数据，编写计算机程序，实现自动命题。

虽然各题型命题细则给出的具体限制不同，但可概括为以下情况：合等级、避免重复、防干扰、防提示、类型配比。这些限制，由人工把控会非常繁琐，耗时耗力且容易出错，而对计算机来说，只是重复执行一些基本操作（随机抽取、比较异同、计数等），只要程序设计合理，就可以保质保量省时省力地完成。

1.合等级。默认情况下，某级的题目内容应该是当级的字词，但由于存在诸多限制，满足所有限制的当级字词往往数量有限，为了使可出的题目更多一些，需要放宽等级限制，允许跨级。具体跨级范围，各题型有具体规定。计算机要做的就是在符合跨级规定的范围内，随机抽取字词。

比如"字音个别"题型，是让考生选择读音个别的字，类型有声母同（选项中配项的声母相同，答案项与配项的声母、韵母均不同）、韵母同（配项的韵母相同，答案项与配项的声母、韵母均不同）、音节同（配项的音节相同，答案项与配项的声母、韵母均不同）。其中，五、六级的音节同这一小类，允许配项字跨级，五级的可以是三、四、五级字，六级的可以是四、五、六级字，原因在于五、六级字本就少，而同级内满足多于/等于3字（五、六级一道题目3个配项）的音节更少，如果局限于当级，那可出的题目就会非常有限。

2.避免重复。同一道题目的不同选项需要避免重复，同一张试卷的同一个题型的不同题目的选项之间，也需要避免重复。如果是面向题库命题，可以只考虑单道题目内部避重，从题库抽取题目组卷时再考虑题目间的避重。如果是按套命题，则需要同时考虑题目内避重和题目间避重。

当前，字词类题目采取的是按套命题方式，比如某次考试的某级试卷，某题型有6道题目，每道题目4个选项，则会抽取24个不同对象。计算机要做的主要是比较新抽取对象和已抽取各对象的异同，如果相同则重新抽取。

3.防干扰。题目配项的某些信息可能会干扰考生正确作答，影响题目质量，命题时需要提前想到此类干扰，通过设置适当的限制以避免其发生。

比如"字音个别"题型，判断读音的同异，题目设计时只考虑三个角度：声母、韵母、音节，而不考虑声调。但是，考生作答时，可能会按声调的同异来作答。这样，出题时就需要防止声调的干扰，要求所有选项的声调要么都一样，要么都不一样。计算机要做的主要是利用字音信息多角度比较答案项和各配项之间的异同。来看一下具体的题目：

（1）[A]好 [B]到 [C]是

（2）[A]好 [B]到 [C]吃

该题 A、B 的韵母同，答案项是 C。（1）没有屏蔽声调的干扰，考生可能因为配项 B、C 的声调同，而选择 A。而（2）所有选项的声调都不同，从而避免了声调的干扰。

4.防提示。题目配项的某些信息一方面可能会干扰考生正确作答，另一方面也可能在考生原本不会的情况下提示考生正确作答，这当然也是要避免的。

由于汉字自身的特点，汉字的形体对汉字的读音及意义都存在提示信息。尤其是占比最多的形声字，声旁可能提示读音，形旁可能提示意义。因此，"字音个别"和"字义个别"题型都有一个限制，就是选项字间避免包含相同部件。计算机要做的主要是利用字的部件信息比较各选项字所包含的部件的异同。

5.类型配比。同一试卷中的某题型的各道题目，经常会分一些小类，而且可能还会不止一个角度进行分类。各类的比例会有规定，按套命题时（或从题库抽题组卷时）需实现规定的配比。

比如"合字"题型，会从汉字结构的角度将题目分为三小类：左右结构、上下结构、包围结构，同一试卷中的 6 道题目要求三小类的比例为 4:1:1。再比如"词内别字"题型，选项都为二字词，按别字在词内位置分为前字、后字两类，又按别字和正字的近似关系分为音同形近、音不同形近、音同形不近三类。两个角度的各类都要实现规定的配比。计算机要做的主要是通过计数来控制抽取对象的类型。

### 三、句段类题型的命题

#### （一）资源库建设

根据句段类题型的命题需要，建立了专门的命题语料库。库中条目是句子及段落。建设的主要环节包括：语料收集、语料切割、信息标注。

1.语料收集。语料收集方式包括网络下载、纸质出版物（报纸、杂志、书籍）的转录或文字识别、AI生成等。

2.语料切割。收集来的语料大多是篇章，需要将其切割为句子和段落。我们采用了两种方式进行切割：方式一，自动切割，计算机根据篇章中的标点及段落标记进行切割，得到篇章中原始的句子和段落。方式二，人工挑选及组装，人工从篇章中挑选或组装出具有独立性的句子和段落。

之所以有方式二，是因为经过一段时间的命题实践，我们发现，很多自动切割出来的句子和段落，脱离所在篇章后缺乏独立性，无法单独呈现于卷面。比如下面是一篇文章中的两段，共3句。句1独立，其他句子不独立；段1独立，段2不独立。可以人工挑选出句1，段1，组装段1和段2成一个段落，从而得到3条独立的语料。

> 清晨，睡了一夜刚醒来，人可能会觉得肌肉酸疼。这时，如果能赖一会儿床，全身的肌肉关节就会逐渐舒展开。

> 但是，赖床时间应控制在30分钟内，时间过长也会导致大脑供血不足，头昏脑涨。

> （选自《我们爱科学》2022年12月1148期"冬天，人为什么爱赖床"）

3.信息标注。出题所需的大部分信息可由计算机自动标注，少数需人工标注。计算机标注的信息主要有句段的字数、词数、字级、词级、标点数、各级字比例、各级词比例等。人工标注的信息主要有语料的主题类型、认知等级等。

## （二）试题命制

句段类题型主要由人工命题，下面介绍在保证题目数量、质量及提高命题效率方面所做的工作。

1.保证题目数量。备用题目充足，才能够维持考试正常运转，华测对题目的需求量很大。由于是人工命题，所以人力是保证题目数量的关键。一方面受限于研发团队的人力不足，另一方面又得益于团队所在学院的人力优势（培养的国内学生，从本科到博士都是语言学相关专业），我们定期招聘、培训、择优学生命题员，建立了一支具有一定人数规模的相对稳定的命题员队伍。

2.保证题目质量。追求数量的同时，要保证质量。正如一道好菜的出锅需要有好的食材、好的菜谱、好的厨师一样，一道好题的出品需要有好的语料、好的命题细则、好的命题员。我们有专门的语料库，可以方便地从中筛选合格的语料；有详细、清晰、操作性强的命题细则；有一批态度认真且能力强的命题员，此外，研发团队还会对收集到的题目进行多轮审核（初审、入库前审核、组卷后审核等），凡此种种，皆为严把质量关。

3.提高命题效率。从优化人的命题流程、发挥计算机的辅助作用两方面双管齐下，提高命题效率。（1）优化人的命题流程。惯常的流程是"一料一题"：命题员领到某个题型的命题任务，然后按命题细则筛选出符合该题型某级别题目要求的语料，然后进行题目命制。按此流程，经常出现的一个情况是语料本身符合要求，但就是出不成题（比如出断句题无法保证答案唯一，再比如出瘦身题无法找到足够多的可删选项等）。对此，我们做了变通，将题型进行分组，同组的题型对语料要求相近，优化命题流程为"一料多题"，即一条合规的语料同时尝试命制同组内多个题型的题目（比如同时尝试出某级别的断句题、组项成段题、瘦身题等，出成几个算几个）。（2）发挥计算机的辅助作用。句段类题型虽然当前不能实现自动命题，但可以人机结合，各擅其长，最大程度地发挥计算机的辅助作用。下面以组项成句题型为例简单说明，见表10-3（见下页）。

表 10-3　组项成句题型命题举例

| 题目的卷面呈现 | A. 我们　　B. 球　　C. 打　　D. 经常<br>＿＿＿＿一起＿＿＿＿。 | |
| --- | --- | --- |
| 人工完成的部分 | 选出合适的句子，给句子划项。 | 我们 / 经常 / 一起 / 打 / 球 /。 |
| | 指定"给定项"。 | 一起 |
| 计算机完成的部分 | 生成选项（将给定项之外的其他项随机打乱顺序、编号）。 | A. 我们　B. 球　C. 打　D. 经常 |
| | 生成答案（对比原句即可实现）。 | ADCB |
| | 排版成卷面呈现形式。 | |

## 第二节　华文水平测试的题库建设

题库建设首先需要设计数据库和计算模块的架构，然后按照处理流程完成相关任务，以实现支撑考试的选题、组卷、数据分析等功能。

### 一、数据库和计算模块

数据库模块实现的主要是数据存储、查询和调用功能，涉及的数据集包括命题相关的各项大纲（《华文水平测试汉字大纲》《华文水平测试词汇大纲》《华文水平测试语法大纲》《华文水平测试文化大纲》）和语料、经过标注参数的题目、经过分类和描述的题型。计算模块需要根据测试各项环节的具体要求设计算法，用于完成命题、组卷、试卷和题目分析、用户管理等任务。

数据库模块是计算模块程序运行的数据来源，我们只针对部分有后台管理权限的用户开放，而前端应用功能的设计，如图 10-1（见下页）所示。

前端应用功能面向三类用户，研发人员用户可以基于数据库进行语料处理、命题、组卷和试卷分析活动；针对考生用户，题库可以为题型和整卷层面上的自测服务提供数据基础；管理员用户则通过数据维护和程序维护功能管理题库数据。华文水平测试题库具有以下特色。

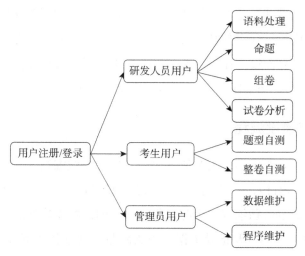

图 10-1　题库前端应用功能框架图

### （一）内容上增加了大纲、语料和题型数据

以往的题库一般仅用于存储试题，对于考试大纲、语料以及题型都很少涉及。我们的题库将大纲数据库同时包含进来，这为实现语料处理、查询的自动化做好了准备，使命题工作更加便捷，同时命题语料经过与大纲的对比，也会更加准确客观。其中，题型的建设弥补了从题目到整卷的真空地带，将题型因素纳入影响测试的考虑范围是测试科学发展的必要环节。

### （二）根据测试发展阶段确定参数获取方法

目前语言测试题目的参数获取方法常用的有两种：经典测量理论和项目反应理论下的参数计算方法。两种方法各有所长，对数据要求也不一样。我们的计划是在测试规模不大、被试和题目数量都不多的阶段首先使用经典测量的计算方法，随着考试的推广，数据积累到一定程度时加入项目反应理论的参数。

### （三）增加用户的应用功能，创建友好界面

题库按照题型和整卷两种模式为考生用户提供自测服务支撑，同时，这也是将来的自适应考试建设的初步尝试。此外，题库一般都是为测试内部人员组卷开发的，因此界面设计比较专业，一般采用编程窗口设计。随着命题和题目分析工作的增加，一个用户友好的窗口式界面是必不可少的。

## 二、题库建设流程

华文水平测试题库建设宏观流程涵盖了确定命题细则、开展命题工作、题目审核与标注、题目入库、组卷、校对试卷和试测标参等多个步骤。

第一步，确定命题细则。命题是华文水平测试题库建设的起点，命题细则是命题和审题工作的重要指导依据。华测命题细则紧扣华测各项标准、大纲，对各题型的考察范围、认知难度、字词要求等作了细致阐述，确保命题的科学性、公平性和有效性。

第二步，开展命题工作。华文水平测试命题包括人工命题和计算机自动命题两种方式。字词类题型主要采用计算机命题，研发人员依据命题细则建设各题型相关资源库，供计算机自动抽取，生成题目；句段类题型主要采用人工命题，命题员均来自语言学相关专业。为了确保命题的一致性和准确性，命题人员必须接受专门的培训，内容包括华文水平测试理念与设计、标准和大纲、语料的筛选与使用、命题细则和命题方法等，帮助命题人员深入了解华测考试，提升命题质量和效率。

第三步，题目审核与标注。命题完成后，研发人员需要对试题进行审核，确保试题内容准确、语言规范、难度适中。审核通过的试题需要进行标注，包括题型、级别、语料编码等信息，方便后续分类入库和组卷。

第四步，题目入库。题目使用特定符号进行形式标注，录入系统后，系统可自行识别，最终完成面向用户的题目样式转化。在入库过程中，需要确保数据的安全性和完整性，防止试题泄露。这一环节需要技术部门的支持和良好的

系统维护，以确保考试的顺利进行。

第五步，组卷。组卷系统根据拼卷方案从题库中抽取试题，完成组卷，涉及级别、板块、题型、数量等方面。组卷过程中也会考虑试卷的美观度和易读性，设计答题指引，以便考生能够顺利进行考试。

第六步，校对试卷。校对工作包括题目表述是否清晰、准确，答案是否合理、无误，语料文本是否重复，等等。如果发现有任何问题，需要及时进行调整和完善。通过校对环节的有效实施，确保华文水平测试的试题建设达到高质量的标准。

第七步，试测标参。为了检验华文水平测试试题的适用性和有效性，研发人员会选择具有一定代表性的样本人群进行初步试测，得到每个题目的参数。合格的题目可以用于今后的正式考试，不合格的题目作为改进和完善命题工作的材料。

华文水平测试的题库建设是一个严谨而细致的过程，涉及多个环节。从命题到试测，每个步骤都可能会对最终的测试结果产生影响。因此，必须高度重视每一个环节，确保试题的科学性、准确性和有效性。通过不断优化和完善华文水平测试的题库建设流程，可以进一步提高测试的公正性、准确性和可靠性，为全球范围内的华文水平测试考生提供更好的评估和服务。

**思考**

计算机技术能够在命题方面提供哪些帮助？

**推荐阅读**

李洋、李实主编《自然语言处理入门》，清华大学出版社，2024 年。

# 第十一章　华文水平测试的分数处理和报告

为了使考试结果能够清晰地被解读、便捷地被使用，分数的处理与报告要遵循科学性、可读性和实用性原则。科学性是指分数处理要符合测量学的理论和实践规范，可读性要求分数报告提供的信息能够准确地被测试使用者理解，实用性则是指报告的分数要满足考生个人和相关团体在各种情境下的使用需求。

本着上述三个原则，华文水平测试提供包含各种类型分数的、面向不同对象的成绩报告和考试分析说明。

## 第一节　华文水平测试成绩报告的设计

成绩报告是测试用户得到的最后结果，一份好的成绩报告应该最大限度地满足测试使用者的信息需求，这些需求包括：考生得到了什么分数、这个分数是什么含义、这个分数反映了测试属性的哪些优势和弱点等等。对于这些问题的回答就体现在成绩报告的设计上，华文水平测试为考生个人和考点（学校）提供图 11-1（见下页）和图 11-2（见下页）所示的成绩报告。

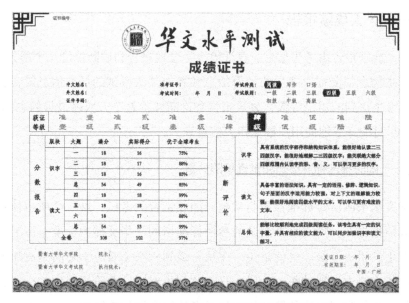

图 11-1　针对个人的华文水平测试成绩报告示例

图 11-2　华文水平测试考点分析报告的封面

# 一、个人成绩报告

个人成绩报告由考生信息、获证等级、分数报告和诊断评价几个部分组成。

考生信息部分提供考生的身份信息和参加某次考试的场次信息等，获证等级是指考生得到的祖语等级，分数报告和诊断评价是个人成绩报告的主体部分，该部分尽可能详尽地向用户报告相关信息。

## （一）同时报告标准参照和常模参照分数

华文水平测试是标准参照与常模参照相结合的考试，这一性质也体现在考试的成绩报告上。华文水平测试的参照标准指的是华文能力标准，标准参照分数即考生的祖语等级。也就是说，在从一级到六级（对应学龄前到成年的年龄段）的华文能力发展的每个阶段，只有达到了对应这个阶段级别的标准，才能进行下一步的学习，这种符合华裔学习者认知发展的连续性学习才能最后达到华文能力保持和传承的目标。

而对于考生的祖语等级的划分则是根据考生的得分和等级划分分数线。分数线的确定要保证几点：一是能够与华文能力标准对于等级的描述相符，二是等级划分的数量要适宜，三是分数线要具有较高的决策一致性。上述三点是标准参照分数体系设计的合理性和有效性的保证。

除了标准参照的分数信息，华文水平测试的用户还关心其成绩在整个考生群体中的相对位置，这就需要为其提供常模参照分数。常模参照分数的基础首先是建立常模，常模的代表性会给分数解释带来直接的影响。其次在常模分数类型的选择上，需考虑用户的接受度，尽量选择意义直观的分数表达类型。

## （二）分数报告层次化设计

华文水平测试的宗旨在于全面评估考生的华文能力，包含阅读、写作和口语三个测试。为了实现这一目标，每个测试细分为多个板块。在阅读部分，试卷分为识字和读文两个板块，旨在评估考生的汉字识别和阅读理解能力。写作部分则包括写字和作文两个板块，全面考查考生的书写技能和表达能力。而在口语考试中，重点考查音节发音和句子运用，以评估考生的口头表达能力。

分数报告的设计紧密跟随测试结构，为考生提供清晰、层次化的反馈。这种设计不仅让考生清楚了解自己在各个部分的表现，而且通过对不同题型的细致分析，帮助他们认识到自己的强项和弱项，明确改进方向。例如，阅读部分的报告会具体展示识字和读文板块中各个题型的得分情况，而写作和口语部分也会有类似的详细分析。此外，这种细致的报告设计同样应用于学校分析报告中。学校可以通过报告中提供的详细数据，如各题型的平均分，深入了解学生在不同语言能力上的表现。这有助于学校识别在教学中的优势和不足，进而优化教学方法和策略。

综上所述，华文水平测试不仅是一个评估工具，更是推动全球华文教育质量提升的重要环节。在"以考促学、以考促教"的理念指导下，华文水平测试旨在通过科学的测试手段，为考生和学校提供详尽的反馈，从而有效推动考生的学习进步和教师的教学质量提升。

### （三）根据分数给出诊断评价

华文水平测试的核心目标是评估海外华裔青少年的华文能力。华文学习对于这些青少年而言，是一种对祖语的继承与发扬。因此，华文水平测试不仅是一项评估工具，更是推动华文教育发展的重要力量，其定位明确为"促华教、助华教"。

华文水平测试的性质和定位在成绩报告中得到了充分体现。报告不仅向考生展示了他们的成绩，更重要的是为考生提供了诊断性评价。这些评价基于考生的作答数据，深入分析了考生在华文能力的各个不同方面和层次上的表现，并据此给出了具体、有针对性的学习建议。对于考生而言，个人成绩报告如同一面镜子，反映出他们华文能力的真实面貌。他们可以通过报告了解自己的强项和弱项，从而制订更为有效的学习计划。对于老师而言，学校分析报告提供了整体学生的语言能力概览；老师可以根据分析报告调整教学策略，更好地满足学生的学习需求。

这种有针对性的反馈和建议，不仅有助于考生提升华文能力，也为华文教学机构提供了宝贵的教学参考。通过这种方式，华文水平测试不仅评估了学生的华文能力，更推动了华文教育的持续改进和发展，进而为提升全球的华文水平作出了积极贡献。

## 二、考点分析报告

对于团体而言，为了准确评价其教学水平并进行相应的教学安排调整，对宏观概况和内部细节信息的关注尤为重要。因此，为了满足这一需求，考点成绩分析报告应运而生，旨在提供全面而深入的反馈。

测试不仅是检验学生学习效果的手段，更是促使教师改进教学效果的有效途径。为了实现这一目标，测试设计者需要通过多种方式向学校提供及时、有效的反馈信息。其中，考点成绩分析报告是一种重要的反馈形式，它能够全面展示考点的整体水平和特点，帮助考点对自身的教育质量进行宏观把握和分析。考点成绩分析报告对于考试团体来说，不仅可以用于评估教师的教学水平、指导分班分层等工作，还可以结合测试的效度和成绩，为考点制订长期的教育规划提供依据，将测试内容与教学内容相互融合，从而达到以测试促进教学、以教学提高测试的良性循环。华文水平测试针对考点的报告目前一共有三种，见图 11-3。

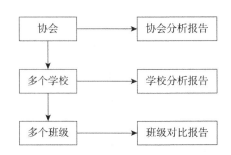

图 11-3  华文水平测试考点成绩分析报告的组成

## （一）协会分析报告

一个组织的内部结构通常由多个小团体组成，这些小团体在组织中的地位和发挥的作用，对于评价组织的优劣至关重要。例如，在华文水平测试中，每个协会（包含多所学校）均可获得一份详尽的协会分析报告，这份报告有助于协会全面了解其下属各校学生的华文水平，为教学指导和策略调整提供有力支持。这不仅有助于协会制订更为合理和有效的战略规划，还有助于提升协会下属的各个学校的教学质量。

协会分析报告不仅展示了协会在考试中的获证情况和成绩表现，还详细对比了各校的成绩。首先，对协会的基本考试数据进行了全面分析，包括考试人数、通过率、获证等级等关键指标。其次，从平均值、中位数、最大值和最小值等方面深入分析了各校的整体华文水平和分布情况，如图 11-4。此外，通过对比协会下属的各个学校的成绩，协会可以更好地了解各个华校的语言水平差异，如图 11-5（见下页）。最后，通过将该协会的数据与全国和全球的数据进行了对比，可以从多个维度评估该协会在全球范围内的竞争力。

|  | 本协会 | 全国 | 全球 |
|---|---|---|---|
| 最小值 | 47.00 ↑↑ | 23.00 | 12.00 |
| 中位数 | 64.00 −↓ | 64.00 | 72.00 |
| 最大值 | 105.00 ↑↓ | 104.00 | 108.00 |
| 平均值 | 68.78 ↑↓ | 63.75 | 70.76 |

图 11-4　协会整体华文水平示例图

通过这份协会分析报告，协会可以全面了解协会内各个学校的教学水平，并为其制订更为合理和有效的战略规划提供有力支持。同时，这也为学校自身提供了一个评估自身在全球范围内竞争力的机会，从而有针对性地提升教学质量。这种基于数据的分析方法不仅客观、准确，而且对促进组织内部的合作与发展具有重要意义。

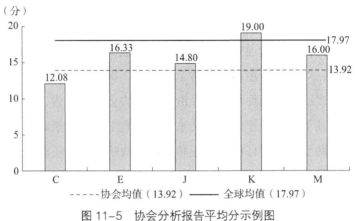

图 11-5　协会分析报告平均分示例图

### （二）学校分析报告

为了让测验能够对学习者产生更加积极的影响，不仅要考虑大团体的情况，也要关注内部小团体的情况，即学校的情况。学校是教学的主要场所，教学的质量不仅取决于老师的知识水平，还取决于学生的反馈程度。人本主义教育理论的奠基人之一卡尔·罗杰斯在 1957 年提出了"以学生为中心"的教育思想，认为教育应该尊重和满足学生的个性化需求。根据这一理念，学校分析报告应详尽描绘学生的语言能力全貌，并提供具体、有针对性的反馈，旨在提升测验的有效性和实用性，从而更好地服务于教学和评估工作。

学校分析报告给出了报名和缺考情况说明、成绩说明两个模块。报名和缺考情况说明是给出了考生构成和缺考情况。考生构成描述的是：本次考试每个级别的人数以及每个级别的考试人数在本次考试总人数中占的比例，见图 11-6（见下页）。缺考情况描述的是本次考试的考试人数和缺考人数，见图 11-7（见下页）。成绩说明给出了当级获评率、获评等级分析和各板块分数对比。当级获评率描述的是本次考试获得当级证书的人数在考试当级人数中所占的比例，见图 11-8（见下页）。获评等级分布是按照报考级别来描述获评的人数以及获评各级别人数在考试人数中所占的比例，见图 11-9（见 208 页）。同时，考生获评等级分布对比给出了本次考试和全国、全球获评等级分布对比的情况描述，见图 11-10（见下页）。

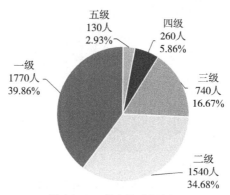

图 11-6 考生构成示例图

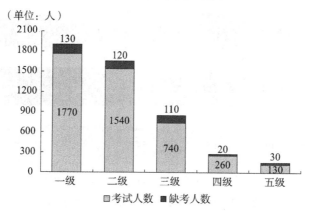

图 11-7 缺考情况说明示例图

| 考试科目 | 考试人数<br>（人） | 获评当级人数<br>（人） | 当级获评率<br>（本考%） | 当级获评率<br>（全国%） | 当级获评率<br>（全球%） |
|---|---|---|---|---|---|
| 一级 | 1770 | 680 | 38.42↓↓ | 51.06 | 51.67 |
| 二级 | 1540 | 140 | 9.09↓↓ | 19.23 | 28.13 |
| 三级 | 740 | 110 | 14.86↑↓ | 10.47 | 21.37 |
| 四级 | 260 | 20 | 7.69↓↓ | 26.09 | 16.46 |
| 五级 | 130 | 10 | 7.69↓↓ | 21.43 | 18.87 |

图 11-8 当级获评率示例图

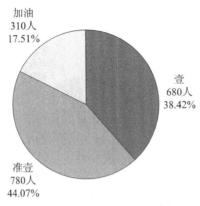

图 11-9　获评等级分布示例图

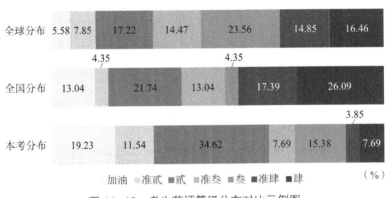

图 11-10　考生获评等级分布对比示例图

　　在各板块分数对比方面，华文水平测试的阅读试卷共分为两个板块：识字、读文。首先，从识字、读文、全卷三个层面来比对本校、全国和全球的最大值、中位数、最小值和平均数。接着，呈现的是识字板块和读文板块中各个分数段的人数占比，见图 11-11（见下页）、图 11-12（见下页）。华文水平测试的写作试卷共分为两个板块：写字、作文。首先，从写字、作文、全卷三个层面来比对本校、全国和全球的最小值、中位数、最大值和平均数。接着，呈现的是写字板块和作文板块中各个分数段的人数占比，见图 11-13（见下页）、图 11-14（见 210 页）。经过对各板块分数的详尽阐述，学校能够全面且细致地掌握学生的整体表现情况。

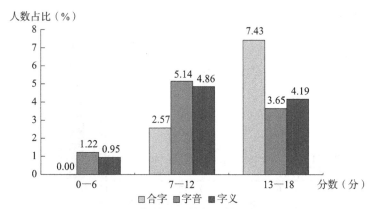

图 11-11　识字板块各分数段人数分布对比示例图

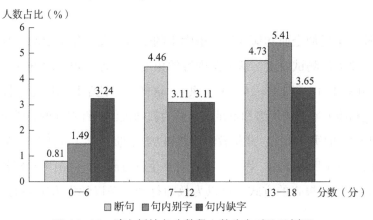

图 11-12　读文板块各分数段人数分布对比示例图

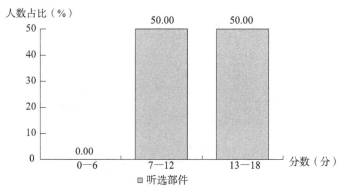

图 11-13　写字板块各分数段人数分布对比示例图

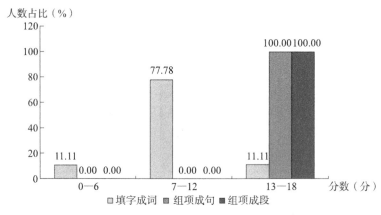

图 11-14　作文板块各分数段人数分布对比示例图

　　学校为了更加全面和深入地了解学生的学习状况，除了给出一些基本信息外，还需要关注测试效度，从测验内容的角度分析各个题型的得分分布和平均水平，如图 11-15、图 11-16（见下页）。这样可以让学校清晰地掌握学生在不同知识点和能力域上的优势和不足，从而为教师提供有针对性的教学指导。教师可以根据学生的实际情况，调整教学计划和方法，促进学生在薄弱环节上的突破，发挥测试的真正反拨作用。因此，通过对学生进行测验，并给出学校各个题型和测查内容的反馈报告的方式，可以为教师打开一条以学生为中心的教学之路。

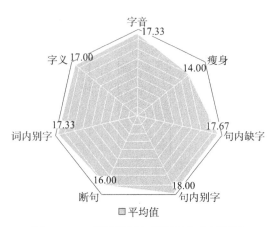

图 11-15　阅读测试各题型平均分示例图

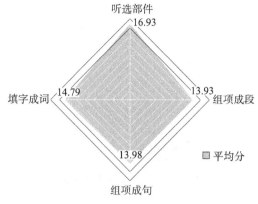

图 11-16 写作测试各题型平均分示例图

## （三）班级对比分析报告

在深入分析学校整体情况的同时，学校内部各个班级之间学生在华文水平上的差异也需要重视，这对于提升教学质量和满足学生个性化需求具有重要意义。班级对比分析报告旨在帮助学校全面了解各班级学生的华文水平差异，从而更好地指导教学工作，优化资源配置。通过这种方式，学校可以更准确地评估各班级的需求和优势，为提升教学质量提供有力支持。同时，这也为教师和学生提供了一个评估自身学习和进步的平台，激励大家共同努力，提高华文水平。

班级对比分析报告是由考生人数、整体获证情况、班级获证情况以及整体分数分析这些模块构成。考生人数是参加各个级别的考试的人数及其比例，见图 11-17（见下页）。整体获证情况分为获证级别、累计获证级别。获证级别描述的是参加这次考试获得各个等级证书的人数，见图 11-18（见下页）。累计获证级别代表的是当级及以上级别累计所占比例，见图 11-19（见下页）。班级获证情况描述的是各个班级的获证情况、累计获证情况，见图 11-20（见 213 页）。班级分数分析包含各班级得分的描述性统计指标以及平均分的对比，描述性统计指标包含平均分、中位数、最大值和最小值。平均分的对比包含两个部分，全部班级的对比、平行班之间的对比，见图 11-21（见 213 页）。通过对各班级考试情况的深入分析，学校能够清晰地了解全校各班的得分状况及其之间的差异，从而为教学工作提供有力的辅助信息。

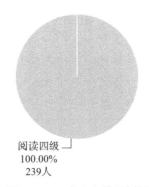

阅读四级
100.00%
239人

图 11-17　考生人数示例图

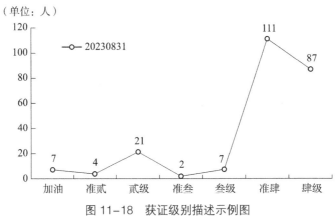

图 11-18　获证级别描述示例图

| 获评等级 | 人数（人） | 百分比 | 累计占比 |
| --- | --- | --- | --- |
| 肆级 | 87 | 36.40% | 36.40% |
| 准肆 | 111 | 46.44% | 82.85% |
| 叁级 | 7 | 2.93% | 85.77% |
| 准叁 | 2 | 0.84% | 86.61% |
| 贰级 | 21 | 8.79% | 95.40% |
| 准贰 | 4 | 1.67% | 97.07% |
| 加油 | 7 | 2.93% | 100.00% |

注：累计占比指当级及以上级别累计所占比例。

图 11-19　累计获证级别占比示例图

| | 加油 | 准贰 | 贰级 | 准叁 | 叁级 | 准肆 | 肆级 | 总计 |
|---|---|---|---|---|---|---|---|---|
| 人数（人） | 1 | 1 | 10 | 1 | 2 | 19 | 13 | 47 |
| 占比 | 2.13% | 2.13% | 2.28% | 2.13% | 4.26% | 40.43% | 27.66% | — |
| 累计 | 100.00% | 97.87% | 95.74% | 74.47% | 72.34% | 68.09% | 27.66% | — |

图 11-20　班级获证级别人数占比示例图

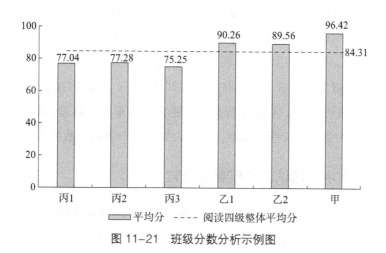

图 11-21　班级分数分析示例图

　　总之，成绩报告的设计要以考试用户的需求为出发点。华文水平测试采用的多元化的分数处理和报告形式能够满足考试使用者的多种需求，有利于华文水平测试实现其"以考促学，以考促教"的目标。

# 第二节　华文水平测试的分数处理

　　从参照体系来说，测试可以分为常模参照测试和标准参照测试两类。常模参照测试是以具有代表性的测试目标群体的表现作为参照标准，这个群体的分数分布就是常模。常模可以用不同的报告分来表示。通常来说，当测试规模足够大时，常模呈正态分布。常模参照分数体现的是分数的相对意义，根据常模的平均值和标准差，某个原始分数在目标群组内的相对位置就被确定了。

但是在教育心理测量中，常模参照分数的相对意义并不能满足所有的测评需要，有时常模参照分数的解释甚至违背客观事实。比如在一门课程开始和结束时的测试，其分数常模的分布很有可能并不是标准的正态分布；反过来说，如果课程开始时和课程结束时分别对学生进行两次测试，两次测试的分数分布都呈正态且差别不大的话，很可能教学效果就要受到质疑了。

尤其是当测试不以选拔为目的，而是要考查考生对于特定范围知识或技能的掌握程度时，需要使用标准参照分数，或者叫作领域分数。标准参照分数强调分数的绝对意义，也就是说，在标准参照体系下，考试的报告分数要与所测属性的实际水平相联系，标准参照分数的确定是由描述所测属性的标准决定的。通常标准参照分数是一个等级分数，并配以对于这个等级分数的含义解释。

## 一、华文水平测试的常模参照分数

常模参照测试是指将一个考生的成绩与参加同一测试的其他考生的分数进行对比分析的测试。为获取常模参照分数，首先需要通过大规模的测试收集考生的原始分数，随后通过一系列数据处理手段，将这些原始分数转化为更具可比性的百分位数、标准分等形式。华文水平测试主要采用百分位常模作为参照，同时，依据试卷的结构特点，还需要建立多个不同层次的常模，以更全面、细致地评估考生的华文水平。

### （一）常模的获得

常模指的是一组具有代表性的样本团体，在某一个属性上的表现。常模参照分数可以反映个人在样本团体中的相对等级，但不能反映个人的绝对水平或达到的标准。常模参照分数有多种形式，如百分位数、标准分数、T 分数、Z 分数等。华文水平测试构建了不同视角和层次的百分位常模，分别是：（1）测试类型——华文水平测试目前已推出的考试为华文水平测试阅读考试、写作考试，我们根据考试类型建立华文水平测试阅读考试、华文水平测试写作考试的百分位常模。（2）考试级别——华文水平测试被划分为六个级别，即一至六级，每个级别均独立构建了相应的常模。（3）试卷结构——华文水平测试试卷的结构分为识字和读文两个板块，根据试卷的结构将常模划分为两个层次：全卷、板块。（4）国家——华文水平测试的考试参与者涵盖了全球各个国家的考生，各个国家都有其相应的常模。

基于2019—2021年的考试数据，构建了华文水平测试阅读考试的百分位常模，并在成绩分析报告中呈现。从2022年起，参加考试的考生的百分等级将根据此常模进行计算。此外，为了反映全球华语水平的最新变化，常模将定期进行更新和调整。

### （二）百分位数

华文水平测试采用百分位数来建立常模，并将这些数据详细地体现在个人成绩报告和学校分析报告中。通过这种方法，考生可以清晰地了解自己在当前华文水平测试考试群体中的相对水平，而学校也能够准确地知道其学生群体的平均表现在所有参加华文水平测试的学校中的位置。

百分位数的含义是：在某个考生群组内，得分在某个原始分数之下的考生人数占总的考生人数的百分比，即得到低于该原始分的考生人数占总的考生人数的百分比。百分等级的计算方法是：

$$PR = \frac{cf_L + 0.5(f_i)}{n} \times 100$$

$f_i$：某一分数出现的次数；

$cf_L$：低于这一分数的所有分数的累积次数；

$n$：总次数（即总人数）。

## 二、华文水平测试的标准参照分数

标准参照分数是一种根据预先确定的标准或准则来评价学生在特定领域的

知识或技能掌握水平的分数。它可以提供学生的认知诊断和学业评价，以及指导教学和学习。标准参照分数不受常模分布的影响，因此可以更好地反映学生的绝对水平或达成目标的程度，而不是相对于其他学生的水平。然而，如何制定合理有效的标准或准则是一个关键问题。为了解决这一问题，华文水平测试采用了 BOOKMARK 法来制定标准。BOOKMARK 法是一种基于项目反应理论（Item Response Theory，IRT）的标准分数线划定方法，由 Lewis 等于 1996 年提出。它结合了实际测量数据和专家判断，通过对测验题目按难度排序，并在专家认为最低能力表现考生不能正确回答的题目上作出标记，从而确定多个划界分数。BOOKMARK 法具有操作简便、透明度高、可靠性和效度较好等优点。

采用 BOOKMARK 法划定分数线的具体流程如下：

1. 制作试题册。

试题卡上的信息包括两个方面：题目参数和能力参数。题目参数反映了试题的难度和区分度，能力参数反映了考生的能力水平。本试题册基于 2019—2021 年的考试数据，采用 R 语言的 mirt 包进行项目分析，估计了每道试题的难度和区分度参数，并计算了当试题正确作答概率为 2/3 时考生需要的能力值。Huynh（1998）指出，这一能力值是考生已经掌握该题考查内容的最低标准。最后，按照难度等级对所有包含题目参数和能力参数信息的试题卡进行排序，并编制成试题册，供评委小组查看。

2. 组织和培训评委小组。

我们邀请了具有华文教育和语言测试经验的专家，参与分数线的制定工作。由于华文教育专家对于 IRT 模型中的难度参数、区分度参数和能力参数了解不多，所以在前期对参与评定的小组成员，进行了详细的基础概念培训，使他们能够理解参数所代表的含义。

3. 执行判定。

在完成前面两步之后，我们进行了两轮判定。第一轮判定由每位专家独立判定，不进行交流。第二轮判定召集所有专家，对第一轮判定的结果进行讨论，最终达成一致意见，作为最终确定的标准分数线。

# 第三节　华文水平测试数据的使用和作用

华文水平测试积累了大量的数据资源，这些数据中蕴藏着丰富且宝贵的信息，对于华文学习、华文教学乃至华文教育政策的制定都极具价值。为了充分获取这些信息，需要对这些数据进行深入挖掘与分析。

## 一、对华文教学的作用

华文水平测试的成绩报告旨在为参加测试的个人和学校提供有针对性的服务。报告分为个人成绩报告和学校分析报告两大部分。个人成绩报告主要面向个体考生，旨在帮助他们深入了解自己的华文水平，进而发挥考试促进学习的积极作用。而学校分析报告则主要面向学校机构，通过提供关于学校整体华文水平的概述，协助学校提升华文教学质量。

### （一）对考生的作用

华文水平测试对个人的作用，主要体现在帮助考生全面了解自己的华文水平，并提供针对性的建议。具体来说，考生可以通过华文水平测试的成绩报告，了解自己相对于母语者的水平以及在全球范围内的排名位置。报告中的百分等级可以帮助考生明确自己在全球和全国范围内的相对位置，使考生更加清晰地认识自己的华文水平在群体中的位置。此外，考生还可以通过获证等级了解自己的华文水平相对于同龄母语者的水平。了解自身在祖语传承方面的状况，有助于考生更有针对性地进行学习和提高。成绩报告中还包含了各题型的诊断评价，为考生提供了详细的学习建议和指导。通过了解自身语言能力的发展状况，考生可以查漏补缺，进行有针对性的学习，进一步提高自己的华文水平。

### （二）对教学的作用

华文水平测试在华文教学中的作用，主要体现在其对教学的正向引导上。华文水平测试秉持"汉字为本、读写为主、听说为伴、文化为魂"的教育理念，这一理念基于汉语本身的特性。贯彻这一理念，需要遵循汉语的内在规律进行教学，从而使华文教育更加贴合华文的特点，达到事半功倍的效果。

除了理念上的贯彻，华文水平测试在实际操作中为学校开发了"学校分析报告"，以帮助学校全面了解学生的华文水平。具体来说，通过提供最大值、最小值、平均数、中位数等指标，帮助学校了解学生在各个等级上的具体表现，并以文字或图表的形式呈现给学校，使学校能够全面了解学生的整体华文水平，进行有针对性的教学。除此之外，通过对各个题型的平均分进行了对比，可以让考生知道自己的语言能力的发展进程，这是由于华文水平测试的题型的设计符合学生的学习规律，按照字、词、句、篇章的特点设计各个题型，这使得考生可以根据各个题型的得分，知道自己的语言能力的发展进程。此外，按照班级对学校的得分进行了细化分析，可以帮助学校了解各个班级学生之间的华文水平差异。截至目前，这种做法已收到众多学校的积极反馈。例如，暨南大学华文教育系利用班级对比分析报告，进行了期末总结大会，以此总结全年的教学成果和收获。这一举措不仅得到了学校的肯定，也进一步体现了华文水平测试在华文教学中的重要地位和积极作用。

## 二、对华文传承的作用

华文水平测试主要面向汉语作为继承语的学习者，这一测试的核心目的之一便是为继承语的传承与发展贡献力量。通过长期追踪海外华校的测试成绩，能够窥见全球华文水平的现状及其动态变化，还能够推动针对继承语学习者群体的科研与教研工作的深入发展，进而为华文教育的全球推广与普及提供有力支持。

### （一）尽览全球华文能力历时变化

华文水平测试是一项全球规模的标准化水平测试，测试有统一的华文能力标准和各项大纲，不以某个地区或者教学机构的教材为依据，命题、施测、数据处理程序严谨，这就保证了华文水平测试分数的一致性、稳定性和可靠性。

在此基础上，可以对全球各个地区华裔青少年的华文能力分布进行详尽的描述，也能通过历次考试的分数变化监测华文能力发展的趋势。华文能力的分布和变化代表的不仅仅是海外华裔的华文学习和保持情况，更是很多地区经济政治情况的反映。

### （二）尽览华文能力相关因素

语言习得是一个复杂的过程，在这个过程中，来自教学机构、家庭、社会环境、个体差异等多方面的因素都会对习得效果造成影响。这些因素还会交织在一起产生交互作用。对于华文的教学和习得来说，情况就更为复杂，因此，研究各个方面的影响因素在华文学习和习得中的作用意义重大。

考生在华文水平测试中的表现数据则可以作为上述研究问题的因变量，在控制无关变量的前提下，单独考察某个变量的变化在华文水平测试成绩上产生的影响，也能通过建立模型的方式对多个因素的综合作用进行分析，从而为提高华文教学效率，保持华文传承提出实证研究方面的建议。

### （三）服务学科理论建设

语言测试作为心理测量和语言学的交叉学科，其开发和使用都要以上位学科的理论作为基础。反过来，语言测试本身的研究也会对上位学科的建设有所贡献。

华文作为一种继承语，从外语或者第二语言研究领域区分出来的时间并不长，不管是对其能力性质的研究还是对其获得和评估的研究都存在很多空白。对于华文作为继承语的语言体系的特点、学习和习得的独特机制等，研究者都可以从测试中获得一些启发。

**思考**

不同的分数处理方法分别代表了怎样的评价取向？

**推荐阅读**

Robert M. Thorndike、Tracy Thorndike-Christ《教育评价：教育和心理学中的测量与评估》（第八版），方群、吴瑞芬、陈志新译，商务印书馆，2018 年。

# 第十二章　华文水平测试的质量监控

语言测试是一种测量工具，工具的质量应该是测试开发者最为关心的事情。

对于评价测试质量的标准到底应该包含哪些方面，如何对其进行验证，学界的认识并不统一。测试的效度和公平性是对测试进行评估的两个主要方面。

效度研究起源于测量学科建立之初，测量的整个过程都要提供其有效性证据。随着语言测试社会功能的发展，测试的公平性也成为了近年来学者们关心的重要研究方向。

## 第一节　华文水平测试的效度研究

效度论证是语言测试学科的核心任务，任何一项语言测试的开发人员都有责任对所开发的测试进行有效性论证，这是测试结果能够被合理使用的前提。学界当前对测试效度的认识在概念范畴和研究方法上都有所调整和拓展。

### 一、测试效度研究的历史和现状

从"效度"概念被明确提出起，测试效度就一直是教育与心理测量领域最重要的研究问题。效度的内涵不断发展，时至今日语言测试界也依然还在使用"效度"这个术语，但是其内涵已经远远超出开始被提出时的范围。大体上看，大家对于效度的认识经历了从分类观到一元整体观再到当前的论证观的过程。效度研究不但经历了概念上的不断演化，与概念范畴发展相配合的验证方法也日渐丰富。

## （一）效度概念的产生

在 1898 年美国心理协会的研讨会上，Jastrow、Baldwin 和 Cattell 提交了一篇关于心理测试标准的论文（Rogers，1995），文中提出了对于测试的具体要求，其中包括：测试应该只测一个单一的属性；测试必须要知道测的是什么；测试必须和日常生活中的活动有关；测试性能不能根据经验判定；测试要简单、容易、易懂、尽可能短；应使用简单、廉价而高效的仪器。这些要求实际上已经隐含了后来的"效度"概念所指的含义。

20 世纪初，Pearson 提出积差相关系数的计算方法，很快相关系数就被应用于心理测量。研究者认为一个新的测试被开发出来以后，应该将其与一个具体的标准进行关联，以确定其价值。而被选定的标准，则应该代表测试所要考察的属性的实质。这就是效度概念的最初的表达形式——"测试—标准"相关性（Rogers，1995）。这时的测量界还出现了"可信度"的概念，指一个测验能够反映现实世界的程度，然而研究者没有对这个概念提出具体的定义和估计方法。

"效度"概念正式被提出是在 1921 年。当时美国教育研究协会指导委员会公布了一些关于测量的专用术语，其中就包括了"效度"，并明确了其含义，即"测试在多大程度上测到了欲测之物"（Rogers，1995）。很快，这个概念被广泛接受和认可。在测试研究的所有概念中，效度是最为重要的，因为它着眼于测试测量到了什么这一核心问题。

## （二）分类效度观

分类效度观时期的效度研究主要是明确了效度研究的不同角度，并给出了效度验证的分类指标：效标关联效度、内容效度和构想效度。

1. 效标关联效度。

效标关联效度实际上就是前文中我们提到的"测试—标准"相关性，20 世纪 20 年代到 50 年代之间，效标关联效度被认为是效度的黄金标准（Angoff，1988；Cronbach，1971；Moss，1992；Shepard，1993）。然而，效标关联效度本身存在局限性。它不能直接表明测验和效标测的是不是同一种能力；效标作为一个标准，其本身的可靠性不能绝对确定，这种情况有可能导致循环论证。

2. 内容效度。

20 世纪 30 年代，教育学界对课程内容的研究和改革也间接地引发了人们对课程测试内容的关注。对于课程测试来说，内容效度是指一个测试对课堂所学内容的反映程度。我们可以把欲测知识范围内所有题目看成一个整体，测试题目即为整体的代表样本。测试的代表性越强，内容效度越高；反之，代表性越弱，内容效度越低。之后内容效度发展为用来评价水平测试内容对更大范围内容的代表程度。然而内容效度只关注测验内容和测验范围之间的关系，并没有考虑被试在测验过程中的表现。因此，正如 Hambleton（1980）所言："内容效度只是测验的属性，对于千变万化的被试来说，它是一成不变的……而测验分数的解释，随不同的被试应该是不同的。"

3. 构想效度。

1954 年美国心理学会（APA）针对传统的"效度"概念提出了一个新的概念，即"构想效度"。通过研究一个测试测到了什么样的心理特质，可以对构想效度进行评估。Cronbach 和 Meehl 两位构想效度的倡导者于 1955 年撰文对构想效度进行了详细的论述。他们认为效度的传统检验方法有问题，理想的解决办法是明确界定测试中的心理特质的理论构想。1957 年，Loevinger 提出"构想效度是整个效度的核心"。

构想效度的出现是测试领域的一个重要转折点，构想效度的引入，为效度研究领域介绍了一种全新的测量视角，即对测量对象进行明确界定。一个理论构想作为分数解释的基础，本质上就要求对"要测的那个东西"给出明确定义。

### （三）一元化整体效度观

1966 年，美国心理学会（APA）最早尝试性提出了效度是一个整体概念的观念。Cronbach（1980）认为"所有效度都是一个整体"。APA 在 1985 年进一步提出，应该把内容效度、效标关联效度和构想效度看作效度的范畴而非种类。

效度一元化概念的提出使效度研究成为一项综合研究，而构想效度研究是这项研究的核心问题，除此之外，测验的社会价值等因素也被纳入研究范围。Messick 提出了效度验证的六个方面：内容、实用性、结构、概括、外部因素和效果，强调收集用于评价分数解释和分数使用效果方面的各种证据。

效度一元整体论虽然在理论上实现了重大突破，但是也存在一定的问题。Anastasi（1986）指出，"测验开发和使用的所有信息，几乎都被归结到效度范围内"。Cronbach（1989）也提到，"效度检验是一个冗长的、没有尽头的过程"。而且，高度抽象的效度整体观缺乏可操作性。

### （四）论证效度观

随着效度概念的不断发展，其验证方法也随之丰富，学者们提出了基于论证的系统框架。实际上，最早提出效度验证的是 Cronbach，他指出，"效度证据必须全面，应当与概念、社会效果和对个人的影响以及价值相联系"，然而 Cronbach 并未指出效度验证的具体程序，最先提出效度论证系统框架的是Kane。

Kane 将效度检验的论据分为两类：解释性论据和经验性效度论据。解释性论据是理论框架，用来提供一个清晰的陈述，描述基于分数解释和测验结果运用的推论和假设；而经验性效度论据则是综合不同来源的各种证据支持推论和假设。后来，Weir（2005）又从测试的事先和事后的角度区分了效度证据的类型；Bachman（2010）提出的基于使用的论证框架则认为，应该从影响、决策、解释和记录方面提出主张并提供证据证明测试使用的有效性。

这些有益的探索为效度检验提供了一套系统的、可操作性强的论证程序，使效度论证成为一个有始有终的过程。效度理论发展到今天，论证观下的效度检验已经成为主流的效度验证模式，这个模式从测试各个环节出发构建论证链条，完整系统地论证一个测试从设计到使用的每个环节的有效性。

## 二、华文水平测试（试测版）的效度论证

华文水平测试的效度论证我们也采取了基于论证的效度理论作为理论基础。根据论证效度理论的论证模式，我们对"华裔青少年华文水平测试（测试版）"的有效性进行了验证。我们对测试开发伊始的材料、开发过程中进行的工作以及试卷试测的数据等各种材料进行了分析，以期对华文水平测试的有效性进行验证。

在测试开发前期，我们对测试的目标群体进行了需求分析，从语言背景、文化背景、年龄和认知特点等方面对其进行定位。这些工作为之后的试卷研制、各项大纲的制定奠定了基础。在试卷初步完成之后，我们进行了大范围的试测。试测共在 10 个国家进行，覆盖了几个大洲主要的华裔聚居区，这些资料和数据都会作为验证华测有效性的证据被详细分析。

### （一）评分有效性的论证

评分有效性需要验证的是通过考生的表现得到观察分数的过程是否有效，验证过程涉及评分标准制定得是否合理以及评分过程中是否严格执行了这一标准（韩宝成、罗凯洲，2013）。我们对于"华裔青少年华文水平测试"的评分过程提出的主张是：通过考生完成测试任务时的表现，我们能够得到准确的观察分数。针对这一主张有两项假设，即评分标准制定合理、评分过程严谨一致。

　　假设一：评分标准制定合理

　　理由：评分标准的制定过程

华裔青少年华文水平测试主观试题（写作和口语测试的部分试题）评分标准的制定基础是对于写作和口语能力的认识。我们认为，华裔学习者的华文学习属于继承语学习，从继承语学习的性质来考虑，该测试考察的写作能力应该包括书写汉字的能力和用华语实现书面表达交际的能力。后者又包括遣词能力、造句能力、谋篇能力和写作策略运用能力。从交际任务的形式来看，写作测试包括完成书面表达型任务和书面互动型任务。口试部分考查口语能力的标准包

括准确性、复杂性、流利性三个方面。准确性是针对语音、词汇、句法而言，复杂性主要是针对词汇和句法，流利性考查的则是包括语速、不自然停顿等在内的指标。在这些认识的指导下，同时参考已有权威考试的评价体系，结合被试群体的特点，我们制定了口语和写作分测试主观试题的评分标准。

　　假设二：评分过程准确一致

　　　理由：各类试题评分严谨一致

华裔青少年华文水平测试的试题包括客观评分和主观评分部分。客观评分试题由阅卷机完成评阅，试测的评阅结果我们都进行了随机抽查，评分结果没有出现错误。主观评分包括写作和口语分测试的部分试题，这部分试题的评分由人工完成。为了保证评分的准确一致，我们事先对评分员进行了培训，并对照评分标准试评，之后调整评分员个人的评分偏差。每道试题由两位评分员进行评分。最后主观试题评分的有效性通过计算评分员间信度来考察，每道主观试题的两位评分员给出的分数的相关系数最高达到了 0.95，最低的也达到 0.88，均在 0.05 水平上显著。这说明试测的评分具有较高的评分员间一致性。

华文水平测试主观试题制定的评分标准通过了业内专家的鉴定，在试测评分的实践中也被证明是可行的。对评分员评分数据的相关分析则证明了评分过程的严谨一致。从评分标准制定和使用的流程以及评分员间一致性信度计算的结果来看，本次试测的评分过程是有效的。这些证据可以支持我们的假设，即华裔青少年华文水平测试所界定的考查能力是合理的，由此制定的评分标准具有可操作性，评分员的评分具有准确一致性，因此测试有较高的评分有效性。

### （二）概化有效性的论证

概化是从被试本次考试的表现推知完成其他类似任务的过程（胥云，2011），概化有效性本质上是测试环境下的语言任务能够很好地代表被试在其他场次考试中的表现。关于这个过程我们的主张是：被试的得分能够反映考生在类似任务上的表现。相应的假设是：测试任务选取合理；样本数量充足可以控制误差。

假设一：测试任务选取合理

理由：汉字、词汇、语法大纲的编制和命题过程

我们用于证明测试任务合理性的理由就是各项考试大纲制定的方法和步骤是合理的。华裔青少年华文水平测试的汉字大纲以国家语委现代汉语平衡语料库的用字表作为字种选取来源，综合考虑字频序位、构字能力、字形难度、在对应词表中所处的等级等信息，结合人工干预，最终确定了认读和书写分开的汉字大纲。词汇大纲的建设首先以北京师范大学小学生作文语料库和自建的初高中作文语料库为基础切词，作为词汇条目底表，然后对底表进行删除、补充、修改、合并、拆分操作。词汇条目确定后，再经过三次定级得到最终的词汇大纲。语法大纲则使用计算机自动识别结合人工校对完成条目收录工作，之后统计相关数据按统一算法自动完成定级，在此基础上进一步人工干预调整级别。

在命题方面，我们采取了计算机和人工结合的方式。对于汉字、词汇等基础知识部分的命题，由计算机在大纲中随机抽取后，再由命题人员从难易配比、是否重复出现等方面进行检查。其他题型的命题则以人工命题为主，计算机对命题语料进行与大纲的比对为辅的形式进行。

假设二：样本数量充足可以控制误差

理由：测试内部一致性信度系数

测试的内部一致性是传统的信度分析的重要内容，构成试卷的题目之间的一致性是试卷质量的评价标准。而在基于论证的效度验证模式下，这也属于测试有效性的说明。由计算结果看出，各级别的听、说、读、写共 20 套试卷试测的内部一致性信度系数绝大多数达到了 0.8 以上，均在 0.05 水平上显著。这对于试测阶段的数据来说，是比较令人满意的。

测试大纲是命题的指导性文件，大纲编制的科学性保证了测试的可靠性。各项大纲的编制较好地把握了每个年龄段被试的语言和认知特点。命题的过程和方法，比如随机抽样和双向细目表的使用则控制了每次测试的同质性。这样可以从设计上保证一次测试反映的结果可以类推到同类其他场次的考试。从试卷内部题目一致性的试测数据分析来看，试测试卷具有较高的内部一致性信度。

由此，测试的概化有效性也得到了证明。

### （三）外推有效性的论证

在评分和概化有效性得到证明之后，我们要研究的问题就是被试在测试情境下的表现能否体现其实际使用华文的能力。这一过程涉及的就是外推有效性，即用全域分推断目标分，我们关于外推有效性的主张是：被试在华文水平测试中得到的分数能够解释考生使用华文的能力。根据这一主张，我们作出的假设是：测试任务对于考生的华文使用情况具有代表性；考生完成测试任务所需的能力能够体现其真正的华文能力。

假设一：测试任务对于考生的华文使用情况具有代表性

理由：对语言任务和文化背景的控制

语言测试任务反映被试在现实生活中目标语的使用能力是测试真实性的要求。要达到这种要求，我们就必须对被试真实生活中的华文使用任务有比较清晰的认识，并根据这种认识，形成任务大纲指导命题。语言任务表由听力任务表、口语任务表、阅读任务表和写作任务表构成，分别对应华文水平测试的四项分技能考试，针对技能的性质，形成具体的测试任务。大纲以具有代表性的中文（华文）教材、课标和教学大纲、中小学课程体系及国内现有任务大纲为来源，选取合适条目后，通过关联能力标准、统计原级别信息和人工干预最终确定条目等级。这样建立的任务大纲充分体现了每个年龄阶段目标被试群体的认知特点和语言使用领域，能够在很大程度上代表对应被试的实际华文使用情境。

而含有文化背景的语料的加入则体现了华裔群体的特殊背景。通常情况下，以普通外语学习者为目标群体的语言测试是要避免文化因素对于其语言表现的影响的。而文化背景是华裔群体区别于将汉语作为第二语言或者外语的普通外国人的重要方面，他们的家庭、学校和社团都对文化方面有很大的诉求。在华裔的华文使用环境中包含大量的文化因素，因此，我们加进一定比例的含文化背景的语料正是华裔青少年真实华文使用环境的体现。

假设二：考生完成测试任务所需的能力能够体现其真正的华文能力

理由：对试测数据的探索性因素分析

我们对听力、阅读、写作三部分进行了探索性因素分析，以检验试卷中考查的能力是否与设计思路一致。一般来说，探索性因素分析的 KMO 检验值要大于 0.8，Bartlett 球形检验的显著性要小于 0.05，数据才可以进行下一步的计算。我们在这两项检验上得到的结果都显示试测的数据适宜使用因素分析的方法进行分析（各个级别试测数据的 KMO 值分别是：一级 0.890，二级 0.899，三级 0.936，四级 0.923，五级 0.915；各个级别的 Bartlett 球形检验均得到了显著结果）。进一步的因素分析得出的各级考试的因素总贡献率分别为：一级 69.80%，二级 72.19%，三级 70.66%，四级 76.06%，五级 77.66%。

从各个级别具体的因子归属来看，一级试测数据分析得到的因子结构与预先设计一致，这说明一级测试的题型选取和安排体现了我们对于该被试群体的华文能力的认识。在对二级试测数据进行因子分析时我们发现，阅读分测试的第二大题，也就是选择部件组成汉字这个题型与写作部分的各个题型归为了一个因素，这说明对于二级被试来说，选部件组成汉字这个题型所考查的能力与被试写汉字的能力密切相关。我们可以推断，对于处于这个年龄和华文水平的被试来说，将部件组合成正确的汉字的能力与正确写出汉字的能力是一致的。三级测试的试测数据表明，听辨音题型、听力各题型、阅读和写作的各个题型被分别分析出三个因素，这说明按照现有的题型设计，阅读和写作的题型体现的是同一种能力。四级的结果同样有两道阅读题型和写作由同一个因素解释，不同的是，四级阅读的第三、四、五大题与听力部分被归为一个因素。到了五级，听辨音和作文各为一个因素，其他题型都反映了同一种能力。因素分析的结果表明，海外华裔青少年华文水平测试部分级别的个别题型与预期要考查的能力结构有一定的偏差。

## （四）使用过程有效性的论证

测试分数使用的有效性是指根据目标分数作出决策的合理性。这实际上是对一个测试的分数使用得是否恰当的评价。结合华测的用途和目标群体，我们关于这个过程的主张是：考生所得分数差异可以被合理地解读和使用。由此形成了两个假设：华文水平测试的成绩能够反映不同考生团体的差异；考生分数得到了正确的解读。

　　假设一：华文水平测试的成绩能够反映不同考生团体的差异

　　理由：对试测数据的分析结果体现了海外华文水平的现状

　　海外华文水平参差不齐，我们的试测数据比较真实地反映了这一情况。根据以往的研究（王汉卫，2016），按照其华文水平大致可以分为东南亚、欧洲、美洲这样几个板块。试测的成绩基本反映了这样的情况，试测分数均值可以分为三类：第一类是在各个级别的各项分测试上的得分都比较高，以马来西亚、巴西、意大利为代表；第二类是在各级别的各分测试上的表现基本处于中间位置，如澳大利亚、德国等；第三类是在某级别中的某项分测试得分较高，但大部分得分较低，如美国的试测数据显示，在一级的听说分测试中得分较高，在其他各级测试中的得分均较低，存在类似情况的还有印度尼西亚、柬埔寨、菲律宾等。可以看出，我们的测试结果比较准确地反映出了全球华裔青少年华文水平的地区差异。

　　从移民的代际差异来看，新移民的华文水平要高于老移民。我们以移居代数作为自变量，成绩作为因变量，对各级别共 20 个分测试的数据进行了单因素方差分析。结果显示，在多个分测试中都出现了移居代数成绩差异的显著效应，代别作用显著的分测试有：一级听力（$F_{(4,335)}$=13.329，$P<0.00$）、一级口语（$F_{(4,128)}$=2.672，$P<0.05$）、一级写作（$F_{(4,337)}$=5.919，$P<0.00$）、二级口语（$F_{(4,106)}$=3.727，$P<0.01$）、二级阅读（$F_{(4,339)}$=3.856，$P<0.01$）、二级写作（$F_{(4,340)}$=6.862，$P<0.00$）、三级写作（$F_{(4,357)}$=3.647，$P<0.01$）、四级听力（$F_{(4,294)}$=6.442，$P<0.00$）、四级口语（$F_{(4,335)}$=13.329，$P<0.00$）、四级写作（$F_{(4,292)}$=2.603，$P<0.05$）。通过事后多重比较发现，比较明显的代别分界点是第三代。也就是说，从第三代之后移居海外的华裔被试的表现要低于第二代移居者。这与之前学者推断的情况是一致的。

从语言技能表现的差异来看，听、说、读、写四项技能的发展是不均衡的，自然习得的听说先于读写；反过来看，语言在磨蚀的过程中，最先丢失的应该是读写，然后才是听说（王汉卫，2018）。从我们的数据中也可以发现这样的规律：整体华文水平较好的国家，在各个级别的分测试中大部分是读写表现好于听说，比如意大利；而整体水平中等或者偏下的国家，一般听说好于读写，比如澳大利亚和美国。也就是说，读写对于整体华文水平发挥着极为重要的作用。

假设二：考生分数得到了正确的解读

理由：效标关联效度

以教师评价和学生自评为效标，检验测试的有效性。我们收集到了印度尼西亚、马来西亚和澳大利亚的部分教师评价。将这部分数据与相应的测试成绩进行了相关分析，分析结果显示各级别的测试成绩与教师评价之间有切实的相关关系，所得相关系数均在 0.01 水平上有显著意义。这个结果对于小样本主观评价类的调查来说，能够反映出华文水平测试的结果与教师判断的学生的华文水平具有一致性。这也预示了华测分数在判断学生水平、制定相应的教学策略、分班等教学活动中的用途。

在上述基于验证的效度论证框架下，对于试测资料和数据的分析可以看出，华文水平测试（试测版）的有效性假设并未被全部证实。未被证据支持的假设提示我们，测试的设计还应该进一步修改完善。这次试测之后，我们对华测的设计进行了大规模的再设计，包括分测试种类、试卷结构、题型、题目难度等方方面面。修订后的试卷结构如第六章所述。

# 第二节　华文水平测试的公平性

21 世纪以前，语言测试的质量研究绝大多数是在有效性的范畴内进行的，虽然也有不少研究关注被试的性别、年龄、认知方式等是否会影响他们在某些题目上的表现，但是这些依然是作为考试的效度条目被研究的，公平性并未作为一个系统框架被提出。进入新世纪后，随着语言测试应用的领域越来越广泛，其社会属性也越来越受到重视，测试公平性成为了测试质量评估的另一个独立的关注点。

## 一、测试公平性研究的历史和现状

测试公平性概念源于测试的效度研究，其发展阶段也在很大程度上受到了效度研究发展的影响。从具体的、单个的公平性问题开始，测试公平性研究经历了概念的初步提出、公平性分化独立阶段和基于论证的公平性研究几个时期。

### （一）概念的初步提出

最初的公平性研究起源于分类效度观时期，当时的研究者在对内容效度进行分析时发现，有些题目的内容考查的并不是测试最初想考查的属性，即考生在这些题目上的分数差异并不是由欲测属性的差异带来的，而是性别、种族等无关因素的差异带来的。

这类现象被称为"测试存在偏颇"。偏颇研究在当时引起了心理测量界的重视，美国心理学会（APA）、美国教育研究协会（AERA）和国家教育测量委员会（NCME）等多个心理测量标准都对测试的偏颇检验提出了要求。进一步思考偏颇问题就能发现，存在偏颇的测试就是在某方面不公平的测试，公平性概念就此诞生。

偏颇研究只是从技术的角度，对题目的心理测量学属性进行统计分析，通过比照在各项因素上的所测属性能力相同的目标组和对照组，确定其是否存在偏颇。本质上，偏颇研究还是从属于效度验证，是为效度验证提供数据和技术支持的研究。

### （二）公平性分化独立阶段

20 世纪 80 年代，社会正义理论（John Rawls，1999）的提出为考试这种特殊的社会制度的公平性研究提供了哲学背景。测试偏颇研究者开始意识到，测试偏颇带来的公平性问题应该扩展为一个更广阔的包括测试的社会价值与影响的研究领域——公平性研究。

随着《教育公平测试行为准则》（1988）、《教育与心理测量标准》（1999）等文件的发布，讨论测试公平性，并详细叙述无偏颇、考试过程公平、基于考试结果的决策公平以及学习机会均等公平性等要求已经成为评价测试质量不可缺少的组成部分。

进入 21 世纪后，Kunnan 提出了包括效度、机会均等和公正性三个组成部分的公平性研究框架。其中，效度关注构念效度、考试内容与形式的偏颇、项目功能差异、测试预料使用的恰当性以及特定考生群体的劣势；机会均等涉及考试费用、场地、设备和条件等是否有利于所有考生；公正性关注社会公正及法律挑战。

### （三）基于论证的公平性研究

近年来，受到测试效度论证观及其验证模式的影响，公平性研究也正在朝基于论证的方向发展。在论证内容上，此阶段的公平性研究试图厘清有效性与公平性的关系。对于这二者的关系，主要有三种观点。

第一种观点认为公平性从属于有效性，这一观点的代表是 Xi（2010）提出的公平性论证框架，该框架认为测试公平性指测试所有环节对所有的相关考生群体具有相同的有效性，公平性的验证同样也置于效度论证框架之中，称作"效度论证中的公平性论证"，甚至有学者直接将公平性称为"公平效度"。

第二种观点是公平性研究包含有效性研究，代表理论就是 Kunnan 的基于社会伦理公平性的语言测试评价理论。Kunnan 认为公平性是在社会和道德层面上来评价语言测试的视角，具体指的是学习机会、意义、消除偏颇、影响四个方面的含义。同时，Kunnan 认为还应将分数使用的影响，重新评分、法律诉求等矫正非正义行为的补救措施，宣扬积极的价值观等方面囊括到伦理公平研究中去。

第三种观点是公平性研究与有效性研究应该各自分开，但是在某些问题上有交叉重合的部分。效度侧重从技术层面反映测量有效性的要求，公平性则更多地在社会价值层面关注测试的效果，一项质量可靠的测试应该包含对两者的共同要求。某些既涉及测量的技术层面，又体现测试的社会功能的质量指标就是有效性研究与公平性研究共同关注的部分。

　　在验证的方法上，公平性论证的模式借鉴了 Toulmin（2003）的实用推理模型，该模型由事实、主张、理据、支撑、限定以及反驳六个部分构成。详见图12-1。

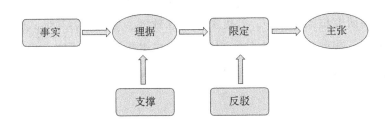

图 12-1　Toulmin 的实用推理模型（转引自斯蒂芬·图尔敏，2016）

　　主张是我们想证明的结论，即命题、断言，主张可以具备争议性、可以被挑战，但是主张发出者须为其辩护。支持主张的客观的事物（比如数据）称为事实，这是论证的出发点；连接事实和主张之间的推理或前提条件是理据，理据解释了为什么事实能够支持主张；支撑则为理据提供额外的支持，增强论证的可靠性；限定表明了理据证明主张的力度和程度，指出理据的适用范围、程度或条件；反驳则是对论证过程合理性提出的质疑。在该推理模式的框架下，结合测试公平性验证实践的具体情况，我们就能够形成比较完整的测试公平性论证方案。

## 二、华文水平测试的公平性研究框架

　　根据上述测试公平性论证研究的成果，结合华文水平测试的理论构想和测试实践活动，我们制定了信息获得机会均等、测量对象意义明确、不存在偏颇和正面影响四个方面的公平性论证方案，以供今后华文水平测试的公平性论证实践使用。

### （一）信息获得机会均等

在信息获得机会均等方面，我们提出的主张是：华测为所有考生提供均等的考试相关信息和技能的机会。支撑这一主张的事实是：在华测实施前，所有考生都能获得相关考试材料；有充足的准备时间；清楚地了解考试流程和各题型的答题方式；能够进行充分的练习。详见图12-2。

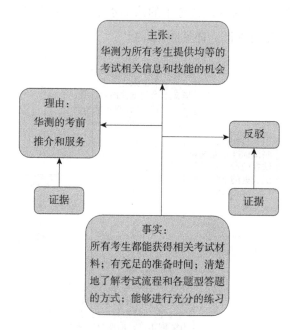

图12-2　信息获得机会均等论证框架

华文水平测试是一个针对全世界华裔华文学习者的大规模考试，为了保证处在全球不同地区的学习者都能够得到关于考试内容和形式的均等的学习机会，一些必要的推介、培训等考务工作会在正式考试前进行，这个理由支撑了从事实到主张的推理。这些工作包括：向目标群体所在的华文学校等教学机构发放考试相关资料；确定报名时间为正式考试前 1 个月，这为所有考生提供了充足的准备时间；网上发布样卷和考试手册，并提示报名学校组织试测活动；开发针对个人的模拟考试系统。这些工作全方位地保证了华文水平测试在学习机会均等方面的公平性。

### （二）测量对象意义明确

这里所指的"意义明确"具体来说就是测评内容、标准、结构这些方面的有效性。华文水平测试关于测量对象意义明确的主张是：华文水平测试在内容、任务、结构上有明确意义。支撑这一主张的事实有：华文水平测试的内容、任务有可靠的依据；测试内容符合考生的认知水平；测试的内部结构与所测能力结构相符；测试信度有保证。详见图 12-3。

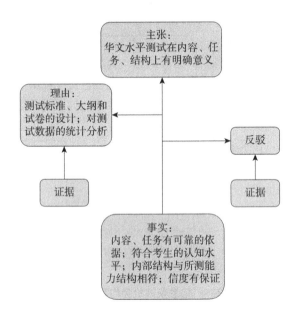

图 12-3 测量对象意义明确论证框架

我们列举的华文水平测试的测量对象意义明确的理由有：命题依据的大纲或者相关理论的开发过程的严谨性；每个等级的语料与目标被试的认知年龄的适配性监控；结构方面的理由是指在考生表现、标准设定等方面的理论构念能够得到实证研究数据的支持。

### （三）不存在偏颇

测试偏颇是公平性研究领域最先提出的问题。为了证明华文水平测试在最大程度上避免了各种因素带来的偏颇，我们的主张是：华文水平测试不存在对不同性别、年龄、种族、信仰的考生在语言使用、内容、话题等方面的偏颇。支撑消除偏颇主张的事实是：在考试的任何一部分都不使用方言；话题和题材上的一般化；考试设备和作答形式不带来偏差；不因考生个体差异产生偏差。详见图 12-4。

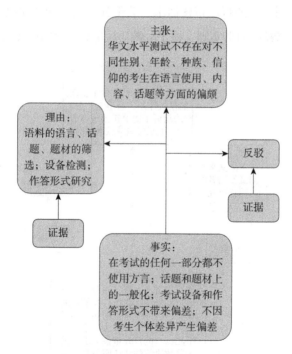

图 12-4　不存在偏颇论证框架

在消除偏颇方面我们可以提供的论证理由有：在大纲与命题语料中对于方言的控制；命题语料涉及的话题和题材的筛查、对于考试实施过程中硬件和软件设备、网络等进行多轮测试；对于不同的作答形式的研究；等等。

### （四）正面影响

测试的影响是语言测试实施之后的公平性考量，包括反驳和分数质疑两方面。语言测试对考生个人和宏观层面上对教师、学校、教法等产生的影响称为反拨；分数质疑则强调从渠道和操作的角度对测试分数获得进行询问。在正面影响方面，我们主张：华文水平测试能够起到正向的反拨作用；存在复议程序和纠错机制。支撑事实：使用华文水平测试的考生能够通过参加考试获得持续学习的动力，教师能够根据测试的形式内容调整教学方法等事实支撑了其正向作用的主张；而华文水平测试中的行政审核请求、关于分数决策的法律服务、纠正不公平行为的各项渠道都畅通的事实则支撑了分数质疑方面的主张。详见图 12-5。

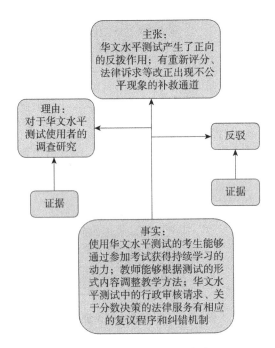

图 12-5　正面影响论证框架

对于华文水平测试的使用者进行调查研究，获取关于测试是否能够带给学生激励、引导教学等方面的信息，能够提供关于华文水平测试对于华文教学的作用、分数复议程序和纠错机制是否畅通的理由。

关于华文水平测试公平性的论证，本部分仅仅提供了初步的方案。在此方案的指导下，今后的公平性论证工作的重点就是进行各项研究，搜集最底层的能够证明各个框架内的理由和反驳的正反面证据，以完成华文水平测试公平性论证的最后一环，为考试各环节的改进提供有客观依据的建议。

有效性和公平性从不同的视角提出了评估语言测试质量的标准。语言测试首先是一个精密的测量工具，测量结果的有效性是基于这个结果作出的各种决策的基础，是语言测试领域永久的话题。同时，语言测试作为社会制度的一部分，又有着相当重要的社会功能，公平性则是其社会功能得以实现的保障。

在汉语测试界，测试的质量监控研究并不充分，语言测试评估体系的缺失，阻碍了测试的使用和改进。作为一项新的测试，华文水平测试尝试构建自己的质量监控体系，搜集质量分析的数据和材料，以完善自身性能从而起到对华文教学应有的作用。

### 思考

评价一项语言测试的角度有哪些？

### 推荐阅读

1. Bachman & Palmer. *Language Assessment in Practice: Developing Language Assessment and Justifying Their Use in the Real World.* Oxford University Press, 2010.

2. Kunnan, A. *Evaluating Language Assessments.* Routledge, 2018.

# 第十三章　华文水平测试未来展望

语言测试作为一个相对年轻的学科，在近 100 年的时间里建立起了比较完整的学科理论体系和研究模式。华文水平测试充分吸收了语言测试学科的理论给养，并在实践中作出了多方面的创新。在可以预见的未来，华文水平测试会将自身置于更广阔的学科背景中，与众多领域融合，实现测试理论、工具、方法等全方位的、更快速的发展。

## 第一节　认知科学视角下的测试

我们知道，对语言能力的测量是一种间接测量。语言测试是在确定测量对象之后，通过具有特定结构，由不同题型组成的试卷来度量被试潜在的语言能力。那么关于语言测试的试卷这个测量工具，我们就需要考虑两个重要的问题：一是测量对象的结构是否与试卷结构相符；二是我们选择的题型是否适用于测量对象。这两个问题的本质实际上就是测量对象的特征和测量工具的适切性程度。

以往的语言测试通过统计分析对第一个问题进行验证，通常使用因素分析的方法对考生的反应数据进行分析，如果分析得到的因素与试卷结构相符，那么就证明测量到的语言能力的结构与假设的一致。至于题型是否适用于测量对象，传统的做法大都对题目的难度、区分度、项目功能差异等测试后数据进行考察，但是实际上这两类研究的结果并不能直接证明测量的就是真实的语言能力，使用特定题型刺激出的反应也并不一定就是真正的语言能力。

认知科学关注的焦点是人类认知运行的机制，认知科学技术的发展使得以往关于人类认知的理论假设在一定程度上得以验证。语言与认知有着密不可分的关系，语言能力是构成认知的重要部分。认知科学能够在语言测试中更好地认识测量对象、开发更适合的测量工具方面起到推动作用。

## 一、测量对象心理现实性的验证

语言测试的第一步就是确定所测属性及其结构。语言能力的界定与描写反映了施测者对于语言能力的认识。如前文所述，我们所测量的华文能力由"识字"和"读文"两个子能力构成，"识字"的部分又分为对汉字的形、音、义的掌握，"读文"部分则由语法知识、韵律意识、文本逻辑关系等维度构成。

认知科学的研究范式可以在确定这些维度的心理现实性方面发挥作用。比如被试对于字形、字音、字义的感知可以使用眼动、脑电等认知实验设备来探测。相较于传统的结构效度的检验，这种方法更直接，也更具有解释性。此外，关于华文能力各个维度的关系，比如识字与读文，听、说、读、写各项技能之间的关系也可以通过认知技术结合实验设计的方法更加有效地进行考察。

## 二、测量工具的效度检验

进一步来看，当测量对象的心理现实性得到了确认，那么接下来的问题就是测量工具与测量对象的适切性检验。

从大的题型分类来看，主观题型中无关因素带来的误差过大以及评分主观性问题是该题型的天然缺陷，这带来了主观题型的信效度问题。19世纪多项选择题型的出现虽然极大地改善了这些问题，但是选择题的猜测问题始终没有被很好地解决。华文水平测试为了规避上述两类题型的缺陷，结合汉语特点开发了多个新的题型。

对于这些新题型，我们需要多种考察手段来保证其与华文能力特征的适切性。在评价题型时，以往我们常常采用效标关联的方法，但是作为效标的测量工具同样无法保证其有效性。如果我们能够使用认知技术直接观察被试在完成不同题型任务时大脑的表现，那么我们就可以看到不同题型作为刺激手段激发出的大脑的生理反应，从而对题型的刺激有效性程度进行判断。同时，有了认知技术的支持，我们还可以将大脑处理加工语言这个实际行为作为效标，这将大大地提高效标的可靠性和说服力。

# 第二节　人工智能与语言测试

人工智能作为模拟人脑处理问题的一种工具，同样也能够在语言测试领域发挥重要作用。在语言测试领域，有很多需要测试专业人员人工处理的问题，如果人工智能能够参与到这些问题的处理过程中，就能够极大地提高测试的效率和质量。

在经历了专家系统、神经网络的浪潮之后，当前的人工智能正朝着以深度学习为基础的自主智能化发展。专家系统阶段的人工智能，人工的成分要比智能的成分多，因为计算机所表现的智能行为是由背后的知识库和设定好的逻辑算法支撑的；到了神经网络时期，计算机才真正模拟人的神经系统的工作原理，实现了一定的自组织和自学习等智能化的功能；而深度学习将网络结构复杂化，增加了不同功能的隐含层，使得计算机能够更加精确细致地模拟人类复杂的认知活动。人类在处理经验性问题时，能够达到非常准确的程度，比如图像识别、运动控制等，但我们很难用清晰的逻辑描述其过程，深度学习的方向正是解决此类问题。在语言测试中也有类似的问题，可以寻求人工智能的方法。

## 一、语料可读性判定

语料是测试命题的基础，其可读性的判定在语言测试领域一直是个难题。经过培训的语言测试工作者通常能够比较准确地把握语料的难度，但是人工评定的方法除了其不可避免的主观性之外，还耗时耗力。所以学者们长期以来都在探索客观的可批量处理的语料难度判定方法，从可读性公式到语料库比照，再到认知实验的佐证，直到人工智能也开始在语料难度的判定中发挥作用。

深度学习处理自然语言与之前的人工智能的显著区别是，对语言特征的发现和提取是基于大量的语料样例自主学习，而不是人工的总结、归纳和标注。以往我们使用各种公式来计算文本材料的可读性，公式中的语言特征参数是有限的，至今提出的上百个可读性公式选取的参数各不相同。设想一下，如果我们用不同的公式处理同一个文本的可读性的话，结果必然不同。所以，公式法的人工智能有着无法避免的缺陷，其优点是便于理解，而基于深度学习的人工智能的处理方法也存在"黑箱"的问题，也就是说，模型能够获取大量维度的语言特征，并以建构算法的方式将之组合为对可读性判断最为有效的组合，达到一个比较好的效果，但是这一过程缺乏语言学和心理学理据。

因此，可解释性研究已经成为当今人工智能领域的新热点，应用于文本难度判定的人工智能方法也需要进行可解释研究。文本难度判定是一个决策任务，人工智能可以通过算法模拟人脑认知加工过程来完成。而算法的可解释性是我们能够信任模拟结果，并根据不同的实际需要来修改算法的基础。人工智能判定语料难度的核心是语料的表征方式和计算模型的构建。语料表征实际上就是用有限的、计算机可识别处理的特征来表示文本，对应于人类大脑处理问题时对于事物本质的认识；模型构建则是对这些特征与可读性关系的判断。可以说，表征决定了判定准确性的上限，而模型决定了结果在多大程度上接近这个上限。

## 二、题目参数预测

计算题目参数是测试领域对题目进行分析的最基本的任务，在经典测量理论中，题目参数可以反映题目与考生能力的适配性；在项目反应理论中，题目参数与考生能力同时决定了考生答对某道题目的概率。准确的题目参数信息对于建设题库、拼制试卷具有至关重要的作用。但是，不管是经典测量理论还是项目反应理论，都需要经过施测才能获取题目参数。

通过施测的方式获得的题目参数仅能代表被试样本在题目上的反应情况，而真正影响题目参数的因素还需要进一步的研究确定。对于题目参数预测问题，人工智能具有巨大的优势，因为人工智能的自学习能力，尤其是以深度学习为代表的新一代人工智能可以对题目的特征有强大的学习能力，能够从训练数据中获取影响难度的各种因素，并将其拟合成预测算法。这种方法能够从根本上扭转必须通过施测才能获取题目参数的现状。

### 三、主观题评分

主观题目的评分也是语言测试领域的热点问题。长期以来，主观题目被批评的一点就是评分的主观性，主观性实际上是评分员对评分标准理解的不统一。使用人工智能进行主观题评分的基础是建立具有能够被计算机识别的被试语言表现特征的样本库。这个样本库由大量专家评分的标杆卷组成。当有需要评分的输入材料时，计算机将输入材料与样本库中的材料进行多项维度上的精密比对。但这个程度上的人工智能还很不"智能"，只不过是解放了劳动力而已。

我们需要的人工智能应达到如下的程度：第一，不需要专家提供关于不同水平被试语言特征的精细描述，但需要足够的标杆样本和对应样本。第二，需要专家对足够的标杆样本和对应样本的评分。这样，人工智能方法就能够高效、客观地解决语言测试中主观题目的评分问题。但显然，给机器喂什么语料以及专家的评分，都还是人而非机器的事。

## 第三节　华文水平测试与动态评估

在语言测试领域，我们有时会遇到考生的考场表现与日常表现不符，在同一考试中表现相差不大的考生在后来的学习中却出现了明显的差异等现象，这些其实都是考试的效度难题，这还是语言能力复杂性的特点造成的。动态评估理论建立的初衷就是解释这种现象并提供解决思路。

动态评估在对于认知能力的认识、进行测评的目的、采取的测评方式以及测评标准方面都不同于传统的静态评估（Palinscar, *et al.*, 1991）。动态评估认为：被试的认知能力不是固定的，会在不同的情境和调节作用下不断变化；而测试的目的就是找出这种变化的规律，发现被试群体在潜在能力而不是现有能力上的差异；测试的标准也不是统一不变的，而是根据测试过程中被试的表现动态变化。

动态测评者观察被试解决具有层次纵深的复杂问题的能力，同时也关注改变被试情绪、动机等的因素，比如能够引起他们的好奇心、警惕、挑战性的方面，评估者同时也应该是被试的认知调节者。

华文水平测试的定位是服务于华语传承、服务于华裔华语持续学习的考试，这与动态测试的理念契合度较高。我们可以在动态测评理论框架内，开发有干预的华文能力测评方式，并采用针对华文学习潜能的动态评价标准。这就需要我们从认知调控阶段的角度分析华文能力的发展，开发能够提供不同类型和强度的调控式测量工具；同时将影响华文能力学习和保持的认知类型、动机、认同等因素纳入华文能力评价的参考框架。

**思考**

未来语言测试的研究有哪些方向？

**推荐阅读**

1. 杜思佳、于海宁、张宏莉《基于深度学习的文本分类研究进展》，《网络与信息安全学报》2020 年第 4 期。

2. 曲鑫、贾莉《英语听力理解能力动态评价研究》，《北京第二外国语学院学报》2022 年第 5 期。

3. Xu Wandong & Gu Xiangdong. Applying eye-tracking technology into language assessment research: Status quo and prospects. *Overseas English Testing: Pedagogy and Research*, 2020, 2(4).

# 参考文献

陈宝国、彭聃龄.汉字识别中形音义激活时间进程的研究（Ⅰ）.心理学报，2001（01）：1—6.

陈宝国、王立新、彭聃龄.汉字识别中形音义激活时间进程的研究（Ⅱ）.心理学报，2003（05）：576—581.

陈光磊.从"文化测试"说到"文化大纲".世界汉语教学，1994（1）：25—29.

房宁.科举制与现代文官制度——科举制的现代政治学诠释.战略与管理，1996（06）：66—69.

费锦昌.现代汉字笔画规范刍议.世界汉语教学，1997（02）：10—16.

冯胜利.赵元任的单音节神话与徐通锵的字本位.华文教学与研究，2019（04）：1—10.

郭熙.试论海外华语传承话语体系的构建.语言文字应用，2023（02）：2—10.

郭熙.新时代的海外华文教育与中国国家语言能力的提升.语言文字应用，2020（04）：16—25.

郭熙、王文豪.论华语研究与华文教育的衔接.语言文字应用，2018（02）：2—10.

国家对外汉语教学领导小组办公室.高等学校外国留学生汉语言专业教学大纲.北京：北京语言文化大学出版社，2002.

国家对外汉语教学领导小组办公室汉语水平考试部.汉语水平词汇与汉字等级大纲.北京：北京语言学院出版社，1992.

国家对外汉语教学领导小组办公室汉语水平考试部.汉语水平等级标准与语法等级大纲.北京：高等教育出版社，1996.

国家汉办/孔子学院总部.国际汉语教学通用课程大纲.北京：外语教学与研究出版社，2010.

国家汉办/孔子学院总部.新汉语水平考试大纲 HSK 一级.北京：商务印书馆，2009.

国家汉办/孔子学院总部.新汉语水平考试大纲 HSK 二级.北京：商务印书馆，2009.

国家汉办/孔子学院总部.新汉语水平考试大纲 HSK 三级.北京：商务印书馆，2009.

国家汉办 / 孔子学院总部 . 新汉语水平考试大纲 HSK 四级 . 北京：商务印书馆，2009.

国家汉办 / 孔子学院总部 . 新汉语水平考试大纲 HSK 五级 . 北京：商务印书馆，2010.

国家汉办 / 孔子学院总部 . 新汉语水平考试大纲 HSK 六级 . 北京：商务印书馆，2010.

国家汉语水平考试委员会办公室考试中心 . 汉语水平词汇与汉字等级大纲（修订本）. 北京：
    经济科学出版社，2001.

国家语委 . 现代汉语语料库字频表 . http://www.aihanyu.org/cncorpus/Resources.aspx.

国家语言文字工作委员会、国家教育委员会 . 现代汉语常用字表 .1988 年 1 月 .

国务院、教育部、国家语言文字工作委员会 . 通用规范汉字表 .2013 年 6 月 .

韩宝成、罗凯洲 . 语言测试效度及其验证模式的嬗变 . 外语教学与研究，2013（03）：411—
    425+481.

汉斯·波塞尔 . 科学：什么是科学 . 李文潮译 . 上海：上海三联书店，2002.

郝美玲 . 留学生汉字正字法意识的萌芽与发展 . 世界汉语教学，2007（01）：29—39+2—3.

郝美玲、汪凤娇 . 语音意识和词素意识在初级水平留学生汉语阅读中的作用 . 语言教学与研
    究，2020（03）：10—21.

暨南大学华文学院、暨南大学华文考试院 . 华文水平测试词汇大纲 . 北京：商务印书馆，2023.

暨南大学华文学院、暨南大学华文考试院 . 华文水平测试汉字大纲 . 北京：商务印书馆，2022.

暨南大学华文学院、暨南大学华文考试院 . 华文水平测试文化大纲 . 北京：商务印书馆，2022.

暨南大学华文学院、暨南大学华文考试院 . 华文水平测试语法大纲 . 北京：商务印书馆，2022.

姜秀娟 . 语言测试效度与公平性研究 . 外语学刊，2018（01）：97—102.

教育部、国家语言文字工作委员会 . 汉语国际教育用音节汉字词汇等级划分 . 北京：北京语
    言大学出版社，2010.

教育部语言文字信息管理司组编、苏新春主编 . 义务教育常用词表（草案）. 北京：商务印书
    馆，2019.

教育部中外语言交流合作中心 . 国际中文教育中文水平等级标准 . 北京：北京语言大学出版
    社，2021.

教育部中外语言交流合作中心 . 国际中文教育中文水平等级标准（国家标准·应用解读本）
    第三分册：语法 . 北京：北京语言大学出版社，2021.

孔子学院总部 / 国家汉办 . HSK 考试大纲一级 . 北京：人民教育出版社，2015.

孔子学院总部 / 国家汉办 . HSK 考试大纲二级 . 北京：人民教育出版社，2015.

孔子学院总部 / 国家汉办 . HSK 考试大纲三级 . 北京：人民教育出版社，2015.

孔子学院总部 / 国家汉办 . HSK 考试大纲四级 . 北京：人民教育出版社，2015.

孔子学院总部 / 国家汉办 . HSK 考试大纲五级 . 北京：人民教育出版社，2015.

孔子学院总部 / 国家汉办 . HSK 考试大纲六级 . 北京：人民教育出版社，2015.

孔子学院总部 / 国家汉办 . 国际汉语教学通用课程大纲 . 北京：北京语言大学出版社，2014.

黎运汉 . 1949 年以来语言风格定义研究述评 . 语言文字应用，2002（1）：100—106.

李娟、傅小兰、林仲贤 . 学龄儿童汉语正字法意识发展的研究 . 心理学报，2000（02）：
　　121—126.

李宇明 . 论母语 . 世界汉语教学，2003，（1）：48—58+3.

列·谢·维果茨基 . 维果茨基全集 . 龚浩然等译 . 合肥：安徽教育出版社，2016.

刘大椿主编 . 科学哲学通论 . 北京：中国人民大学出版社，1998.

刘华 . 华语教育用分类分级词语表 . 北京：外语教学与研究出版社，2021.

陆俭明 . "华语"的标准：弹性和宽容 . 语言战略研究，2017（01）：1.

陆俭明 . 现代汉语语法研究教程，北京：北京大学出版社，2013.

陆俭明 . 汉语走向世界的一些思考 . 上海财经大学学报，2005（01）：69—74.

鹿士义 . 母语为拼音文字的学习者汉字正字法意识发展的研究 . 语言教学与研究，2002（03）：
　　53—57.

吕叔湘 . 汉语句法的灵活性，中国语文，1986（1）：1—9.

马新钦 . 华文水平测试文化分级大纲研制的理念与程序 . 华文教学与研究，2019（03）：34—41.

毛世桢主编 . 对外汉语教学语音测试研究 . 北京：中国社会科学出版社，2002.

潘文国 . 汉英语对比纲要 . 北京：北京语言大学出版社，1997.

潘文国 . 字本位与汉语研究 . 上海：华东师范大学出版社，2002.

彭宗平 . 北京话儿化词研究 . 北京：中国传媒大学出版社，2005.

皮埃尔·迪昂 . 物理学理论的目的和结构 . 李醒民译 . 北京：华夏出版社，1999.

裘援平 . 华侨华人与中国梦 . 求是，2014（06）：58—60.

裘援平 . 未来华文教育发展具有四大特征 . 中国新闻网，2017 年 10 月 20 日 . http://www.chinaqw.
　　com/hwjy/2017/12-20/172630.shtml.

邵敬敏 . 重新认识汉语和汉字的核心价值——文化自信下的国际汉语教学新思路 . 华文教学
　　与研究，2022（2）：57—61.

沈家煊 . 从语言看中西方的范畴观 . 中国社会科学，2017（07）：131—143+207.

沈家煊 . 说四言格 . 世界汉语教学，2019（03）：300—317.

盛继艳 . 对外汉字教学中笔顺规范化的层次性思考 . 语言文字应用，2013（01）：125—130.

施春宏 . "大华语"和"全球华语" . 语言战略研究，2017（4）：84.

斯蒂芬·图尔敏 . 论证的使用（修订版）. 谢小庆、王丽译 . 北京：北京语言大学出版社，2016.

童辉杰 . 心理测量学 . 上海教育出版社，2020.

王汉卫.华文水平测试（HSC）的基本理念.语言战略研究，2016（05）：58—65.

王汉卫.华文水平测试的设计与初步验证.世界汉语教学，2018（04）：534—545.

王汉卫.华语测试中的阅读研究.北京：北京大学出版社，2012.

王汉卫.华语阅读测试论.博士学位论文.广州：暨南大学，2008.

王汉卫.论"华语测试"的三个基石.暨南大学华文学院学报，2009（01）：83—88.

王汉卫.声调性质作用的再认识与声调教学.语言教学与研究，2004（03）：43—50.

王汉卫、白娟.华二代祖语保持研究.广州：暨南大学出版社，2023.

王汉卫、凡细珍、邵明明等.华文水平测试总体设计再认识——基于印尼、菲律宾、新加坡的调查分析.华文教学与研究，2014（03）：45—52.

王汉卫、黄海峰、杨万兵.华文水平测试的总体设计.华文教学与研究，2013（04）：84—89.

王汉卫、刘静、王士雷.笔素与汉字的难度序.语言教学与研究，2013（02）：8—16.

王汉卫、刘熹蒨.华文水平测试汉字大纲研制的理念与程序.华文教学与研究，2019（01）：59—67.

王汉卫、苏印霞.论对外汉语教学的笔画.世界汉语教学，2012（02）：266—275.

王还主编.对外汉语教学语法大纲.北京：北京语言学院出版社，1995.

王建勤.外国学生汉字构形意识发展模拟研究.世界汉语教学，2005（04）：5—17+2.

王洁.华文水平测试词汇大纲研制的理念与程序.华文教学与研究，2020（02）：55—63.

王永炳.新加坡学前儿童华语口语词汇.世界汉语教学，1990（03）：166—172.

伍秋萍、洪炜、邓淑兰.汉字认读在汉语二语者入学分班测试中的应用——建构简易汉语能力鉴别指标的实证研究.世界汉语教学，2017（03）：395—411.

伍秋萍、郑佩芸.香港地区学龄儿童汉字认读水平测试研制与常模建构.语言战略研究，2023（03）：58—67.

肖奚强.外国学生汉字偏误分析.世界汉语教学，2002（02）：79—85+4.

胥云.语言测试中基于论证的效度验证模式述评.外语教学理论与实验，2011（04）：7—14.

徐通锵.汉语字本位语法导论.济南：山东教育出版社，2008.

杨寄洲主编.对外汉语教学初级阶段教学大纲.北京：北京语言文化大学出版社，1999.

杨群、王艳、张积家.正字法深度对汉族、维吾尔族大学生汉字词命名的影响.心理学报，2019（01）：1—13.

杨学为.中国高考史述论.武汉：湖北人民出版社，2007.

易洪川.笔顺规范化问题研究.语言教学与研究，1999（03）：49—56.

张金桥.印尼华裔留学生汉字正字法意识的形成与发展.语言文字应用，2008（02）：116—122.

张凯.标准参照测验理论研究.北京:北京语言大学出版社,2002.

张凯.语言测验的测度和精度.语言文字应用,2004(04):60—68.

张世方.从周边方言看北京话儿化韵的形成和发展.语言教学与研究,2003(04):20—28.

张旺熹.从汉字部件到汉字结构——谈对外汉字教学.世界汉语教学,1990(02):112—120.

赵刚.汉语中的冗余信息及其翻译.国外外语教学,2004(04):57—62.

赵守辉、刘永兵.新加坡华族学前儿童口语语料库的生成.世界汉语教学,2007(02):98—105+4.

赵元任.语言问题.北京:商务印务书馆,1980.

郑日昌、蔡永红、周益群.心理测量学.北京:人民教育出版社,1999.

中华人民共和国教育部.义务教育语文课程标准(2011年版).北京:北京师范大学出版社,2011.

周韧.汉语韵律语法研究的音节——语义视野.北京:商务印书馆,2022.

周韧.汉语韵律语法研究中的双音节和四音节.世界汉语教学,2019(03):318—335.

朱正才.关于我国英语能力等级量表描述语库建设的若干问题.中国考试,2015(04):11—17.

Angoff, W. Validity: An evolving concept. In Wainer, H. & Braun, H. (Eds). *Test Validity*. Hillsdale, NJ: Erlbaum, 1988.

Anastasi, A. Evolving concepts of test validation. *Annual Reviews of Psychology*, 1986, 37: 1–15.

Bachman, L. F. *Fundamental Considerations in Language Testing*. Oxford: Oxford University Press, 1990.

Barnwell, D. P. *A History of Foreign Language Testing in the United States from Its Beginnings to the Present.* Tempe, Arizona: Bilingual Press, 1996.

Bachman, L. F. & Palmer, A. S. *Language Assessment in Practice.* Oxford: Oxford University, Press, 2010.

Canale, M. & Swain, M. Theoretical bases of communicative approaches to second language teaching and testing. *Applied Linguistics*, 1980(1): 1–47.

Chomsky, N. *Knowledge of Language: Its Nature, Origin, and Use*. New York: Praeger, 1986.

Cronbach, L. J. Test validation. In Thorndike, R. L. (Ed.) *Edueational Measurement* (2nd Ed.). Washington, D. C.: American Council on Education, 1971.

Cronbach, L. J. & Meehl. P. E. Construct validity in paychological tests. *Psychological Bulletin*, 1955, 52 : 281–302.

Cronbach, L. J. Validity on parole: How can we go straight? In Schrader, W. B. (Ed.) *New Directions for Testing and Measurement: Measuring Achievement Progress over a Decade: No.5.* San Francisco, CA: Jossey-Bass, 1980, 99–108.

Cronbach, L. J. Construct validation after thirty years. Linn, R. L. (Ed.) *Intelligence: Measurement, Theory and Public Policy.* Champaign, IL: University of Illinois Press, 1989, 147–171.

Darhower, M. *Synchronous Computer-mediated Commu nication in the Intermediate Foreign Language Class: A Sociocultural Case Study.* Pittsburgh: University of Pittsburgh, 2000.

Florit, Elena & Cain, Kate. The simple view of reading: Is it valid for different types of alphabetic orthographies? *Educational Psychology Review,* 2011, 23(4): 553–576.

Hambleton, R. K. Test score validity and standard-setting. In Berk, R. A. (Ed.) *Criterion-Referenced Measurement: State of the Art.* Baltimore, MD: Johns Hopkins University Press, 1980.

Huynh, H. On score locations for binary and partial credit items and their applications to item mapping and criteron-referenced interpretation. *Journal of Educational and Behavioral Statistics,* 1998, 23: 35–56.

Hymes, D. On communicative competence. In Pride, J. B. & Holmes, J. (Eds.) *Sociolinguistics.* Harmondsworth: Penguin, 1972: 269–293.

John Rawls. *A Theory of Justice.* Cambridge: Belknap Press, 1999.

Kunnan, A. *Evaluating Language Assessments.* New York: Routledge, 2018.

Lado, R., *Language Testing: The Construction and Use of Foreign Language Tests.* London: Longman, 1961.

Levelt, W. J. M. *Speaking: From Intention to Articulation.* Cambridge, MA: The MIT Press, 1989.

Lantolf, J. P. & Appel, G. (Eds.) *Vygotskian Approaches to Second Language Research.* Norwood, NJ: Ablex, 1994.

Loevinger, J. Objeaive tests as instruments of psychological theory. *Psychological Reports,* 1957, 3: 635–694.

Lenneberg, E. H. The biological foundations of language. *Hospital Practice,* 1967, 2 (12): 59–67.

Lewis, D. M., Mitzel, H. C. & Green, D. R. Standard setting: A bookmark approach. In Green, D. R. (Chair) *IRT-Based Standard-Setting Procedures Utilizing Behavioral Anchoring.* Symposium Corducted at the Counuil of Chief State School Officers National Conference on Large-scale Assessment, Phoenix, AZ, 1996.

McCall, W. A. *Measurement.* New York: Macmillan, 1939.

Messick, S. A. Validity. In Linn, R. L. (Ed.) *Educational Measurement.* New York: American Council on Education / Macmillan Pub lishing Company, 1989.

Miller, G. A. The magical number seven, plus or minus two: Some limits on our capacity for processing information. *Psychological Review*, 1956, 63 (2): 81−97.

Miller, G. Psychology and communication. In Miller, G. (Ed) *Communication, Language, and Meaning*. New York: Basic Books, 1973.

Moss, P. A. Shifting conceptions of validity in educational measurement: Implications for performance assessment. *Review of Educational Research*, 1992, 62: 229−258.

Munby, J. *Communicative Syllabus Design: A Sociolinguistic Model for Designing the Content of Purpose-Specific Language Programmes*. Cambridge: Cambridge University Press, 1981.

Oller, J. W. *Language Tests at School*. London: Longman, 1979.

Palincsar, A. S., Brown, A. L. & Campione, J. C. Dynamic assessment. *Handbook on the Assessment of Learning Disabilities: Theory, Research, and Practice*. Austin: Pro-Ed, 1991, 75−94.

Petersen, N. S., Kolen, M. J. & Hoover, H. D. Scaling, norming, and equating. In Linn, R. L. (Ed.) *Educational Measurement (3rd Ed.)*. New York: Macmillan, 1989, 221−262.

Rogers, T. B. *The Psychological Testing Enterprise: An Introduction*. Belmont: Brooks/Cole Publishing Company, 1995.

Shepard, L. Evaluating test validity. *Review of Research in Education*, 1993, 19 (1): 405−450.

Spolsky, B. *Measured Words: The Development of Objective Language Testing*. Oxford: Oxford University Press, 1995.

Stevens, S. S. *Handbook of Experimental Psychology*. New York: Wiley, 1951.

Thorndike, E. L. The nature, purposes, and general methods of Measurements of educational products. *Teachers College Record*, 1918, 19 (7): 16−24.

Tilstra, J., McMaster, K., Van den Broek, P., Kendeou, P. & Rapp, D. Simple but complex: Components of the simple view of reading across grade levels. *Journal of Research in Reading*, 2009, 32 (4): 383−401.

Torgerson W. S. *Theory and Methods of Scaling*. New York: John Wiley and Sons Inc, 1958.

Toulmin. S. E. *The Uses of Argument*. Cambridge: Cambridge University Press, 2003.

Weir, C. J. *Language Testing and Validation: An Evidence: Based Approach*. Landon: Palgrave Macmillan, 2005.

Wilkins, D. A. Notional Syllabuses: A Taxonomy and Its Relevance to Foreign Language Curriculum Development. Oxford: Oxford University Press, 1976.

Xi, Xiaoming. How do we go about investigating test fairness? *Language Testing*, 2010, 27 (2): 147−170.

# 附　　录

## 附录1　华文水平测试能力标准

### 1-1　阅读能力标准

| 级别 | 能力结构 | 知识与任务 | 描述语 |
|---|---|---|---|
| 一级 | 识字 | 核心知识 | 具有基本的笔画知识。 |
| | | | 具有简单的部件、部首知识。 |
| | | | 具有简单的结构知识。 |
| | | | 具有多音多义的意识。 |
| | | | 具有基本的拼音知识。 |
| | | | 具有一级认读字的综合知识。 |
| | | 典型任务 | 能从整字中析出笔画。 |
| | | | 能从整字中析出常用部件、部首。 |
| | | | 能基本区分不同结构的汉字。 |
| | | | 能基本按照拼音认读生字。 |
| | | | 能关联一级认读字的形、音、义。 |
| | | | 能区别一级认读字中多音多义字的不同音义。 |

续表

| 级别 | 能力结构 | 知识与任务 | 描述语 |
|---|---|---|---|
| 一级 | 读文 | 核心知识 | 具有简单的句读知识。 |
| | | | 具有基础词汇的知识，具体体现为大部分的一级词汇。 |
| | | | 具有基础语法的知识，具体体现为一级语法。 |
| | | 典型任务 | 能在一级词汇和认读字的范围内辨识同类词。 |
| | | | 能读懂关于个人信息的简单句子，如姓名、年龄等。 |
| | | | 能读懂学习生活中出现的简短的要求或指令。 |
| | | | 能读懂跟日常生活密切相关的简单句子，如人际交往、饮食起居、兴趣爱好等。 |
| | | | 能在拼音及图片的辅助下，读懂简单的适龄儿童读物，如儿歌、故事等。 |
| | | | 当级难度的一般文本阅读速度不少于每分钟30字。 |
| 二级 | 识字 | 核心知识 | 具有完整的笔画知识。 |
| | | | 具有基本的部件、部首知识。 |
| | | | 具有基本的结构知识。 |
| | | | 具有完整的拼音知识。 |
| | | | 具有简单的字形理据知识。 |
| | | | 具有一、二级认读字的综合知识。 |
| | | 典型任务 | 能从整字中析出部件、部首。 |
| | | | 能区分不同结构的汉字。 |
| | | | 能按照拼音认读生字。 |
| | | | 能关联一、二级认读字的形、音、义。 |
| | | | 能区别一、二级认读字中多音多义字的不同音义。 |
| | | | 能尝试根据字形字理猜测字音字义。 |
| | 读文 | 核心知识 | 具有常用标点符号的知识。 |
| | | | 具有基础词汇的知识，具体体现为大部分的一、二级词汇。 |
| | | | 具有基础语法的知识，具体体现为一、二级语法。 |

| 级别 | 能力结构 | 知识与任务 | 描述语 |
|---|---|---|---|
| 二级 | 读文 | 典型任务 | 能在一、二级词汇和认读字的范围内辨识同类词、同义词、反义词。 |
| | | | 能通过上下文提供的信息，模糊猜测偶然出现的生词或旧词新义。 |
| | | | 能读懂跟日常生活密切相关的简单句子，如人际交往、饮食起居、兴趣爱好等。 |
| | | | 能在拼音的辅助下，阅读有关日常生活及体验的记叙类短文。 |
| | | | 能在拼音的辅助下，阅读简单儿歌、儿童诗和浅显古诗。 |
| | | | 能在拼音的辅助下，阅读简单的儿童故事。 |
| | | | 能抓住文段中的关键信息，如人物、地点、数量、事物特征等。 |
| | | | 能大体概括所阅读文本的主旨。 |
| | | | 当级难度的一般文本阅读速度不少于每分钟 100 字。 |
| 三级 | 识字 | 核心知识 | 具有较完整的部件、部首知识。 |
| | | | 具有完整的结构知识。 |
| | | | 具有一定的字形理据知识。 |
| | | | 具有拼音、部首检字法的基本知识。 |
| | | | 具有一至三级认读字的综合知识。 |
| | | 典型任务 | 能关联一至三级认读字的形、音、义。 |
| | | | 能关联一至三级认读字中多音多义字的不同音义。 |
| | | | 能初步使用拼音、部首检字法检字。 |
| | | | 能一定程度上根据字形字理猜测字音字义。 |
| | 读文 | 核心知识 | 具有较完整的标点符号知识。 |
| | | | 具有基础词汇的知识，具体体现为大部分的一至三级词汇。 |
| | | | 具有基础语法的知识，具体体现为一至三级语法。 |
| | | | 具有简单的修辞、语用、逻辑知识。 |
| | | | 具有简单的古诗文知识。 |

| 级别 | 能力结构 | 知识与任务 | 描述语 |
|---|---|---|---|
| 三级 | 读文 | 典型任务 | 能在一至三级词汇和认读字的范围内辨识同类词、同义词、反义词、近义词。 |
| | | | 能在上下文没有障碍的前提下，较好地猜测偶尔出现的适龄生词或旧词新义。 |
| | | | 能初步理解词语和句子的修辞意义、语用意义和言外之意。 |
| | | | 能读懂简单的应用文。 |
| | | | 能读懂较简单的适龄记叙类短文。 |
| | | | 能读懂较简单的有关日常生活的说明类短文。 |
| | | | 能读懂一般的儿歌、儿童诗和儿童故事。 |
| | | | 能读懂一般的浅显古诗。 |
| | | | 能较好地概括所阅读文本的主旨。 |
| | | | 能在关键信息之外，初步把握文章的细节信息。 |
| | | | 当级难度的一般文本阅读速度不少于每分钟 150 字。 |
| 四级 | 识字 | 核心知识 | 具有部件、部首的完整知识。 |
| | | | 具有拼音、部首检字法的完整知识。 |
| | | | 具有较系统的字形理据知识。 |
| | | | 具有一至四级认读字的综合知识。 |
| | | 典型任务 | 能关联一至四级认读字的形、音、义。 |
| | | | 能关联一至四级认读字中多音多义字的不同音义。 |
| | | | 能掌握一至四级认读字的多个常用义项。 |
| | | | 能熟练使用拼音、部首检字法检字。 |
| | | | 能较好地根据字形字理猜测字音字义。 |
| | 读文 | 核心知识 | 具有完整的标点符号知识。 |
| | | | 具有较丰富的词汇知识，具体体现为大部分的一至四级词汇。 |
| | | | 具有较好的语法知识，具体体现为一至四级语法。 |
| | | | 具有一定的修辞、语用、逻辑知识。 |
| | | | 具有一定的古诗文知识。 |

| 级别 | 能力结构 | 知识与任务 | 描述语 |
|---|---|---|---|
| 四级 | 读文 | 典型任务 | 能在一至四级词汇和认读字的范围内辨识同类词、同义词、反义词、近义词。 |
| | | | 能在上下文没有障碍的前提下，较好地猜测生词或旧词新义。 |
| | | | 能基本理解词语和句子的修辞意义、语用意义和言外之意。 |
| | | | 能读懂一般的应用文。 |
| | | | 能读懂一般的适龄记叙类短文。 |
| | | | 能读懂一般的有关日常生活的说明类短文。 |
| | | | 能读懂简单的议论文。 |
| | | | 能读懂儿歌、儿童诗和儿童故事。 |
| | | | 能借助注释，读懂一般的古诗。 |
| | | | 能很好地概括所阅读文本的主旨。 |
| | | | 能较好地把握文章的细节信息。 |
| | | | 能初步理解作品表现出的价值判断和审美取向。 |
| | | | 能初步对话题相同的不同文本作出批判、鉴别。 |
| | | | 当级难度的一般文本阅读速度不少于每分钟 200 字。 |
| 五级 | 识字 | 核心知识 | 具有较系统、较丰富的字形理据知识。 |
| | | | 具有一至五级认读字的综合知识。 |
| | | 典型任务 | 能熟练关联一至五级认读字的形、音、义。 |
| | | | 能熟练关联一至五级认读字中多音多义字的不同音义。 |
| | | | 能熟练掌握一至五级认读字的多个常用义项。 |
| | | | 能熟练使用拼音、部首及其他更多检字法检字。 |
| | 读文 | 核心知识 | 具有丰富的词汇知识，具体体现为大部分的一至五级词汇。 |
| | | | 具有完整熟练的语法知识。 |
| | | | 具有较好的修辞、语用、逻辑知识。 |
| | | | 具有较好的古诗文知识。 |

| 级别 | 能力结构 | 知识与任务 | 描述语 |
|---|---|---|---|
| 五级 | 读文 | 典型任务 | 能在一至五级词汇和认读字的范围内辨识同类词、同义词、反义词、近义词。 |
| | | | 能很好地利用大小语境猜测生词或旧词新义。 |
| | | | 能较好地理解词语和句子的修辞意义、语用意义和言外之意。 |
| | | | 能读懂一般的记叙文、说明文、议论文。 |
| | | | 能借助注释，读懂一般的古诗文。 |
| | | | 能很好地把握文章的细节信息。 |
| | | | 能较好地理解作品表现出的价值判断和审美取向。 |
| | | | 能较好地对话题相同的不同文本作出批判、鉴别。 |
| | | | 当级难度的一般文本阅读速度不少于每分钟250字。 |
| 六级 | 识字 | 核心知识 | 具有一至六级认读字范围内较完整的字形理据知识。 |
| | | | 具有一至六级认读字的综合知识。 |
| | | 典型任务 | 能熟练关联一至六级认读字的形、音、义。 |
| | | | 能熟练关联一至六级认读字中多音多义字的不同音义。 |
| | | | 能熟练掌握一至六级认读字的多个常用义项。 |
| | 读文 | 核心知识 | 具有丰富的词汇知识，具体体现为大部分的一至六级词汇乃至更多。 |
| | | | 具有较系统的修辞、语用、逻辑知识。 |
| | | | 具有较丰富的古诗文知识。 |
| | | 典型任务 | 能在一至六级词汇和认读字的范围内辨识同类词、同义词、反义词、近义词。 |
| | | | 能很好地理解词语和句子的修辞意义、语用意义和言外之意。 |
| | | | 能流畅阅读一般的记叙文、说明文、议论文。 |
| | | | 能较流畅地阅读小说、论文等较复杂文本。 |
| | | | 能借助注释，读懂诗词歌赋、笔记小说等各体古诗文。 |
| | | | 能很好地理解作品表现出的价值判断和审美取向。 |
| | | | 能很好地对话题相同的不同文本作出批判、鉴别。 |
| | | | 一般文本的阅读速度不少于每分钟350字。 |

## 1-2　写作能力标准

| 级别 | 能力结构 | 知识与任务 | 描述语 |
|---|---|---|---|
| 一级 | 写字 | 核心知识 | 具有基本的笔画知识。 |
| | | | 具有基本的笔顺知识。 |
| | | | 具有基本的部件、部首知识。 |
| | | | 具有基本的汉字结构知识。 |
| | | | 具有一级书写字的综合知识。 |
| | | | 具有拼音的基础知识。 |
| | | 典型任务 | 能正确书写汉字的笔画。 |
| | | | 能正确书写常用部件、部首。 |
| | | | 能写出正确的基础汉字,具体体现为一级书写字。 |
| | 作文 | 核心知识 | 具有简单的句读知识。 |
| | | | 具有基础的词汇知识,具体体现为大部分的一级词汇。 |
| | | | 具有基础的语法知识,具体体现为一级语法。 |
| | | 典型任务 | 能在一级词汇、语法以及书写字的范围内完成组句。 |
| | | | 能借助拼音或完全使用汉字自由写出简单的句子。 |
| 二级 | 写字 | 核心知识 | 具有清晰完整的笔画知识。 |
| | | | 具有较清晰完整的笔顺知识。 |
| | | | 具有较清晰完整的部件、部首知识。 |
| | | | 具有较清晰完整的汉字结构知识。 |
| | | | 具有一、二级书写字的综合知识。 |
| | | | 具有清晰完整的拼音知识。 |
| | | 典型任务 | 能熟练书写汉字的笔画。 |
| | | | 能熟练书写汉字的常用部首、部件。 |
| | | | 能正确书写基础汉字,具体体现为一、二级书写字。 |
| | | | 能初步使用拼音打字。 |
| | 作文 | 核心知识 | 具有常用标点符号的知识。 |
| | | | 具有基础词汇知识,具体体现为大部分的一、二级词汇。 |
| | | | 具有基础语法知识,具体体现为一、二级语法。 |

| 级别 | 能力结构 | 知识与任务 | 描述语 |
|------|----------|------------|--------|
| 二级 | 作文 | 典型任务 | 能在一、二级词汇、语法以及书写字的范围内完成组句。 |
| | | | 能模仿例句造句。 |
| | | | 能在20分钟内写（打）100字左右的简单记叙文。 |
| | | | 能写简单的便条，例如留言条、请假条、小通知、贺卡等。 |
| 三级 | 写字 | 核心知识 | 具有清晰完整的笔顺知识。 |
| | | | 具有清晰完整的汉字结构知识。 |
| | | | 具有一至三级书写字的综合知识。 |
| | | 典型任务 | 能熟练书写基础汉字，具体体现为一至三级书写字。 |
| | | | 能使用拼音打字。 |
| | 作文 | 核心知识 | 具有较完整的标点符号知识。 |
| | | | 具有基础词汇知识，具体体现为大部分的一至三级词汇。 |
| | | | 具有较好的语法知识，具体体现为一至三级语法。 |
| | | 典型任务 | 能在一至三级词汇、语法以及书写字的范围内完成组句。 |
| | | | 能按要求造句。 |
| | | | 能在30分钟内写（打）200字左右的记叙性文章。 |
| | | | 写简短的书信表达情感或说明事由，例如邀请、感谢、道歉等。 |
| 四级 | 写字 | 核心知识 | 具有一至四级书写字的综合知识。 |
| | | 典型任务 | 能熟练书写基础汉字，具体体现为一至四级书写字。 |
| | | | 能熟练使用拼音打字。 |
| | 作文 | 核心知识 | 具有标点符号的完整知识。 |
| | | | 初步具备一定的文体知识。 |
| | | | 初步具备一定的修辞知识。 |
| | | | 具有基础词汇知识，具体体现为大部分的一至四级词汇。 |
| | | | 具有较完整的语法知识，具体体现为一至四级语法。 |

续表

| 级别 | 能力结构 | 知识与任务 | 描述语 |
|---|---|---|---|
| 四级 | 作文 | 典型任务 | 能在一至四级词汇、语法以及书写字的范围内完成组句。 |
| | | | 能扩写、缩写、改写句子。 |
| | | | 能在 30 分钟内写（打）300 字左右的记叙性、议论性、说明性文章。 |
| | | | 能使用较恰当的格式写作应用文。 |
| | | | 能审题、构思、谋篇、修改，在规定时间内完成命题作文。 |
| | | | 能初步使用电脑写作。 |
| 五级 | 写字 | 核心知识 | 具有一至五级书写字的综合知识。 |
| | | 典型任务 | 能熟练书写一至五级书写字。 |
| | 作文 | 核心知识 | 具备较系统的基本文体知识。 |
| | | | 具备较系统的基本修辞知识。 |
| | | | 能正确使用大部分的一至五级词汇。 |
| | | 典型任务 | 能在一至五级词汇、语法以及书写字的范围内完成组句。 |
| | | | 能在 40 分钟内写（打）400 字左右的记叙性、议论性、说明性文章。 |
| | | | 能较好地完成应用文写作。 |
| | | | 能做比较完整的书面报告。 |
| | | | 能扩写、缩写、续写语段和语篇。 |
| | | | 能变换文体或表达方式等，进行改写。 |
| | | | 能即时记录上课或谈话的要点。 |
| | | | 能较熟练使用电脑写作。 |
| 六级 | 写字 | 核心知识 | 具有一至六级书写字的综合知识。 |
| | | 典型任务 | 能熟练书写一至六级书写字，甚至更多纲外字。 |
| | | | 能写一手较漂亮的字。 |
| | 作文 | 核心知识 | 具备较系统的修辞知识。 |
| | | | 能正确使用大部分的一至六级词汇，甚至更多纲外词。 |

续表

| 级别 | 能力结构 | 知识与任务 | 描述语 |
|---|---|---|---|
| 六级 | 作文 | 典型任务 | 能在 60 分钟内写（打）500 字左右的记叙性、议论性、说明性文章。 |
| | | | 能较完整地记录上课、谈话、会议内容。 |
| | | | 能对多样化的信息内容进行综合、梳理，形成完整的书面报告。 |
| | | | 能综合运用各种表达方式，撰写文辞、结构、立意俱佳，文学性较强的文章。 |
| | | | 能熟练使用电脑写作、编辑、制作演示文稿等。 |

## 1-3　听力能力标准

| 级别 | 知识与任务 | 描述语 |
|---|---|---|
| 一级 | 核心知识 | 具有基础的词汇知识，具体体现为大部分的一级词汇。 |
| | | 具有基础的语法知识，具体体现为一级语法。 |
| | 典型任务 | 能分辨普通话音节。 |
| | | 能听懂跟日常生活密切相关的简单交际用语，如打招呼、感谢等。 |
| | | 能听懂介绍个人信息的简单句子，如姓名、年龄等。 |
| | | 能听懂学习生活中简短的指令或要求。 |
| | | 能听懂大部分跟日常生活密切相关的简单句子，如人际交往、饮食起居、兴趣爱好等。 |
| | | 能听懂简单的适龄儿童读物，如儿歌、故事等。 |
| | | 能听懂当级难度的、语速在 150—180 字 / 分钟的材料。 |
| 二级 | 核心知识 | 具有基础的词汇知识，具体体现为大部分的一、二级词汇。 |
| | | 具有基础的语法知识，具体体现为一、二级语法。 |
| | 典型任务 | 能较好地分辨普通话音节、声调、语调。 |
| | | 能听懂跟日常生活密切相关的简单句子，如人际交往、饮食起居、兴趣爱好等。 |
| | | 能听懂学校生活中的大部分话语，如课程内容等。 |
| | | 能听懂大部分谈论日常生活及体验的话语。 |
| | | 能听懂简单的适龄儿童读物，如儿歌、故事、儿童诗、浅显古诗等。 |
| | | 能基本抓住所听内容的关键信息，如人物、地点、数量、事物特征等。 |
| | | 能大体概括所听内容的主旨。 |
| | | 能听懂当级难度的、语速在 180—220 字 / 分钟的材料。 |

| 级别 | 知识与任务 | 描述语 |
|---|---|---|
| 三级 | 核心知识 | 具有基本的普通话语音知识，如音节、声调、语调。 |
| | | 具有基础词汇的知识，具体体现为大部分的一至三级词汇。 |
| | | 具有基础语法的知识，具体体现为一至三级语法。 |
| | 典型任务 | 能听懂常见公共场合的对话，如超市购物、图书馆借书等。 |
| | | 能听懂一般的儿童读物，如儿歌、故事、儿童诗、浅显古诗等。 |
| | | 能听懂简单的有关日常生活的记叙性话语，如日记等。 |
| | | 能听懂简单的有关日常生活的说明性话语，如物品的使用方法等。 |
| | | 能初步听懂词语和句子的修辞意义、语用意义和言外之意。 |
| | | 能通过上下文听到的信息，模糊猜测偶然出现的生词、未听清词或旧词新义。 |
| | | 能抓住所听内容的关键信息，如人物、地点、数量、事物特征等。 |
| | | 能较好概括所听内容的主旨。 |
| | | 能听懂当级难度的、语速在 180—220 字 / 分钟的材料。 |
| 四级 | 核心知识 | 具有较好的普通话语音知识，如音节、声调、语调、重音。 |
| | | 具有较丰富的词汇知识，具体体现为大部分的一至四级词汇。 |
| | | 具有较好的语法知识，具体体现为一至四级语法。 |
| | 典型任务 | 能听懂正式场合的讲话。 |
| | | 能听懂常见的书面话语，如邀请函、感谢信等。 |
| | | 能听懂儿歌、儿童诗、儿童故事。 |
| | | 能借助解释听懂简单的古诗文。 |
| | | 能听懂一般的记叙性话语。 |
| | | 能听懂一般的说明性话语，如少儿科普讲座等。 |
| | | 能听懂简单的议论性话语，如关于某事件的讨论等。 |
| | | 能通过上下文听到的信息，较好地猜测偶然出现的生词、未听清词或旧词新义。 |
| | | 能基本听懂词语和句子的修辞意义、语用意义和言外之意。 |
| | | 能在关键信息之外，初步把握所听内容的细节信息。 |
| | | 能很好地概括所听内容的主旨。 |
| | | 能初步理解听力材料表现的价值判断和审美取向。 |
| | | 能听懂当级难度的、语速在 220—260 字 / 分钟的材料。 |

| 级别 | 知识与任务 | 描述语 |
|---|---|---|
| 五级 | 核心知识 | 具有较完整的普通话语音知识，如音节、声调、语调、重音、轻声、儿化等。 |
| | | 具有丰富的词汇知识，具体体现为大部分的一至五级词汇。 |
| | | 具有较好的语法、修辞、语用综合应用知识。 |
| | 典型任务 | 能听懂简单的古诗文。 |
| | | 能听懂一般的记叙性、说明性、议论性话语。 |
| | | 能很好地利用上下文听到的信息猜测生词、未听清词或旧词新义。 |
| | | 能听懂词语和句子的修辞意义、语用意义和言外之意。 |
| | | 能很好地把握所听内容的细节信息。 |
| | | 能较好地理解听力材料表现的价值判断和审美取向。 |
| | | 能听懂当级难度的、语速在220—260字/分钟的材料。 |
| 六级 | 核心知识 | 具有较完整的普通话语音知识，并具有一定的方言听辨能力。 |
| | | 具有丰富的词汇知识，具体体现为大部分的一至六级词汇乃至更多。 |
| | | 具有较完整的语法、修辞、语用综合应用知识。 |
| | 典型任务 | 能轻松地听懂一般的记叙性、说明性、议论性话语。 |
| | | 能借助解释听懂中等难度的各体古诗文。 |
| | | 能听懂小说等文学作品。 |
| | | 能听懂词语和句子的修辞意义、语用意义和言外之意。 |
| | | 能准确理解听力材料表现的价值判断和审美取向。 |
| | | 能听懂当级难度的、语速在260—300字/分钟的材料。 |

## 1-4　口语能力标准

| 级别 | 知识与任务 | 描述语 |
|---|---|---|
| 一级 | 核心知识 | 具有基础的词汇知识，具体体现为大部分的一级词汇。 |
| | | 具有基础的语法知识，具体体现为一级语法。 |
| | 典型任务 | 能使用最基本的日常交际用语，比如"你好""谢谢"。 |
| | | 能简单地介绍个人和家人的基本信息，比如姓名、年龄等。 |
| | | 能说出生活中常见的实物名称。 |
| | | 能用简短的语言表达自己的请求、愿望、情感、需要。 |
| | | 能对家长、老师的简单指令进行口头转达。 |
| | | 能说出与日常生活密切相关的简单句子，如人际交往、饮食起居、兴趣爱好等。 |
| | | 能使用语速较慢，含有重复、错误，不自然的语言进行表达。 |
| | | 能在图片辅助下讲简单的儿童故事，读简单儿歌。 |
| 二级 | 核心知识 | 具有基础的词汇知识，具体体现为大部分的一、二级词汇。 |
| | | 具有基础的语法知识，具体体现为一、二级语法。 |
| | 典型任务 | 能就学习、日常生活等话题展开简单的会话。 |
| | | 能说出跟日常生活密切相关的句子，如人际交往、饮食起居、兴趣爱好等。 |
| | | 能对一次事件或一项活动做简短的、基本的描述。 |
| | | 能简单描述人或事物。 |
| | | 能用迂回的语言说出自己不能准确表达的意思。 |
| | | 能简单解释原因，提出简短的理由支持自己的看法。 |
| | | 能根据图片简单说出一个故事。 |
| | | 能诵读少量简单儿歌、儿童诗和古诗。 |
| 三级 | 核心知识 | 具有基本的普通话语音知识，如音节、声调、语调。 |
| | | 具有基础词汇的知识，具体体现为大部分的一至三级词汇。 |
| | | 具有基础语法的知识，具体体现为一至三级语法。 |

| 级别 | 知识与任务 | 描述语 |
|---|---|---|
| 三级 | 典型任务 | 能完成常见公共场合的对话，比如超市、图书馆等。 |
| | | 能够参与大部分非正式的涉及学校、家庭及休闲活动等话题的对话。 |
| | | 能具体描述人或事物。 |
| | | 能较好地解释原因，提出简短的理由支持自己的看法。 |
| | | 能回应他人的提议并提出自己的建议。 |
| | | 能简单说明一项程序，比如做什么、怎么做等。包括已经发生的、正在进行的和计划进行的。 |
| | | 能根据多幅图片讲述一个较完整的故事。 |
| | | 能诵读一些简单儿歌、儿童诗和古诗。 |
| 四级 | 核心知识 | 具有较好的普通话语音知识，如音节、声调、语调、重音。 |
| | | 具有较丰富的词汇知识，具体体现为大部分的一至四级词汇。 |
| | | 具有较好的语法知识，具体体现为一至四级语法。 |
| | 典型任务 | 语音语调较标准，表达较流畅。 |
| | | 能基本描述复杂的人物或事件，并进行简单评论。 |
| | | 能简单概述文章、故事等，内容正确，中心突出。 |
| | | 能比较有条理地说明一项程序，比如做什么、怎么做等。包括已经发生的、正在进行的和计划进行的。 |
| | | 能简单谈论熟悉的专业领域（比如自然、社会、体育、文学、科技等）方面的话题。 |
| | | 能在参加正式场合活动（例如班会、典礼等）时使用较为正式的语言完成交际。 |
| | | 能有条理地解释个人行为和选择，提出自己的看法。 |
| | | 根据多幅图片讲述一个完整的故事。 |
| | | 能背诵一些简单儿歌、儿童诗和古诗。 |
| 五级 | 核心知识 | 具有较完整的普通话语音知识，如音节、声调、语调、重音、轻声、儿化等。 |
| | | 具有丰富的词汇知识，具体体现为大部分的一至五级词汇。 |
| | | 具有较好的语法、修辞、语用综合应用知识。 |

| 级别 | 知识与任务 | 描述语 |
|---|---|---|
| 五级 | 典型任务 | 语音语调标准自然，表达较流畅。 |
| | | 能较为完整地说清关系比较复杂的人物或事件，并进行简单评论。 |
| | | 能运用恰当的例证较为充分地论证自己的观点。 |
| | | 能较好概述文章、故事等，内容正确，中心突出。 |
| | | 能有条理地说明一项程序，比如做什么、怎么做等。包括已经发生的、正在进行的和计划进行的。 |
| | | 能比较深入地谈论熟悉的专业领域（比如自然、社会、体育、文学、科技等）方面的话题。 |
| | | 能在正式场合提出建议并对建议作出回应。 |
| | | 能背诵一些古诗文。 |
| 六级 | 核心知识 | 具有较完整的普通话语音知识，并具有一定的方言能力。 |
| | | 具有丰富的词汇知识，具体体现为大部分的一至六级词汇乃至更多。 |
| | | 具有较完整的语法、修辞、语用综合应用知识。 |
| | 典型任务 | 语音语调标准自然，表达流畅，接近汉语母语者口语水平。 |
| | | 能谈论广泛的专业领域（比如自然、社会、体育、文学、科技等）方面的话题。 |
| | | 能参与一系列正式的社会交流，比如面试、座谈等。 |
| | | 能对自己常犯的错误有意识地监控，并及时纠正自己口头表达中的错误。 |
| | | 能完整地概述文章、故事等，内容正确，中心突出。 |
| | | 能清楚地地说明一项程序，比如做什么、怎么做等。包括已经发生的、正在进行的和计划进行的。 |
| | | 能完整地说清关系比较复杂的人物或事件，作出长而连贯的叙述。 |
| | | 能运用恰当的例证深入阐释和论证自己的观点。 |
| | | 能背诵较多古诗文。 |

# 附录 2　华二代祖语保持调查问卷（意大利卷为例）

## 2-1　华二代祖语保持调查问卷（学生）

亲爱的同学：

你好！

我们目前正在进行一项研究，旨在调查华人家庭中的语言使用、语言观念等状况，探讨华人语言保持与社会、家庭、认同、文化等之间的关系，为促进华文教育发展、更有效地提升华裔学习者的中文水平提出建议。

我们非常期望你能参与我们的研究，并保证所有信息只以匿名状态用于该项目的研究。你和家人的个人信息不会以任何形式暴露。完成此问卷大约耗时10分钟。衷心感谢你的参与！

第一部分

1. 你说得最流利的语言：

　　□ A. 意大利语　　□ B. 中文（包括方言）　　□ C. 其他_____

2. 上小学前，如下情况，你使用最多的语言是（根据实际情况打"√"）：

| | 只用中文（包括方言） | 主要用中文（包括方言） | 主要用意大利语 | 只用意大利语 |
|---|---|---|---|---|
| 和父亲交谈 | | | | |
| 和母亲交谈 | | | | |
| 和祖父交谈 | | | | |
| 和祖母交谈 | | | | |
| 和兄弟姐妹交谈 | | | | |
| 和保姆交谈 | | | | |
| 和会讲中文的朋友交谈 | | | | |

3. 现在，如下情况，你使用最多的语言是（根据实际情况打"√"）：

| | 只用中文<br>（包括方言） | 主要用中文<br>（包括方言） | 主要用<br>意大利语 | 只用<br>意大利语 |
|---|---|---|---|---|
| 和父亲交谈 | | | | |
| 和母亲交谈 | | | | |
| 和祖父交谈 | | | | |
| 和祖母交谈 | | | | |
| 和兄弟姐妹交谈 | | | | |
| 和保姆交谈 | | | | |
| 和会讲中文的朋友交谈 | | | | |

4. 你在日常生活中使用中文的情况符合以下哪种情况？

　　□ A. 每天都用到　　　　　□ B. 经常用到

　　□ C. 很少用到　　　　　　□ D. 几乎不用

5. 以下哪种描述符合你现在生活的地方的情况？

　　□ A. 主要是华人，非华人较少　　□ B. 主要是非华人，华人较少

　　□ C. 不清楚 / 其他_____

6. 在你生活的地方，中文使用的情况是：

　　□ A. 人们总是用中文交谈　　　□ B. 人们经常用中文交谈

　　□ C. 人们很少用中文交谈　　　□ D. 人们从不用中文交谈

7. 在你的学校里同学们的情况是：

　　□ A. 华裔学生很多　　　　　□ B. 华裔学生很少

　　□ C. 不清楚 / 其他_____

8. 你是否在手机上装了中文 App ？

　　□ A. 是　　　　　　　　　　□ B. 否

## 第二部分

9. 为了让你学会中文，你的家庭采取过以下哪些方式？（可多选）

　　□ A. 上中文学校 / 补习班　　　　　　　□ B. 在家坚持说中文

　　□ C. 家里准备很多中文书籍、手机安装了中文 App 等

　　□ D. 看中文影视、听中文歌曲

　　□ E. 到说中文的国家 / 地区留学　　　　□ F. 请家庭教师

　　□ G. 父母亲自辅导　　　　　　　　　　□ H. 经常去需要用中文的场合

　　□ I. 与说中文的亲友保持经常联系　　　　□ J. 其他_____

10. 上述办法中，你觉得哪些最有效？（选三个）

　　□ A. 上中文学校 / 补习班　　　　　　　□ B. 在家坚持说中文

　　□ C. 家里准备很多中文书籍、手机安装了中文 App 等

　　□ D. 看中文影视、听中文歌曲　　　　　□ E. 到说中文的国家 / 地区留学

　　□ F. 请家庭教师　　　　　　　　　　　□ G. 父母亲自辅导

　　□ H. 经常去需要用中文的场合

　　□ I. 与说中文的亲友保持经常联系　　　　□ J. 其他_____

**中文水平自评**（请根据你的实际情况，在"□"内打"√"）

11. 能听懂中文课上老师讲的内容

　　□能够很轻松地完成　　　□能够比较好地完成　　　□基本可以完成
　　□很难完成　　　　　　　□完全不能完成

12. 能听懂别人用中文说的一些简单的事情

　　□能够很轻松地完成　　　□能够比较好地完成　　　□基本可以完成
　　□很难完成　　　　　　　□完全不能完成

13. 能听懂用中文进行的熟悉话题的讨论

　　□能够很轻松地完成　　　□能够比较好地完成　　　□基本可以完成
　　□很难完成　　　　　　　□完全不能完成

14. 能听懂说得比较慢的中文小故事
　　□能够很轻松地完成　　　□能够比较好地完成　　　□基本可以完成
　　□很难完成　　　　　　　□完全不能完成

15. 能听懂中文电影和电视节目
　　□能够很轻松地完成　　　□能够比较好地完成　　　□基本可以完成
　　□很难完成　　　　　　　□完全不能完成

16. 能在一般情况下听懂中国人说话
　　□能够很轻松地完成　　　□能够比较好地完成　　　□基本可以完成
　　□很难完成　　　　　　　□完全不能完成

17. 能用中文打招呼、告别、道歉等
　　□能够很轻松地完成　　　□能够比较好地完成　　　□基本可以完成
　　□很难完成　　　　　　　□完全不能完成

18. 能用中文简单介绍自己和家人、朋友
　　□能够很轻松地完成　　　□能够比较好地完成　　　□基本可以完成
　　□很难完成　　　　　　　□完全不能完成

19. 能清楚地用中文讲一件事情
　　□能够很轻松地完成　　　□能够比较好地完成　　　□基本可以完成
　　□很难完成　　　　　　　□完全不能完成

20. 能用中文简单表达想法
　　□能够很轻松地完成　　　□能够比较好地完成　　　□基本可以完成
　　□很难完成　　　　　　　□完全不能完成

21. 能用中文谈论各种话题
　　□能够很轻松地完成　　　□能够比较好地完成　　　□基本可以完成
　　□很难完成　　　　　　　□完全不能完成

22. 能像普通中国人一样说话

□能够很轻松地完成　　　□能够比较好地完成　　　□基本可以完成
□很难完成　　　　　　　□完全不能完成

23. 能读懂带有图画的简单中文小故事

□能够很轻松地完成　　　□能够比较好地完成　　　□基本可以完成
□很难完成　　　　　　　□完全不能完成

24. 能读懂中文信息

□能够很轻松地完成　　　□能够比较好地完成　　　□基本可以完成
□很难完成　　　　　　　□完全不能完成

25. 能读懂中文或方言实用文

□能够很轻松地完成　　　□能够比较好地完成　　　□基本可以完成
□很难完成　　　　　　　□完全不能完成

26. 能读懂中文报纸杂志等

□能够很轻松地完成　　　□能够比较好地完成　　　□基本可以完成
□很难完成　　　　　　　□完全不能完成

27. 能看出中文文章中的语言错误

□能够很轻松地完成　　　□能够比较好地完成　　　□基本可以完成
□很难完成　　　　　　　□完全不能完成

28. 能看出中文文章的观点、态度

□能够很轻松地完成　　　□能够比较好地完成　　　□基本可以完成
□很难完成　　　　　　　□完全不能完成

29. 能用中文写一些简单的句子

□能够很轻松地完成　　　□能够比较好地完成　　　□基本可以完成
□很难完成　　　　　　　□完全不能完成

30. 能用中文写留言条、贺卡等
　　□能够很轻松地完成　　　□能够比较好地完成　　　□基本可以完成
　　□很难完成　　　　　　　□完全不能完成

31. 能用中文做笔记
　　□能够很轻松地完成　　　□能够比较好地完成　　　□基本可以完成
　　□很难完成　　　　　　　□完全不能完成

32. 能写出篇幅较短的中文作文
　　□能够很轻松地完成　　　□能够比较好地完成　　　□基本可以完成
　　□很难完成　　　　　　　□完全不能完成

33. 能用中文写出想写的东西
　　□能够很轻松地完成　　　□能够比较好地完成　　　□基本可以完成
　　□很难完成　　　　　　　□完全不能完成

34. 能像用母语一样用中文写作
　　□能够很轻松地完成　　　□能够比较好地完成　　　□基本可以完成
　　□很难完成　　　　　　　□完全不能完成

**人口统计学信息：**

1. 性别：　　□男　　□女

2. 出生年份：＿＿＿＿＿＿年

3. 现在的居住地（城市）：＿＿＿＿＿＿＿＿＿＿＿＿＿＿＿

4. 上小学前居住时间最长的地方（城市）：＿＿＿＿＿＿＿＿＿＿＿＿＿＿

## 2-2　华二代祖语保持调查问卷（家长）

尊敬的受访人：

您好！

我们目前正在进行一项研究，旨在调查华人家庭中的语言使用、语言观念等状况，探讨华人语言保持与社会、家庭、认同、文化等之间的关系，为促进中文教育发展、更有效地提升华裔学习者的中文水平提出建议。

我们非常期望您能参与我们的研究，并保证所有信息只以匿名状态用于该项目的研究。您和家人的个人信息不会以任何形式暴露。完成此问卷大约耗时10分钟。衷心感谢您的参与！

### 第一部分

1. 性别：　　□男　　　□女

2. 您的出生年份：＿＿＿＿＿＿年

3. 您的出生地：＿＿＿＿＿＿＿（国家 / 地区）＿＿＿＿＿＿＿＿＿＿＿（城市 / 州）

4. 您的现居地：＿＿＿＿＿＿（市）

5. 您现在的国籍（按护照）：＿＿＿＿＿＿＿＿（国家）

6. 您移居意大利的时长：＿＿＿＿＿年

7. 您的学历：
　　□A. 小学　□B. 中学　□C. 大学　□D. 硕士　□E. 博士　□F. 博士后

8. 您的职业：
　　□A. 政府雇员　　　□B. 企业 / 教育机构雇员　　　□C. 自主经营者
　　□D. 自由职业者　　□E. 其他

9. 您所在社区的社会经济水平大概是：

　　□ A. 富裕　　　　　□ B. 中等偏上　　　□ C. 中等

　　□ D. 中等偏下　　　□ E. 较为贫困　　　□ F. 其他

10. 您所在社区的华人人口状况是：

　　□ A. 华人较多　　　□ B. 有一些，但不多　□ C. 很少

　　□ D. 只有我们一家

11. 您的家庭在当地社会的经济水平大概是：

　　□ A. 很高　　　　　□ B. 中等偏上　　　□ C. 中等

　　□ D. 中等偏下　　　□ E. 很低　　　　　□ F. 其他

## 第二部分

12. 您目前的主要家庭成员有（可多选）：

　　□ A. 配偶　　　　　　　　□ B. 父亲（岳父/公公）

　　□ C. 母亲（岳母/婆婆）　　□ D. 保姆

　　□ E. 孩子（有____个孩子）　□ F. 其他_____

13. 您和家人日常使用的语言是：

（1）您日常使用的语言是：

　　□ A. 中文（含方言）　　□ B. 意大利语　□ C. 其他_____

（2）您配偶日常使用的语言是：

　　□ A. 中文（含方言）　　□ B. 意大利语　□ C. 其他_____

（3）您父亲日常使用的语言是：

　　□ A. 中文（含方言）　　□ B. 意大利语　□ C. 其他_____

（4）您母亲日常使用的语言是：

　　□ A. 中文（含方言）　　□ B. 意大利语　□ C. 其他_____

（5）您的孩子日常使用的语言是：

老大：□ A. 中文（含方言）　　□ B. 意大利语　　□ C. 其他_____

老二：□ A. 中文（含方言）　　□ B. 意大利语　　□ C. 其他_____

老三：□ A. 中文（含方言）　　□ B. 意大利语　　□ C. 其他_____

14. 孩子上小学前，与家庭成员交谈时所用的语言，根据实际情况打"√"。

|  | 只用意大利语 | 意大利语为主兼用中文 | 中文为主兼用意大利语 | 只用中文 |
|---|---|---|---|---|
| 与您交谈 |  |  |  |  |
| 与您的配偶交谈 |  |  |  |  |
| 与祖父母交谈 |  |  |  |  |
| 与兄弟姐妹交谈 |  |  |  |  |
| 与保姆交谈 |  |  |  |  |

15. 现在，孩子与家庭成员交谈时所用的语言，根据实际情况打"√"。

|  | 只用意大利语 | 意大利语为主兼用中文 | 中文为主兼用意大利语 | 只用中文 |
|---|---|---|---|---|
| 与您交谈 |  |  |  |  |
| 与您的配偶交谈 |  |  |  |  |
| 与祖父母交谈 |  |  |  |  |
| 与兄弟姐妹交谈 |  |  |  |  |
| 与保姆交谈 |  |  |  |  |

16. 您的家庭与说中文的亲友来往情况符合以下哪一种描述？

□ A. 非常频繁地与他们联系或交往　　　□ B. 经常与他们联系或交往

□ C. 偶尔与他们联系或交往　　　　　　□ D. 几乎没有往来

17. 您的孩子与亲友交流时的语言使用情况是：

　　□ A. 只用意大利语　　　　　　　□ B. 意大利语为主，兼用中文

　　□ C. 意大利语和中文各一半　　　□ D. 中文为主，兼用意大利语

　　□ E. 只用中文

18. 请在下表填写您对孩子的中文水平的评价（0—5 分，"0"表示完全不会，"5"表示接近母语水平）：

（下表中的"写作"主要指书面表达的流利程度，"汉字"主要指识字量。）

|  | 听力 | 口语 | 阅读 | 写作 | 汉字 |
|---|---|---|---|---|---|
| 第一个孩子 |  |  |  |  |  |
| 第二个孩子 |  |  |  |  |  |
| 第三个孩子 |  |  |  |  |  |

## 第三部分

19. 为了让孩子学好中文（含方言），您的家庭采用过哪些办法？（可多选）

　　□ A. 让孩子上中文学校 / 补习班　　　□ B. 在家坚持说中文

　　□ C. 准备了很多中文书籍、手机安装了中文 App 等

　　□ D. 让孩子看中文影视、听中文歌曲

　　□ E. 让孩子到说中文的国家 / 地区留学　　　□ F. 请家庭教师

　　□ G. 亲自辅导孩子学中文

　　□ H. 经常带孩子参加需要用中文的场合

　　□ I. 与说中文的亲友保持经常联系

　　□ J. 其他＿＿＿＿＿＿＿＿＿＿＿＿

20. 上述办法中，您觉得哪些最有效？（选三个）

　　□ A. 让孩子上中文学校 / 补习班　　　□ B. 在家坚持说中文

　　□ C. 准备了很多中文书籍、手机安装了中文 App 等

　　□ D. 让孩子看中文影视、听中文歌曲

　　□ E. 让孩子到说中文的国家 / 地区留学　　　　□ F. 请家庭教师

　　□ G. 亲自辅导孩子学中文

　　□ H. 经常带孩子参加需要用中文的场合

　　□ I. 与说中文的亲友保持经常联系

　　□ J. 其他_____

21. 陪孩子进行与中文（含方言）相关的亲子活动的频率：

　　□ A. 几乎每天　　　　□ B. 一周两 / 三次

　　□ C. 很少　　　　　　□ D. 从不（跳至第 23 题）

22. 平均每次中文亲子活动的时长：

　　□ A. 一小时以上　　　□ B. 半小时到一小时之间　　□ C. 半小时以内

23. 孩子开始入学（含幼儿园、补习班等）学习中文的年龄（根据实际情况选填）：

　　　　老大_____岁　　　老二_____岁　　　老三_____岁

24. 孩子在以下哪些性质的教育机构学过或正在学中文？

　　□ A. 有正式学制的学校　　　□ B. 私立学校 / 补习班

　　□ C. 家教　　　　　　　　　□ D. 去说中文的国家 / 地区留学

　　□ E. 其他_____

25. 您认为孩子的中文进步最快的时候是：

　　□ A. 上幼儿园前　　　□ B. 上小学前　　　□ C. 上中学前

　　□ D. 上大学前　　　　□ E. 上大学后

26. 您认为孩子中文（含方言）水平下降最快的时候是：

　　□ A. 上幼儿园前　　　□ B. 上小学前　　　□ C. 上中学前

　　□ D. 上大学前　　　　□ E. 上大学后

27. 您认为孩子的中文水平最好的时候是:

  □ A. 上幼儿园前   □ B. 上小学前   □ C. 上中学前

  □ D. 上大学前    □ E. 上大学后

28. 您认为孩子的中文水平最差的时候是:

  □ A. 上幼儿园前   □ B. 上小学前   □ C. 上中学前

  □ D. 上大学前    □ E. 上大学后

# 后　　记

　　本书是"华文水平测试"系列丛书中的一册，由华文水平测试（简称"华测"）团队共同完成。具体分工如下：

　　第一章　付佩宣（第一节、第二节），王汉卫（第三节），苏政（第四节）

　　第二章　王汉卫（第一节），付佩宣（第二节）

　　第三章　付佩宣（第一节），王汉卫（第二节）

　　第四章　孙英、付佩宣（第一节），王大壮（第二节），王汉卫（第三节）

　　第五章　陆佳幸、王汉卫（第一节），王洁（第二节、第三节），马新钦（第四节）

　　第六章　张静怡、王汉卫

　　第七章　王大壮、洪晨莹、王汉卫

　　第八章　浦丹清、梁然然、王汉卫

　　第九章　华平娟、王汉卫

　　第十章　王洁（第一节），张静怡、洪晨莹、梁然然、王汉卫（第二节）

　　第十一章　周琴玲、付佩宣、王汉卫

　　第十二章、第十三章　付佩宣

　　王汉卫、付佩宣完成了全书的统稿工作。

　　本书依托整个华测的开发和实施过程，涉及了华测方方面面的问题，基本阐发和记录了华测在理论上的突破、实践中的创新。我们希望本书能够促进华测的进一步提升，同时也能够为语言测试学科的发展带来些许参考。

付佩宣、王汉卫

2024 年 4 月

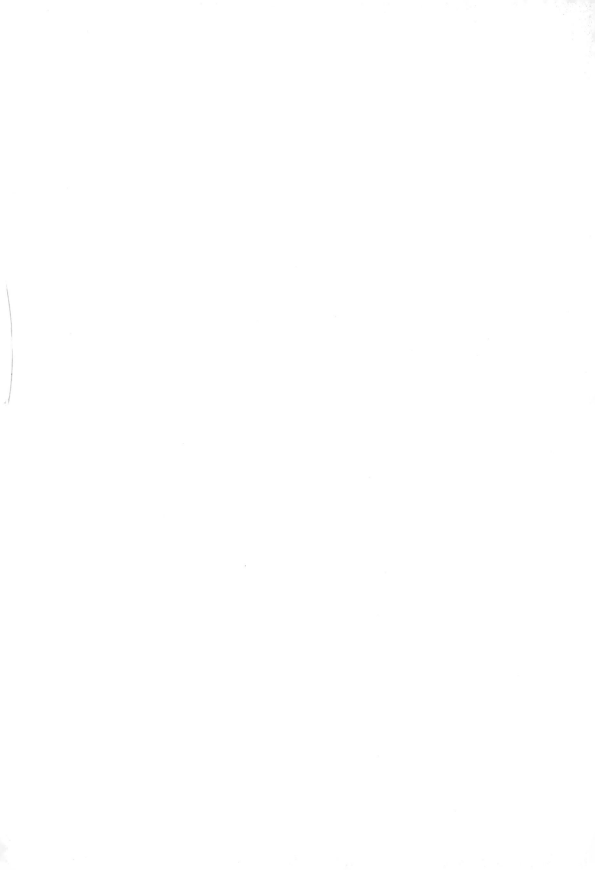